臺灣歷史與文化 研究輯刊

三 編

第 16 冊

異調的弦歌
——臺灣日治時期與國民黨時期
學校校歌之比較研究

張 倍 純 著

花木蘭文化出版社

國家圖書館出版品預行編目資料

異調的弦歌——臺灣日治時期與國民黨時期學校校歌之比
較研究／張倍純 著 — 初版 — 新北市：花木蘭文化出版社，
2013〔民 102〕
目 2+282 面；19×26 公分
（臺灣歷史與文化研究輯刊 三編：第 16 冊）
ISBN：978-986-322-478-5（精裝）
1. 校歌　2. 臺灣
733.08　　　　　　　　　　　　　　　　　102017313

ISBN-978-986-322-478-5

臺灣歷史與文化研究輯刊
三　編　第十六冊　　　　　　　ISBN：978-986-322-478-5

異調的弦歌
——臺灣日治時期與國民黨時期學校校歌之比較研究

作　　者　張倍純
總 編 輯　杜潔祥
出　　版　花木蘭文化出版社
發 行 所　花木蘭文化出版社
發 行 人　高小娟
聯絡地址　235 新北市中和區中安街七二號十三樓
　　　　　電話：02-2923-1455／傳眞：02-2923-1452
網　　址　http://www.huamulan.tw 信箱 sut81518@gmail.com
印　　刷　普羅文化出版廣告事業
初　　版　2013 年 9 月
定　　價　三編　18 冊（精裝）新臺幣 40,000 元

異調的弦歌
——臺灣日治時期與國民黨時期學校校歌之比較研究

張倍純　著

作者簡介

　　張倍純，臺灣臺北五股人，某一天發現自己為馬偕夫人張聰明後代子孫，加深了自己對台灣史的研究熱愛與使命。

　　中山醫學大學台灣語文學系、國立台北教育大學台灣文化研究所史學組碩士；現任桃園縣高中教師。

　　研究領域為日治時期的台灣史，曾發表的文章有〈從台灣小說看日治時代下的階級問題──以楊逵《送報伕》、呂赫若《牛車》、賴和《一桿稱仔》為例〉、〈日治時期師範學校校歌初探〉、〈日治時期學校校歌內容析論〉、〈馬偕夫人張聰明之血源初探〉等。

提　　要

　　本文以蒐集日治時期至國民黨時期「學校校歌」的歌詞內容為文本，分析其內涵。主要探討橫跨日治時期與國民黨時代，如何利用學校校歌的歌詞內容進行教化，及其對於臺灣人民之國家認同的形塑之影響。以日本治臺時期和國民黨遷臺後統治時期為分界，針對校歌的內容變化進行討論。為達上述研究目的，透過文獻史料上的搜集與比較分析，來充實研究的完整性。

　　校歌和校訓、校徽、校旗常成為學校的代表，而現今的文獻並無相關之研究，本文擬以「學校校歌」為主題，探討歌曲的背景以及學校校歌歌詞的內容分析和對學童的教育影響。在唱歌教育方面的研究，希望本文能系統性的考察日治時期至國民黨時期教育的校歌教育教材內容，透過搜集整理初等學校、中等以上學校、相關史料及前人研究的成果，以了解當時日治時期至國民黨時期的歌詞內容狀態，比較其異同。

　　本研究依照日治時期的學校校歌內容進行分類，可以分為：一、描述學校地理位置的景觀；二、表現學校當地物產與名勝；三、述及學校的歷史環境；四、對學生的期許與勖勉；五、宣揚政治意識型態；六、具有「臺灣」意象之符號；七、描寫日本與臺灣相對位置。另外在國民黨時期的校歌又呈現出以下特徵：一、描述學校地理位置的景觀；二、表現學校當地物產與名勝；三、述及學校的歷史環境；四、對學生的期許與勖勉；五、具有「臺灣」意象之符號；六、描寫中國與臺灣相對位置；七、歌頌青天白日滿地紅旗；八、標舉三民主義；九、宣揚中華民族主義、大中國的國家認同；十、述及「世界大同」。呈現出兩個時代的統治政權積極的利用校歌表達統治者欲傳達的思想內涵，呈現出對於臺灣人民的要求。

　　本論文研究將探討兩者不同的統治者時代如何透過學校歌曲的意識內涵，促使學生個體亦或是學生團體、同儕間在心理上產生主觀上的歸屬感的認定，在透過傳唱，學校校歌所表達的是哪一種國家認同的心向。因此本論文將論述的學校校歌，從日治時期與國民黨時代兩個統治時代的觀點論述兩個不同角度的學校校歌，來敘述在兩個時代下學校校歌的轉變，以及敘述臺灣這塊土地上的人民，國家認同上的轉變。

目次

第一章 緒 論 ……………………………………………… 1
　第一節 緣起與目的 …………………………………… 1
　第二節 研究步驟與方法 ……………………………… 4
　第三節 研究史回顧 …………………………………… 8
　第四節 研究限制 ……………………………………… 13
第二章 日治時期學校校歌之分析 …………………… 15
　第一節 日治時期教育背景與校歌的產生 ………… 15
　第二節 校歌文本內容分析 ………………………… 19
　第三節 校歌內容分析總覽 ………………………… 48
　第四節 小 結 ………………………………………… 53
第三章 國民黨時期學校校歌之分析 ……………… 57
　第一節 國民黨時期接管後的教育與新校歌的
　　　　 產生 ………………………………………… 57
　第二節 校歌文本內容分析 ………………………… 59
　第三節 校歌內容分析總覽 ………………………… 84
　第四節 小 結 ………………………………………… 90
第四章 兩個時代學校校歌前後對照之觀察比較
　　　　 分析 ………………………………………… 95
　第一節 綜合比較分析 ……………………………… 95
　第二節 個案比較分析 ……………………………… 115
　第三節 小 結 ……………………………………… 127
第五章 結論與建議 ………………………………… 129
　第一節 研究發現 …………………………………… 129
　第二節 本文侷限及未來課題 …………………… 133
參考書目 ……………………………………………… 137
附錄一 初等教育 …………………………………… 145
附錄二 中等以上教育 ……………………………… 231

第一章　緒　論

第一節　緣起與目的

　　從拿到史料到現在，不禁讓我困惑，誕生在不同兩個時代的學校校歌，價值認知怎會有如此大的差異，「日本教育」以及「國民黨式教育」對台灣人而言到底代表的什麼樣的意涵？而校歌在其中又扮演著什麼樣的腳色？對於接受日本教育過度到中國化教育的影響關鍵。基於對國家與教育工作的喜愛與熱情，希望這份研究能紀錄下有校歌以來的資料，更希望能重新省思鄉土教學的今日，提倡校歌的文化，並且將校歌妥善的保存與傳承，從兩個時代的校歌來省思，帶給更多學校對於校歌創作的引導與參考方向，也讓我開始了解，台灣與土地、過去與現在都將走向繁華的未來。

　　台灣的兒童在二十世紀初期開始接受音樂教育，在日治時期教育唱歌的目的是「以能夠培養美感、涵養德行為首要」（公學校規則第十條），而且也強調「唱歌科和國語科相互配合之下的教育成果，具有重大的意義」〔註1〕。

　　學校校歌為學校教育之一環，在政府的統治之下，學校的校歌具有接受與傳播思想意涵的樞紐位置。中世紀神學家馬丁路德就曾體會歌曲在宣傳上的作用，他認為音樂的地位「僅次於神學。魔鬼恨惡音樂，因為音樂可以逐斥誘惑，驅走邪念」。馬丁路德希望為男女兒童辦學，在他的學校裡，不會唱歌的人不准教書，也不許講道〔註2〕；就此來說，「音樂」擁有一定的魔力，

〔註1〕　賴美鈴，〈日治時期台灣公學校「式日唱歌」與校歌之研究〉，《台灣教育史研究會通訊》，2007年1月，頁2。
〔註2〕　詳見 Jacques Barzun 著，鄭明萱譯，《從黎明到衰退──五百年來的西方文化

－1－

托爾斯泰就曾言：「音樂應該是國家的事業，這種具有危險魔術力量的音樂，必須由國家控制」﹝註3﹞研究學校校歌，有助於了解台灣在日治時期與國民黨時期的政治本質。

歌曲在政治的宣傳上也是如此。所以統治者利用歌曲、音樂來激發民心的認同與支持，特別是專制獨裁政權更是如此。納粹德國是一個典型的例子。曾經歷經希特勒納粹主義崛起的 Sebastian Haffner，在他 1939 年的回憶錄中就提到：「我們彷彿生活在戰爭狀態下，不過那場戰爭非常滑稽－它的各種勝利都是用歌聲行軍隊伍換來的。突擊隊、黑衫隊、希特勒青年團、德意志勞動陣線，以及其他五花八門組織的成員不斷在街頭列隊行進，高聲合唱〈君可見東方的朝霞？〉或〈布蘭登堡邊區的原野〉等歌曲。」﹝註4﹞專制、絕對主義的政權透過歌曲進行政治宣傳，由此可見。從歷史經驗顯示，音樂與政治之間有密不可分的互動關係，歌曲具有強大的滲透力量，可使人心境改變，甚至對於政治的抉擇。

由台灣官方設立的教育，一般皆以荷蘭據台時期為起始點，荷蘭人據台期間曾經對土著施以教化，且有相當成效，其中「新港文字」的創造則最為人所稱道。自清代以來，在台的教育以取士為最終目標，以初等教育機構可以分成儒學、義學、社學、民學五大類。﹝註5﹞但由於這個時期的教育皆以科舉取士為終極目標，因此可以視為傳統教育。

如前所述，若要探討台灣的學校校歌，當然不能忘記西方近代音樂傳入日本與中國的路徑。﹝註6﹞校歌的產生是伴隨西方現代教育體制的產物，因此，日本開始有校歌也是在明治維新 1868 年之後。音樂教育是於 1905 年伴隨著新式教育開始落實於教育體制之中，1907 年後，音樂教育已成為公學校的課程之一，並且逐漸落實於中學校以及高等學校。

在學校教育與社會教育來說，音樂是重要的教育內容。在國民黨時期的

生活》（上），台北市：貓頭鷹出版社，頁 65～66。

﹝註3﹞ 轉引自黃友棣，《琴台碎語》，台北：東大，1984，頁 207。

﹝註4﹞ 詳見塞巴斯提安·哈夫納（Sebastian Haffner 著，周全譯，《一個德國人的故事：哈夫納 1914～1933 回憶錄》，台北：左岸文化出版，2008，頁 276。

﹝註5﹞ 鄭梅淑，《日據時期台灣公學校之研究》，私立東海大學歷史研究所碩士論文，1988，頁 1～6。

﹝註6﹞ 賴彥甫，〈校歌的文化與符號分析：規訓、抵抗與國家的治理技術〉，《2009～2010 國科會大專生專題研究成果報告》，計劃編號：98-2815-C-002-117-H，執行單位：國立台灣大學地理環境資源學系，頁 14。

台灣當局，威權統治者不免透過教育政策與文化政策試圖的利用傳播媒體，就當時期而言，大量的播放所謂的「愛國歌曲」，這些必然與政權當局有密切的關係。〔註7〕就如同蔣介石所提：「音樂足以表現民族盛衰與國家之興亡。我們在這反共抗俄戰爭與革命建國事業中，一定要培養民族的正氣，鼓舞戰鬥的精神，以發揚滔厲的氣概，篤實光明的風度，貫注到音樂與歌曲，來糾正頹廢的音樂和淫靡的歌曲。」〔註8〕從此處我們可以很清楚的知道，統治者認知到音樂對於人民的影響是有多麼的深刻、不可輕忽。

　　台灣從日治時期到國民黨時期，先後經歷了日本和國民黨兩個不同的政權，政權統治者為了增進台灣人民對政權統治權威服膺，訴諸學校校歌來表達。以兩個不同時期的學校校歌，來敘述台灣這塊土地上的人民在國家認同上的轉變。以日治時期和國民黨時期為分界，針對日治的學校校歌與國民黨的學校校歌變化過程進行討論、比較與分析。於此認為，透過學校校歌作為研究的文本，剖析台灣的教育目的和政治現象，是相當值得討論的主題，更給予這兩個時代下的學校校歌適切的歷史價值和意義。而這些學校校歌，在過去曾經啟發我對學校的共鳴，也擁有學校與統治者間最豐富的文化意識和文學型態，而以探討的對象為日治時期至國民黨時期的學校校歌為主體。

　　由日本化轉換到中國化的具體推進過程中，期待能夠從學校校歌中重建及還原當時台灣教育的樣貌，以便更清楚的呈現台灣教育史上的脈絡。本文希望以學校校歌的內涵，為兩個時代的政權、人民，以及以學校為主體共感的歌曲，其內容變出國家強烈的心理傾向和情感歸屬。〔註9〕以現在看來，很顯然，在當時代的學校校歌的傳唱與傳播，對於統治者具有明顯的政教作用。

　　校歌是學校的精神象徵，校歌的歌詞內容通常會傳達創作者、學校主政者或當時的教育理念，透過歌詞內容的不同，可以顯現學校的特色。在透過不斷傳唱的過程中，對師生都會產生潛移默化的效果。〔註10〕以代表著學校的傳承、校風、精神、特色、情感和凝聚力的學校校歌，在記憶中，從國小、

〔註7〕 李筱峰，〈兩蔣威權統治時期「愛國歌曲」內容析論〉，《文史台灣》創刊號，國立台北教育大學台灣文化研究所出版，2009，頁138。

〔註8〕 蔣介石，《民生主義育樂兩篇補述》，台北：中央文物，1953，頁65。

〔註9〕 許瀛方，《台灣日治至戒嚴時期愛國歌曲之國家認同意識研究（1895～1987）》，國立台灣師範大學教育研究所碩士論文，2001，頁4。

〔註10〕 陳聰明，《楝花盛開時的回憶：日治時期畢業紀念冊展。第二冊，學校建築篇／校歌校旗篇》，國史館台灣文獻館，2005，頁147。

國中、高中以至大學，雖然唱過每首母校的校歌，聽過這些校歌，隨著畢業又換了一首校歌，卻從未去思考過其中所包含的內在蘊義，關於此議題是令人好奇與期盼瞭解的，以及其中學校校歌所賦予的意識型態，又或者存在著何種的國家認同。

　　從近代教育史發展過程來看，教育的普及是否透過近代教育知識的傳授作為政策，加上利用學校校歌的運用，兩個時期的政府皆以此宣傳欲傳授之意念與理想，運用校歌是一種手段。於此，本文的主要目的，在探討日治時期（1895～1945）至國民黨統治時期（1945～1987）台灣各級學校之校歌所代表的意涵。自日治時期的教育政策以及政治環境背景的關聯性，看見國家力量如何透過教育達到內化的社會控制，並且探討教育政策如何落實到校園空間，如何對個體進行管控與規訓，關照校歌與外在社會和政治的關係。再者擬探討台灣於日治時期至國民黨政權遷台後，兩個時期的學校校歌之性質，比較其異同，並進一步探究校歌背後所顯示當時的教育政策、教育理想的變化與教育本質，以及國家政治意識型態。本文即是從這樣的問題意識出發，意圖探討日治時期與國民黨時期的學校校歌在整個社會架構中的位置，特別著眼於學校校歌歌詞內容探究的問題。

第二節　研究步驟與方法

　　在此以研究步驟、方法、時間段限以及歌曲選擇為重點，說明本論文的研究範圍：

（一）研究步驟

本論文之研究步驟，主要有以下幾個方面：

一、說明台灣日治時期至國民黨時期學校校歌及其特色

二、檢視台灣日治時期至國民黨時期學校校歌之比較研究

三、分析台灣日治時期至國民黨時期學校校歌中歌詞內容之意識型態轉換

（二）研究方法

　　本研究在性質上屬於歷史研究，主要在透過對歷史文獻的考證、分析與解釋，以採用文獻分析的方式，探討兩個時代的學校校歌歌詞內容為文本，來進行分析及比較。於兩個不同階段創作之校歌，歌詞內容、創作年代及歷

史背景都有所不同，比較、分析各階段的異同爲本研究的重要目的之一。

　　由收集到的校歌樣本中，歸納、分析校歌歌詞的型態，並比較討論兩個時期的學校校歌的內容。本論文欲闡釋校歌的意義，討論統治政府於統治時期學校校歌的關係、羅列校歌的演唱場合及功能、從形式與結構上分析校歌的歌詞、從內容與意涵上討論校歌的歌詞精神，並提出近期新創作校歌的作法等。

　　本研究在討論上，設定以殖民地台灣兩個時代的學校校歌爲主體，探討統治者如何將校歌落實於校園中以至符合統治者利益的狀態；基於研究的必要性，也嘗試探討各校校歌中歌詞內容的配置與運用。

　　近二十年來，在日治時期的文獻資料上發掘都有更進一步的斬獲，興起許多學者於該領域，在這段殖民歷史的課題上做一種探討與分析。本論文擬在這樣的研究基礎上，探究日治時期至國民黨時期兩個統治期之學校校歌的歌詞內容，透過歷史研究法和文獻分析法，蒐集、考證、整理相關史料以及學術論文，再進一步的探析詮釋，藉著研究這些史料相互考證分析探討與演進的軌跡，最後再提出研究的結論。

（三）研究的時間段限

　　本論文探討之時間段限爲以下二個時期：

1. 日治時期（1895 年～1945 年）

　　1890 年（明治 23 年）頒佈「教育敕語」，成爲日本國教育之政策，也是日本治台時間最高的教育目的及方針。〔註 11〕「學制」成爲日本近代學校體系的發端，說明了新政府的教育理想。這些學校的課程設計、教育內容及教學方式等，均倣自歐美的近代學校，與傳統的教育機構「寺子屋」（如台灣的書房）大不相同。〔註 12〕台灣的「正式教育」（即「學校教育」），自 1895 年受日本統治的時候才開始。〔註 13〕自日本統治開始，全面且系統化的在台灣普設基本教育的學校。又經過兩次「教育令」〔註 14〕的改變，透過教育的教

〔註11〕林玉体，《台灣教育史》，台北市：文景，2003，頁 57。
〔註12〕許佩賢，《台灣近代學校的誕生——日本時代初等教育體系的成立（1895～1911）》，國立台灣大學歷史學研究所博士論文，2001，頁 4。
〔註13〕林玉体，《台灣教育史》，台北市：文景，2003，頁 61。
〔註14〕1919 年由明石總督頒布第一個「教育令」具體編入對本地人確定的教育方案，至 1922 年田總督改正「教育令」，使台灣的教育實施與日本內地平行，希冀台人與日人差別教育就此廢除。

化，同化是一種無意識的付出與取得的過程。

　　配合著日本同化政策的推行，平時日本政府對台灣人民一般性的宣傳與濡化，可以從學校校歌中看出；再來，於中日戰爭爆發後，日本政府在歌曲方面的積極創作與應用，使得許多原本沒有校歌的學校在這個時空下產生。校歌，在學校教學活動中的主要項目之一，也是為傳達思想亦是最直接的管道之一。因此，日本政府為求能同化殖民第台灣人民之心，於是透過最基礎的初等教育公學校的課程，對學生進行同化教育。〔註15〕

　　林茂生博士論文一文說明，於教育中強加壓力於語言提供了一個很好的例子，教授當地的語言是有其需要的，使當地語言精緻化將具有社會價值；以同樣客觀態度看到統治者教授日本母國歷史，而忽略當地歷史的學習，這種對語言與歷史的態度，不僅隱含強迫性，也隱含文化的自卑感。〔註 16〕以日治時期來說，台灣的學校校歌制度是在此時建立的制度，殖民者有意無意間留下了龐大的文獻史料，對此有利筆者從中梳理其學校校歌的歌詞內容分析比較。

　　是什麼樣的學校生活型態導致台灣學童開始需要傳唱校歌？是什麼樣的生活習慣使日治時期的學童對於學校校歌深刻記憶？把這些問題放到日治時期台灣歷史的特殊環境下，探討當時台灣學校對於學校校歌的運用與統治者對校歌的手段。

2. 國民黨時期（1945 年～1987 年）

　　二次大戰之後，進入「中華民國」政府時期，也就是 1945 年之後。戰後，台灣教育的重點在消除日本殖民教育的體制與內涵，並依照中國教育制度加以調整。〔註 17〕接收台灣的國民政府，同樣的想透過教育機制的教化作用，對台灣人民的個體意識與政權認同，進行「大中國意識」的改寫與灌輸，以根除台灣人民在皇民化過程中所留下的遺毒，並且能夠認同當時在大陸的國民政府中央主權。〔註 18〕在此時期的台灣學校禁說方言及日語，對於思想、

〔註15〕許瀛方，《台灣日治至戒嚴時期愛國歌曲之國家認同意識研究（1895～1987）》，國立台灣師範大學教育研究所碩士論文，2001，頁 28。

〔註16〕林茂生著，林詠梅譯，《日本統治下台灣的學校教育──其發展及有關文化之歷史分析與探討》，台北：新自然主義，2000，頁 219。

〔註17〕徐南號，《臺灣教育史》，台北：師大書苑，1993，頁 108。

〔註18〕李正偉《由意識形態、管制與規訓論台灣國民中、小學教育與校園空間》，國立台灣大學建築與城鄉研究所碩士論文，1995，頁 12。

言論、出版、信仰等自由之箝制相當嚴厲。也可以說黨化教育就是最具體也最落實的國民黨時期的教育。〔註 19〕自國民黨政府敗退來台之後，進行全面的整肅，也對個人思想、言論、語言等的控管。

　　1947 年，國共內戰，政府宣佈動員戡亂，隔年公佈《動員戡亂時期臨時條款》，1949 年 5 月 19 日，台灣地區宣布戒嚴。黨化教育就是最具體也最落實的戒嚴時期的教育。所謂黨化教育，旨在國民黨指導下，國家的教育方針是建築在國民黨的根本政策之上，包括《三民主義》、《建國方略》、《建國大綱》及歷次國大代表大會的宣言和議決案。這樣的黨化教育是全面性的，對各級學校制度、組織、課程和活動均有很深的影響。〔註 20〕校歌在制度上，有國家賦予的教化意識型態的功能與目標。至 1966 年，爲了各級學校培養優良學風，教育部令頒實施要領，其中一項爲：「校歌傳達學校之心聲，校徽則爲學校之標誌。各校均應制訂校歌與校徽，使諸生耳濡目染之餘，知所興起。」這些法規明令各級學校不僅要制訂校歌，也要在音樂課教唱校歌，且在規定的場合演唱校歌。

　　不可否認地，日本殖民政府在統治過程中，帶給台灣的文明價值與行爲態度，讓國民政府在戰亂中能夠順利重建文明秩序，以及有足夠人力資源開展各項產業活動。〔註 21〕進而在國民黨威權的政權統治下，台灣學童對於政權統治權威服膺而必須齊唱校歌，是否期望校歌能全面性的潛移默化學童內心的思想意涵，探討國民黨時期對台灣學校校歌的運用與統治者政府對校歌的手段。

（四）文本選樣

　　本論文重點在於校歌「歌詞」內容之探討，就歌詞來說，學校校歌的文獻及學校沿革參考資料來源是相當重要。在資料運用方面，日治部分的學校校歌主要運用國史館台灣文獻館主辦「棟花盛開時的回憶：日治時期畢業紀念冊展」的資料，從公學校紀念冊查到公學校的校歌。在許多畢業紀念冊中，並非每一本畢業紀念冊都有校歌，而其部分學校有完整的校歌歌詞及歌譜，但有一部分被其他的圖像遮住，無法窺其全貌。〔註 22〕而有些並非收集於《棟

〔註 19〕林玉体，《台灣教育史》，台北市：文景，2003，頁 188。
〔註 20〕經典雜誌編著，《台灣教育 400 年》，臺北市：經典雜誌，2006，頁 130。
〔註 21〕蘇曉倩，《身體與教育　以日治時期台灣實業學校的身體規訓爲例》，暨南國際大學歷史學系碩士班碩士論文，2003，頁 2。
〔註 22〕陳聰明，《棟花盛開時的回憶：日治時期畢業紀念冊展。第二冊，學校建築篇

花盛開時的回憶：日治時期畢業紀念冊展。第二冊，學校建築篇/校歌校旗篇》
的學校校歌，則是另外於台灣學研究中心亦或是直接至該校之校史室收集而
成。

　　然而，在所蒐集到的校歌中所見，諸多校歌歌詞模糊不清、用手抄寫，
或者是抄寫者標示遺漏等等，甚至更有少部分學校校歌已遺失等情形。國民
政府接收台灣以後，因為第二次世界大戰，天災、人禍造成資料遺失，以及
國民政府為了消除日本根植於台灣之皇國教育思想，乃焚毀教科書。〔註23〕
亦發現有些許學校，記載著對於日治時期的校歌即已廢棄不用，並且毫無保
留歷史之意；又如，至日治後期1943年設置的〈彰化青年師範學校〉至戰後
以該校為「軍國教育與皇民化教育的溫床」〔註24〕為由廢止，造成研究學校
校歌課題時，資料不容易取得的困難，故於日治時期的校歌收集選樣上有一
定的難度存在。因此在研究過程中，必須重新校正校歌內容，將校歌妥善整
理與紀錄，以做到保存的價值，這是本研究相當重要的目的之一。

　　經過整理後共有119所學校校歌歌詞，計有公學校71首、小學校5首，
初等教育部分共76首；中學校14首、高等學校14首、農業專修學校5首、
工業學校3首、商業學校2首以及帝國大學1首，中等以上教育共39首。其
餘4所學校為私立學校，暫不在本論文討論範圍內。

　　國民黨時期的史料部分，則採取日治時期有完整學校校歌的學校，對應
目前現有的學校校歌內容進行分析比較探討。除台北第二高等女學校為現今
的立法院，已無此校，故無法進行比較分析；以及台南第一高等女學校與台
南第二高等女學校於戰後時期已合併為台南女中。以上資料互為引證，加上
兩個統治政府執政情形相互比較之進行，希冀能建構出一完整的面貌。

第三節　研究史回顧

　　本論文的研究課題主要是在思考日治時期與國民黨兩個時期的背景下，
「近代學校」的校歌如何被政府導入台灣，而台灣學校、學童和社會如何對

　　　／校歌校旗篇》，國史館台灣文獻館，2005，頁147。
〔註23〕鄭梅淑，《日據時期台灣公學校之研究》，私立東海大學歷史研究所碩士論文，
　　　　1988，頁2。
〔註24〕http://www.wretch.cc/blog/a222820456/22006657，〈「本人日記」日本時代的教
　　　　育〉，文章發表日期：2007/10/18（查詢日期：2009/09/29）

應、接受它。研究回顧分兩個部分，一爲與筆者研究主題較有相關的台灣教育史研究，二爲台灣學校校歌相關研究。在台灣教育史研究上，關於教育史研究的文章和專書已不下數十篇，僅對唱歌科稍加著墨、或對唱歌教育的探討，故較少專書與文章以學校校歌做爲研究對象。筆者選擇與本研究主題相關的文章討論。

綜觀近年來台灣逐漸步入民主化，在台灣走向民主化的過程中，探討民主化成爲了近年來相當熱門的議題，因而對台灣音樂的研究，多數研究論文及專題多著重於民謠、歌謠的探討，於近期對於「愛國歌曲」以及「禁歌」的研究也逐漸受到重視開始有研究者進行研究分析。觀其校歌的研究則較少有人提及，多數研究校歌者，也從戰後國中小校歌進行分析，尚未出現從日治時期至國民黨時期校歌的比較分析的探討。由於日治時期部分公學校校歌有完整的歌詞和歌譜，但是也有部分校歌被其他圖像遮蓋，無法窺其全貌，以至大部分的校歌只有歌詞，亦或有些學校完全沒有校歌的呈現。〔註 25〕筆者認爲從教育史的立場而言，探討校歌中的教育意涵作用，也就有相當的必要性了。

在台灣教育研究史的部份，P.Tsurumi 則綜合對日本在台灣的教育制度、教育內容作綜合檢討，並且與同爲日本殖民地的朝鮮及其他歐美殖民地做比較，並嘗試說明日本教育爲台灣人帶來的影響。以林玉体《台灣教育史》爲主，徐南號《臺灣教育史》爲輔，以及許多如同日本學者吉野秀公《台湾教育史》、鐘清漢《日本殖民地下における台湾教育史》等學者的相關專書研究，皆對台灣教育史有開創性的貢獻。目前既有教育史研究領域中，關於教科書、學校課程等教育內容研究，或是總督府同化政策下的政策討論，均已累積相當成果。

在日治時期方面，林旻誼《摩登時代的音樂生活：日治時期公學校唱歌教育與唱片產業之探討》〔註 26〕的碩士論文，主要探討公學校的唱歌教育，系統性的考察唱歌教育政策及教材內容。孫芝君碩士論文《日據時代台灣師範學校音樂教育之研究》〔註 27〕，以研究師範學校的音樂教育，了解音樂教

〔註25〕賴美鈴，〈日治時期台灣公學校「式日唱歌」與校歌之研究〉，《台灣教育史研究會通訊》，2007 年 1 月，頁 7。
〔註26〕林旻誼，《摩登時代的音樂生活：日治時期公學校唱歌教育與唱片產業之探討》，國立臺北藝術大學藝術行政與管理研究所碩士論文，2008。
〔註27〕孫芝君，《日據時代台灣師範學校音樂教育之研究》，台灣師範大學音樂研究

育在台灣的功能、本質以及在音樂教育的發展和成長過程。從中更應該去探究日本化的教育所賦予我們的影響和其他相關的問題，其中相關問題筆者試圖探討是否能在本論文學校校歌史料中探究。

呂紹理《水螺響起——日治時期臺灣社會的生活作息》描述日治時期殖民地政府所建立起的政治、經濟、教育、休閒活動等結構，以及臺灣人民生活作息與時間觀念的歷史過程。其中，吳文星教授於 1979 年發表的碩士論文《日據時期台灣師範教育之研究》，雖然並非以音樂教育爲主題，但兼而述及日治時期師範學校的音樂課程，音樂教師、音樂活動等，涉及相關台灣音樂教育歷史研究有極大的啓發。〔註 28〕對於日治時期的教育政策有概略性的了解，期望以此評估本論文之學校校歌之特質與依據。

戴金泉等人〈四十年來音樂教育之回顧與展望〉一文，對於戰後國民黨學校音樂教育闡述與分析，認爲應遵照蔣介石所著「民生主義育樂兩篇補述」的精神，奠定更推廣精緻、雄偉的音樂，加強社會的士氣。〔註 29〕但此文對於日治時期的音樂加以否定，認爲日治時期的音樂教育目的在於，利用音樂歌頌日本天皇的偉大，進行徹底的皇民化奴役思想，對於音樂本身的介紹和教學並無特別深刻的執行和研究，所以日治時期統治者以音樂作爲一種手段。

日治時期的教育政策，許佩賢《台灣近代學校的誕生——日本時代初等教育體系的成立（1895～1911）》博士論文研究中，說明日本統治台灣初期對於第一個海外殖民地應採取與本國不同的統治方式。必須進行殖民地支配，啓蒙、教化殖民地人民，因爲台灣人民相對於日本國民而言是劣等的民族，所以應該永久甘於從屬地位。而與此調相反的論述，則主張應將殖民地人民同化爲日本人，成爲與日本人同樣勤勉、忠實、守法的「皇民」，共有相同的價值觀及生活型態。〔註 30〕這兩種想法則後來稱爲「殖民地統治主義」和「內地延長主義」，最後成爲日本統治台灣的基本原理。

所碩士論文，1997。

〔註28〕吳文星，《日據時期台灣師範教育之研究》，台北市：臺灣師範大學歷史研究所，1983。

〔註29〕戴金泉、徐世賢、廖年賦、吳疊、蔡永文、孫巧玲，〈四十年來音樂教育之回顧與展望〉，《藝術學報》57，181～192，1995，頁 182。

〔註30〕參見許佩賢，《台灣近代學校的誕生——日本時代初等教育體系的成立（1895～1911）》，國立台灣大學歷史學研究所博士論文，2001，頁 8～10。

在戰後的教育政策部份，立即以「中國化」來取代「日本化」〔註31〕，用「台灣是中國文化不可劃分的一部分」之理由詮釋。於社會教育機關的創設及法令的頒布、推行國語文及愛國教育〔註32〕，設立「台灣省國語推行委員會」等等的機構與法令條文，以達到「三民主義教育」成為台灣各級學校最高指導原則。

周大風〈漫談校歌的創作〉一文，即說明戰後國民黨時期的校歌，只重詞不重曲，只注意詞的內容，不注意曲調的感受性，像「語錄歌」、「守則歌」、「知識歌」一樣，就是只是把音樂單純的作為歌詞的附庸，即已達到國民黨時期的教育目的。〔註33〕國民黨時期的教育重點則在於型塑民族人格，以利反攻復國大業。由上可知，最終目標還是要達到「三民主義教育」、「民族精神教育」，教育上的強調是一致。

於游素鳳〈台灣光復初期音樂發展探索〉〔註34〕一文，則探討台灣音樂的發展史，國民黨來台後施行種種的文化措施，是將中國文化大量並且強力的移植到台灣，政府既存的中國文化優越心態與偏頗的文化措施，卻造成了負面的文化產物。〔註35〕繼日治時期之後，下一個統治者又再一次的將台灣既有的文化貶抑為低劣邊陲與附庸的地位。

校歌是伴隨西方現代教育體制的產物，而從文獻中無法證實日治時期的學校是否規定要制定「校歌」，翻閱日治時期畢業紀念冊，並非每一本都含有校歌，這種情況和當代的學校一樣。〔註36〕日前一篇國科會大專生專題研究成果報告〈校歌的文化與符號分析：規訓、抵抗與國家的治理技術〉〔註37〕對於學校校歌試圖勾勒出台灣「校歌史」的樣貌，以傅柯派地理學的角度探

〔註31〕 林玉体，《台灣教育史》，台北市：文景，2003，頁187。
〔註32〕 徐南號，《臺灣教育史》，台北：師大書苑，1993，頁199～200。
〔註33〕 周大風，〈漫談校歌的創作〉，《中華音樂文化教育雜誌》57，72～73，1992，頁72。
〔註34〕 游素鳳，〈台灣光復初期音樂發展探索〉，《復興劇藝學刊》18，95～106，1996。
〔註35〕 游素鳳，〈台灣光復初期音樂發展探索〉，《復興劇藝學刊》18，95～106，1996，頁102。
〔註36〕 賴美鈴，〈日治時期臺灣公學校唱歌教育──「式日」歌曲與校歌初探〉，《台灣教育史研究會通訊》，48，2～15，2007，頁7。
〔註37〕 賴彥甫，〈校歌的文化與符號分析：規訓、抵抗與國家的治理技術〉，《2009～2010國科會大專生專題研究成果報告》，計劃編號：98-2815-C-002-117-H，執行單位：國立台灣大學地理環境資源學系。

討學校校歌對個人的規訓、抵抗，此篇研究報告主要對於以校歌文化做為主體的抵抗形式敘述，探討地下校歌或其他形式作為抵抗的素材。

對校歌的相關論文研究有廖英秋《雲林縣各級學校校歌研究》〔註38〕，調查雲林縣各級學校校歌；以及林玉如《校歌研究——以台北市高中（職）及國中校歌為例》〔註39〕，僅以這兩篇為主要研究相關校歌之部分，在數量上明顯不足。廖英秋與林玉如均認為校歌歌詞是人文社會環境建構下的文化產物，反映了地方的文化特色，因此著重於校歌歌詞裡呈現的地方性，反而卻忽略了不同時代脈絡底下的政治環境對於校歌文本的影響。〔註40〕但從以上研究，皆有其開創性的貢獻，更是值得深入研究的課題。

目前國內對校歌的研究並不多，以下有關前人研究的部分僅周蝦瑞〈怎樣寫校歌〉〔註41〕、吳博明、楊慧文〈建構學校文化的一條路徑——談校歌的創作〉〔註42〕、周大風〈漫談校歌的創作〉〔註43〕、黃兆強〈校訓、校歌、校長〉〔註44〕，與賴錦松〈國民小學校歌製作與運用研究——屏東師院輔導區內國民小學校歌探析〉〔註45〕等數篇期刊，故筆者於本論文擬進一步就日治時期至國民黨時期統治時代的「學校校歌」作全面性的採樣與分析。

綜觀上述，學校校歌的創作與發展可以作為社會的一面鏡子，正如上述整理的研究成果，學校校歌總是被作為理解為民間人文社會及規訓的研究對象。然而本論文在前述研究的基礎上，考察學校校歌是修飾政治且為一個霸權的存在；因此，透過對於過往研究學者的研究成果，透視學校校歌與社會現象之間的對應關係，希望能以透過學校校歌的詮釋，對於台灣民主化歷程

〔註38〕廖英秋，《雲林縣各級學校校歌研究》，國立台北師範學院音樂研究所，碩士論文，2004。
〔註39〕林玉如《校歌研究——以台北市高中（職）及國中校歌為例》，國立台北藝術大學音樂學系碩士在職專班，碩士論文，2005。
〔註40〕http://www.wretch.cc/blog/ntugeogcamp/6722282，賴彥甫，〈校歌的地理學分析——校園的「空間規訓」與自身的抵抗〉，文章發表日期2009/01/31，（查詢日期2009/09/11）。
〔註41〕周蝦瑞，〈怎樣寫校歌〉，《國民教育》24：4，4～6，1982。
〔註42〕吳博明、楊慧文，〈建構學校文化的一條路徑——談國小校歌創作〉，《國民教育》38：8，1998。
〔註43〕周大風，〈漫談校歌的創作〉，《中華音樂文化教育雜誌》57，72～73，1992。
〔註44〕黃兆強，〈校訓、校歌、校長〉，《文訊月刊》198，44～45，2002。
〔註45〕賴錦松，〈國民小學校歌製作與運用研究——屏東師院輔導區內國民小學校歌探析〉，《屏東師院學報》7：299～378，1994。

有不一樣的思考方向。因此本文所論述的學校校歌,將從日治時期與國民黨時期兩個統治時代的觀點論述兩個不同角度的學校校歌,來敘述台灣這塊土地上的人民在國家認同上的轉變,以及敘述在兩個時代下學校校歌的轉變。

第四節　研究限制

關於學校校歌的分析,本論文乃著重於歌詞內容部份的論述,而在曲調、歌譜方面,由於筆者非音樂相關科系,故無法對此進行成熟的處理,此乃本論文之研究限制,還望後人先進得以對此進行相關的研究。

第二章　日治時期學校校歌之分析

　　本章主要分析日治時期學校校歌的產生，於公學校時期學校設計部分加入唱歌科，並且要求學生學會唱校歌，其實也是要培養學童對學校的歸屬感、向心力，促使學童重視自己與學校之間的情分。〔註1〕透過校歌文本的內容，總覽日治時期學校校歌的類型，且分析學校校歌文本中的歌詞內容，觀察校歌本身所描述欲傳達的意念與意識型態。

第一節　日治時期教育背景與校歌的產生

　　台灣引進新式教育，是在清末傳教士所設立的學堂，繼而是劉銘傳推動新政時開辦的學堂，但並未普及。日治時期是近代新式教育成立的重要階段，也是形塑台灣校園文化的關鍵。〔註2〕並且在日治時期前不論是傳教士設立的學堂或者是清代開辦的學堂皆未產生一種集體性的共識，或者是系統化、結構性的教學，當然「校歌」一詞並未在當時出現。

　　台灣的「正式教育」（即「學校教育」），自 1895 年受日本統治的時候才開始。〔註3〕自日本統治開始，全面且系統化的在台灣普設基本教育的學校。又經過兩次「教育令」的改變，透過教育的教化，同化是一種無意識的付出與取得的過程。

〔註1〕淺見雅子、北村眞一，《校歌——心の原風景》，東京：學文社，1996，頁11。
〔註2〕陳君愷，〈戰後台灣「校園文化」的轉型〉，《台灣 1950～1960 年代的歷史省思——第八屆中華民國史專題論文集》，2007，頁 475。
〔註3〕林玉体，《台灣教育史》，台北市：文景，2003，頁 61。

　　1895 年（明治 28 年）樺山總督採納伊澤修二的建言，以普及日語、培養師資與尊崇學者為教育方針，加上為了解決語言不通的問題，創立了「國語傳習所」與「國語學校」（當時「國語」即「日語」）教導日文。1898 年台灣公學校令頒布，將原國語傳習所乙科改為公學校，並於同年正式成立。從 1919 年台灣教育令的頒布，到 1941 年頒布國民學校令、將公學校改制為「國民學校」期間，日本政府大力推行教育的結果，台灣人民的自覺和知識水準大幅提高，加上資本主義盛行，經濟能力的好轉，本島人民對於教育的需求也相對的增加，尤其是對於中等教育以上的教育需求更是如此。〔註 4〕

　　在日本內地，1891 年（明治 24 年）的小學校教則大綱，即明文規定學校在祝日、大祭日時必須舉行儀式並唱相應的儀式歌曲。並於 1893 年（明治 26 年），以文部省告示的形式公布「君が代」、「敕語奉答」、「一月一日」、「元始祭」、「紀元節」、「神嘗祭」、「天長節」、「新嘗祭」等八首歌曲為祝日、大祭日歌曲。許多學校本來都還沒實施唱歌課，但因為在儀式時必須讓兒童唱歌，才急忙開始上唱歌課。可以說儀式唱歌對於唱歌教育有很大的貢獻。〔註 5〕

　　當時美國駐台領事 J.H.Arnold 的報告書中說到：「只有親自造訪本地學童的唱歌科，才能感受到此課程作為日常行事的妙用，漢人兒童喜歡唱歌，也比日本少年更好的音感，愉悅的心沉浸在自己的歌唱中，因此之故，經由音樂來進行語言教學效果更好。」〔註 6〕校歌亦是作為日常行事之歌曲之一。當時教育者即發現利用歌唱可以進行更好的語言教育，所以說利用校歌來矯正兒童的國語發音，作為國語教授的輔助，也就順理成章。並且利用校歌的歌詞具有涵養德性，傳達國體大義，培養學生忠君愛國的情操，〔註 7〕加上置入學校的地理環境或者是校名等等的歌詞，從其內在和實際的教學實踐來達到規訓兒童的目標。

　　孫芝君發現，日本殖民政府還是將其重心擺放在國民教育的層級，到了中學教育之後，音樂教育已不再具有如國民教育階段那般重要性，而將重點擺放在師範教育的人才培訓上，有意使這些在台培訓而成的教育師資能在國

〔註 4〕　陳弘文，〈日本據台殖民教育政策之研究──以公學校國語教科書為例〉，《台灣教育史研究會通訊》18，2001，頁 3～4。
〔註 5〕　奧田真丈監修，《教科教育百年史》，東京：建帛社，1985，頁 399～400。
〔註 6〕　轉引自派翠西亞.鶴見（E.Patricia Tsurumi）著，林正芳譯，《日治時期台灣教育史》，宜蘭市：仰山文教基金會，1999，頁 49。
〔註 7〕　許佩賢，《殖民地台灣的近代學校》，台北：遠流，2005，頁 216。

民教育階段教授音樂。﹝註8﹞換句話說，音樂教育在日本殖民政府的政策施行中，將其重點放在一種有關於大眾的、民情的與基礎的教育，這種策略也不難理解，也就是說，它必須達到一種普及性。這種安排，同樣可理解自音樂教育與語言教育的推行脈絡中，也就是在一個同化與皇民化政策的架構底下獲得理解。﹝註9﹞自日治時期的教育政策以及政治環境背景的關聯性，看見國家力量如何透過教育達到內化的社會控制，並且探討教育政策如何落實到校園空間，如何對個體進行管控與規訓。校歌為校園的精神象徵，是一種異質空間的表現，因此分析校歌文本能看見國家力量所欲傳達的意識型態以及其特殊的意涵。

而附屬學校即普設於全島各地支國語傳習所，後來及改編發展為公學校，成為一般台灣子弟主要的教育機關。﹝註10﹞透過學生的就學，日本政府藉由教育一方面訓練行政所需的翻譯人才，再者也意圖透過近代教育達成某種程度的國民養成。

於 1909 年 8 月至 1915 年 11 月的民政長官內田嘉吉（1864～1933），在 1915 年 5 月的一項地方首長會議中提出分析，指出公學校畢業生熱衷於高等學校，已經造成台灣人對中學校激烈的競爭。﹝註11﹞國語學校即為後來師範學校的前身，成為培養台灣初等普通教育師資的搖籃。至 1915 年起，台灣領袖林獻堂奮而奔走促使日人改善教育機會，為台灣學生爭取公立中學校。但卻並不如台灣人的期望，水準無法與日本中學校看齊，﹝註12﹞然而官員卻堅持「台、日人教育需求並不相同」的原則。﹝註13﹞結果，日本依然是台灣富家子弟唸書的理想所在。

在女子教育的部份，於富有且鼓勵女子尋求高等教育和外出就業，自 1910

﹝註8﹞ 孫芝君，《日據時代台灣師範學校音樂教育之研究》，台灣師範大學音樂研究所碩士論文，1997。

﹝註9﹞ http://geosheep.pixnet.net/blog/post/5144166，賴彥甫，〈學校音樂教育的引進：點評日治時期的音樂教育〉，文章發表日期 2010/03/06，（查詢日期 2010/03/28）。

﹝註10﹞ 許佩賢，《殖民地台灣的近代學校》，〈學校與地方社會〉，台北：遠流，2005，頁 28。

﹝註11﹞ 派翠西亞·鶴見（E.Patricia Tsurumi）著，林正芳譯，《日治時期台灣教育史》，宜蘭市：仰山文教基金會，1999，頁 42。

﹝註12﹞ 林玉体，《台灣教育史》，台北市：文景，2003，頁 106～107。

﹝註13﹞ 派翠西亞.鶴見（E.Patricia Tsurumi）著，林正芳譯，《日治時期台灣教育史》，宜蘭市:仰山文教基金會，1999，頁 57。

年代後期開始，到日本內地留學就變成了她們的理想。〔註14〕但，台灣人對台灣女子的教育卻不這麼想，總認為女子嫁人是天經地義的事情，關於這樣的想法，日本當局一點也不意外。所以，女子教育在台灣，能唸到最高程度的學校就是高中程度的「高等女學校」了，這對她們來說已經是非常難能可貴了。〔註15〕

然而在這樣與日人不平等的教育下，中等以上的教育還是建立起來了。在日本政府進行同化政策底下，同樣的使用校歌對中等以上程度的學生進行濡化、宣傳的運用。

新式教育的實施，則是國家機器另一種規格化人民的過程。這種規格化，包括了：時間切割、身體控制等等。學生進入這樣的教育體系中，學習到依循固定時間的作息，按表操課，而非如同以往，取決於師塾個人的喜好與風格；而教材定型的、標準化的內容，更進而產生精神層面的規範性。因此，它與傳統教育的差異，並不在表面上教育制度、教材內容的新與舊，而是隱藏在背後那種界定心靈與身體方式的不同。〔註16〕此時則開始全面性的浸潤、滲透到各個層面，包括校歌的產生。利用「校歌」，充分的在共同語「國語」（日語）上的運用，以至於國民的教育，隨著日本殖民統治的強化，到日本戰敗投降前夕，國語（日語）解者〔註17〕已達七成。〔註18〕

配合著日本同化政策的推行，平時日本政府對台灣人民一般性的宣傳與濡化，可以從學校校歌中看出；再來，於中日戰爭爆發後，日本政府在歌曲方面的積極創作與應用，使得許多原本沒有校歌的學校在這個時空下產生。校歌，在學校教學活動中的主要項目之一，也是為傳達思想亦是最直接的管道之一。因此，日本政府為求能同化殖民第台灣人民之心，於是透過最基礎的初等教育公學校的課程，對學生進行同化教育。〔註19〕若觀察其校歌歌詞

〔註14〕派翠西亞.鶴見（E.Patricia Tsurumi）著，林正芳譯，《日治時期台灣教育史》，宜蘭市：仰山文教基金會，1999，頁59。

〔註15〕林玉体，《台灣教育史》，台北市：文景，2003，頁112。

〔註16〕陳君愷，〈台灣的近代化蛻變──日治時期的時代特色及其歷史意義〉，收錄於林麗月主編《近代國家的應變與圖新》，台北：唐山，329～351，2006，頁343。

〔註17〕所謂「國語解者」，是指在日常生活中能夠使用國語（日語）的人。

〔註18〕汪知亭，《臺灣教育史料新編》，台灣：台灣商務印書館股份有限公司，1978，頁47。

〔註19〕許瀛方，《台灣日治至戒嚴時期愛國歌曲之國家認同意識研究（1895～1987）》，國立台灣師範大學教育研究所碩士論文，2001，頁28。

本身所描述與傳達的意念，可以發現歌曲當中，或多或少的隱含了日本政府欲同化台灣人，使台灣人進一步認同日本國的企圖；當然也有某一部分校歌完全旨在砥礪學生向學、上進心。

第二節　校歌文本內容分析

　　本論文所蒐集的 115 首歌詞，即本論文進行分析的基本文本。至於日治時期的校歌是否因為學校的改制或時代的更迭而造成有一所學校有多首校歌的產生，則不得而知，能夠知曉的是，有的學校另創作寮歌或是應援歌〔註20〕。然而本論文所蒐集的日治時期校歌文本資料，則為普遍流傳版本，亦或是學校僅存之校歌史料。經詳加分析，其內容所涉之意涵、意識型態、價值觀念或國家認同，概可分別從以下數項來了解。各項內容並非互相排斥，而是多元並具的。亦即同一首歌可能同時具有多項內容性質。

　　於內文中，部分學校有完整的校歌歌詞及歌譜，但有一部分被圖像遮蓋住，如台中州立商業學校；或者只有日治時期翻譯後的版本，原文已散佚無從得知，如嘉義水堀頭（水上）公學校，無法窺其全貌，甚為可惜；亦或有部分學校幸運的搜集到日治時期的校歌，但因時代久遠或於當時抄寫時字跡過於潦草，以至於日語難以辨識，所幸另有翻譯後之版本，如台北南門尋常小學校、台北第三高等女學校、彰化高等女學校、台北工業學校、新竹州立桃園農業職業學校等。

　　經過筆者整理後，依照本文需求有完整歌詞，可進行校歌內容分析者，計有公學校 71 首、小學校 5 首、中學校 14 首、高等學校 14 首、農業專修學校 5 首、工業學校 3 首、商業學校 2 首、私立中學校與高等學校 4 首以及帝國大學 1 首。共計有 119 首，其中私立淡水高等女學校、私立淡水中學校與私立台灣商業學院，由於前兩所中學校為宗教性質設立之，故學校校歌中多帶有宗教思想；而私立台灣商業學院設立於台南，由日僧村田知學創設，原來屬於私立私塾學堂，後於 1922 年配合學校法規修正，以「私立台南學堂」立案，直至 1924 年才更名為「私立台灣商業學院」，但依舊為書院模式就讀。而台灣商工學校為開南商工的前身，創立於 1917 年（大正 6 年），由東洋協會臺灣支部申請成立，全名為東洋協會臺灣支部附屬私立臺灣商工學校，一

〔註20〕即應映學校運動會或是校慶時所創作之歌曲，通常使用在運動會及校慶時。

般稱爲台灣商工學校,是台北最早創立的私立職業學校,也是日治時期台灣人得以入學進修的實業學校中,創立最早的學府。由於非官立之學校在教育政策上並非全然遵守官方教育政策,故此 4 首私立學校校歌將不於此一同進行討論之,則共需分析的校歌有 115 首。

以下列舉之學校校歌歌詞內容以校歌原文呈現,則( )內爲意譯文,部份意譯文的譯法有「國歌」的堂皇和絢麗,卻也充分的傳達其中的文意。其內容具有以下的類型:

(一)描述學校地理位置的景觀

校歌歌詞中的山川、河流常作爲一種「情感的依附」。而文本中的地景呈現,通常極具「地方性」,能清楚看見校園座落位置的地理環境特色。校歌「寓情於景」,並不只是作爲歌詞背景,雖然它是校歌形式眾多特色的其中之一,但地景也是阻力最小也是最有效力的敘事策略,因爲地景描寫已是被規訓對象的日常生活的一部分,當教育理念或者意識型態藉由此種方式進入歌詞,它即已取得先機。〔註21〕例如台北市區及周圍的學校,很多校歌歌詞會出現「劍潭山」如:

> 台北太平公學校「翠色濃を劍潭の」(翠綠濃郁劍潭山〔註22〕)
>
> 台北士林公學校「我が里近き　劍潭山」(吾鄉近旁劍潭山〔註23〕)
>
> 台北日新公學校、台北永樂公學校「劍潭山の御社を　朝の庭に伏拜み」(劍潭山上御神社,朝晨庭園行伏拜〔註24〕)
>
> 台北大龍峒公學校「川の向ふの劍潭山」(河川流向劍潭山〔註25〕)
>
> 台北第一高等女學校「あした夕べに　劍潭(けんたん)の」(朝日黃昏時遙望劍潭山)

〔註21〕賴彥甫,〈校歌的文化與符號分析:規訓、抵抗與國家的治理技術〉,《2009～2010 國科會大專生專題研究成果報告》,計劃編號:98-2815-C-002-117-H,執行單位:國立台灣大學地理環境資源學系,頁 21。

〔註22〕溫國良譯,引自陳聰明,《棟花盛開時的回憶:日治時期畢業紀念冊展。第二冊,學校建築篇/校歌校旗篇》,國史館台灣文獻館,2005,頁 154。以下加註譯者接引自此史料文獻中。

〔註23〕洪敏麟譯。

〔註24〕溫國良譯、洪敏麟譯。

〔註25〕筆者自譯,以下未加註則同爲筆者自譯。

　　台北工業學校「驚聞劍潭落山風〔註26〕」

另外於台北地區則有許多學校會出現「大屯山」如：

　　台北北投公學校「大屯山の秀麗を」（秀麗壯觀大屯山〔註27〕）

　　台北日新公學校「秀麗高き大屯を」（秀麗壯觀大屯山〔註28〕）

　　台北太平公學校「北大屯の峰のどと」（北有壯觀大屯峰〔註29〕）

　　台北第二中學校「仰（あお）げば高（たか）き大屯（だいとん）の」（仰望高聳的大屯山〔註30〕）

　　台北第一高等女學校「旭に匂う　大屯の」（旭光大屯山）

　　台北第二高等女學校「聳ゆる峰の　大屯は」（高聳的大屯山）

　　台北第一師範學校「大屯やまの　岩が根なす」（大屯山根深蒂固）

新竹地區的學校，校歌則會描述「五指山」：

　　新竹芎林公學校「學びの窗の朝夕に　五指の山脈仰ぎみつ」（從學校的窗戶朝夕仰望五指之峰〔註31〕）

　　新竹北埔公學校「五峰の靈姿霞む時」（五指山的靈姿在雲霧中）

　　新竹竹東公學校「嵐を宿す五指山や」（五指山將暴風雨檔下）

同樣的性質，以屏東地區來說，則會描述「大武山」：

　　屏東里港公學校「遙かに霞む　大武の高嶺」（大武山在遙遠的雲霧中）

　　屏東師範學校「輝き昇る旭日に　大武の峯の彌崇く」（光輝的旭日從大武峰昇起）

而以地區性的河川、溪水做爲歌詞內容：

　　蘭陽高等女學校「流れ豐けき　宜蘭川」（川流不息，豐沛的宜蘭川）

　　宜蘭農林學校「宜蘭の川瀨永へに」（千載東流宜蘭川〔註32〕）

〔註26〕洪敏麟譯。
〔註27〕溫國良譯。
〔註28〕溫國良譯。
〔註29〕溫國良譯。
〔註30〕許錫慶譯。
〔註31〕洪敏麟譯。
〔註32〕洪敏麟譯。

台北北投公學校「淡水河の溶溶と」（淡水河流山悠悠〔註33〕）

台北樹林公學校「水澄み渡る淡水の」（淡水河的水清澈）

台北淡水東國民學校「流水もつきぬ淡水河」（川流不息淡水河〔註34〕）

台北第一師範學校「淡水の河の　たきつ瀬なす」（淡水河，川流激烈）

台北第二師範學校「淡水河辺（たんすいがわべ）清きを眺め」（淡水河邊清澈眺望）

台北第一高等女學校「月影清き　淡水や」（淡水月影明）

台北第二高等女學校「流れてやまぬ　淡水の」（淡水川流不息）

台北大坪林公學校「流はつきず　新店溪」（新店溪流不息）

台北枋橋公學校「大嵙崁溪月照りて……大嵙崁溪水すみて……大嵙崁溪滔滔と」（大嵙崁溪月照射……大嵙崁溪水清澈……大嵙崁溪水滔滔）

台北內湖公學校「基隆川の　河風に」（基隆川上的河風徐徐）

台北汐止公學校「夕潮さすや基隆河」（夕潮湧至基隆河〔註35〕）

新竹鹹茱硼公學校「流れも清き鳳山の」（清澈的流水鳳山溪）

台中南屯公學校「野末遙に筏子溪の　盡きぬ流れを引として」（原野迤邐筏子溪，溪流不息引為鑑〔註36〕）

台中州村上國民學校、台中公學校「大肚の流れ滔滔と」（大肚溪滔滔潺潺〔註37〕）

台中草屯公學校「嚴冬の風穩やかに　烏溪の流れ水澄みて……」（嚴冬風微微，烏溪之流澄又澈〔註38〕）

彰化北斗東國民學校「つきぎる流れ濁水の」（濁水之流永不息〔註39〕）

〔註33〕溫國良譯。
〔註34〕洪敏麟譯。
〔註35〕溫國良譯。
〔註36〕洪敏麟譯。
〔註37〕洪敏麟譯。
〔註38〕洪敏麟譯。
〔註39〕洪敏麟譯。

　　嘉義高等女學校「八掌溪の　水清く」（八掌溪水清且澈〔註40〕）

　　嘉義農林學校「八掌溪の北　天惠充てり」（八掌溪北天惠地〔註41〕）

　　嘉義朴子公學校「牛稠溪の水長く」（牛稠溪的水流長）

　　嘉義大林南國民學校「三疊溪の御遺跡に」（三疊溪的遺跡之處）

　　嘉義公學校「ふしては清き八掌の　水は絕之せず流るなり」（清澈的八掌溪，川流不息）

　　虎尾農業專修學校「新虎尾溪浣みなく」（新虎尾溪水清清〔註42〕）

　　高雄美濃公學校「碑頭の水に影うつす」（碑頭的水能看見倒影）

　　花蓮港公學校「流れも清き米崙の川」（清澈的米崙川）

以上列舉幾所學校以山川、河流或兼而述之的置入校歌中，也能表現出學校的地理位置所在，和座落位置的景觀描述。

　　台北淡水東國民學校除了將「淡水河」描寫於校歌中，甚至可以看見「五十鈴の川と水澄めぼ」，將日本河川「五十鈴川」也描述於殖民島國的學校校歌內，這是於115首校歌文本中，唯一將日本河川寫入校歌中的學校。日本本島五十鈴川位於日本天照大神宮前的河川，應有暗喻天照大神的意味，同時也使學童了解日本內地的地理環境。

　　除了上述的「劍潭山」與「大屯山」較爲常見，另外有的學校會將附近的地景置入校歌中，如：

　　宜蘭小學校「山は次高　高き山」（山是次高山的高）

　　台北三峽公學校「仰げぱ崇し鳶山の　巍巍千秋に聳え立ぢ」（仰望崇高鳶山嶺，巍巍聳立千萬載〔註43〕）

　　台中南屯公學校「大肚の山は打ち霞み」（大肚山頂照晚霞〔註44〕）

　　台北內湖公學校「碧山嚴に　射す夕陽」（夕陽照射碧山嚴）

　　台北大安公學校「あや拳頭の　旗標」（吾校旗與拳頭山並立衝出雲

〔註40〕洪敏麟譯。
〔註41〕洪敏麟譯。
〔註42〕洪敏麟譯。
〔註43〕溫國良譯。
〔註44〕洪敏麟譯。

霄〔註45〕）

台北汐止公學校「朝日輝く大尖山」（朝日照耀大尖山〔註46〕）

台北樹林公學校「綠色濃き大崠山」（綠色濃蔭大崠山）

台北雙溪國民學校「蝙蝠山に並び立つ」（並立於蝙蝠山）

台北大坪林公學校「悠然たりや　獅子頭山」（悠然望向獅子頭山）

台北安坑公學校「はるか仰や大尖の」（遙望無邊際的大尖山）

宜蘭羅東公學校「蘭陽平原空氣清澄」

新竹新埔公學校「鳳山の谷に眺みて」（從鳳山的山谷眺望）

台中大甲公學校「大甲原に　地をしめて……鐵砧山の　霧晴れて」（地處大甲原……鐵砧山上晴朗）

台中州村上國民學校「大屯原の朝ぼらけ」（大墩原野之黎明〔註47〕）

嘉義民雄公學校「嘉南平野中ににち」（站在嘉南平原中）

高雄蕃薯寮公學校（旗山國民學校）「東旗尾峯　西鼓山　南遙けき南大武」（東旗尾峰是西鼓山，南邊是大武山）

澎湖馬宮公學校「馬公城外紺碧の　海に臨みて我が園生」（馬公城外的海深綠，我們的校園就在海邊）

澎湖小池角公學校「島ハ西嶼漁翁島……島中ホドニ地ヲ占メテ　コレヤ此ノ村小池角」（它的名叫西嶼——漁翁島，漁翁島中央有個小村名叫小池角）

台北第一師範學校「南風薫ずる　芝山巖の」（在芝山巖上可感到南風輕輕的吹）

台北第二師範學校「方蘭丘上礎（いしずえ）固く……七星山頭（しちせいざんとう）　高きを仰ぎ」（芳蘭丘上的基礎穩固，仰望高聳的七星山頭）

台北高等學校「獅子頭山に　雲みだれ　七星が嶺（ね）に霧まよふ」（獅子頭山上雲氣蓬蓬，七星嶺上霧迷濛）

〔註45〕洪敏麟譯。

〔註46〕溫國良譯。

〔註47〕洪敏麟譯。

台北第三中學校「拇指の嶺（みね）　あかあかと」（拇指山上繁茂）

基隆中學校「堵南の陵（おか）に　うち鳴らす」（在堵南陵上可聽到鐘聲）

新竹高等女學校「松嶺に　仰げば月の」（仰望著松嶺）

新竹第一公學校「綠いろこき松嶺の」（深綠的崧嶺）

嘉義中學校「嘉南の平野　目もはるか」（嘉南平原一望無際〔註48〕）

嘉義高等女學校「嘉南の沃野を　潤して」（嘉南沃野變滋潤〔註49〕）

虎尾農業專修學校「嘉南平聖に先人の」（嘉南沃野念先人〔註50〕）

台中商業學校「大屯の高きを凌き」（大屯的高聳險峻）

高雄商業學校「希望溢るる雄叫は大武の　嶺に谺せん」（在大武山上充滿希望的叫聲充滿回音）

在整理學校校歌，分析校的相關學校地理環境的景觀描述時，於校歌歌詞中部份詞語因日治時期部分學校描寫校園附近的地理環境與景觀時，有可能使用當代（日治時期）使用的辭彙，需找尋相關史料作相互的對證、比照。如其一台北大安公學校「あや拳頭の旗標」則懷疑此山是否為現今一般所稱「拳頭母山」，或者地理位置上是否與該校位置相差不遠。於《乾隆台灣輿圖》〔註51〕（見圖2-2-1）說明拳山，即是「拳頭母山」；《淡水廳志》並記載：「公館後街有拳山」。而「拳頭母山」是今日的哪座山，有兩種推測：一是「景美山」（溪子口山、仙跡岩）。二是「芳蘭山」、「蟾蜍山」，甚至包含土地公嶺至中埔山一帶。而後者可能性較高。「拳山」以形稱，應是指幾座小山群，形如握拳，而非單指一個山頭。福州山、中埔山、芳蘭山、蟾蜍山、軍功山、土地公嶺等，清代乾隆輿圖稱為拳頭母山。

〔註48〕許錫慶譯。
〔註49〕洪敏麟譯。
〔註50〕洪敏麟譯。
〔註51〕洪英聖編著，《畫說乾隆台灣輿圖》，台北：聯經，2002，拉頁1。

圖 2-2-1　《畫說乾隆台灣輿圖》，拉頁 1

　　故台北大安公學校的地理位置，並非直接靠近「拳頭山」，但於當時而言應是可以於學校中仰望拳頭山。如其二台北第三中學校「拇指の嶺（みね）あかあかと」亦存疑是否為現今「拇指山古道」所指之拇指山，或是日治時期的用語，筆者利用近期的地圖（圖 2-2-2），於下圖的右邊中間箭頭所指圈處，可得知拇指山現今的所在位置，亦可明顯發現日治時期台北第三中學校為現今之台北師大附中，如此推敲而言，此座山頭則和學校相距不遠，故將此句校歌歌詞列入此類型中。

圖 2-2-2　大台北山區健行登山路線圖 40-07

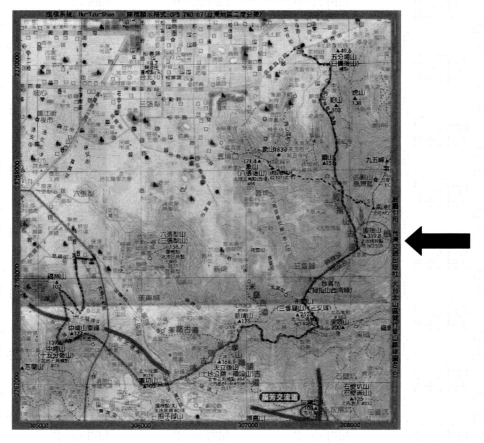

　　除了出現學校附近的山川、河流之外，亦有校歌會對學校的地理位置或
地名、景色、廟宇與學校相關位置的描述：

　　　　台北士林公學校「我が里近き　芝山嚴」（吾鄉近旁芝山巖〔註52〕）

　　　　台北蓬萊公學校「大臺北の　西北に」（大台北的西北〔註53〕）

　　　　台北永樂公學校「大台北に地を占むる」（建校大台北〔註54〕）

　　　　桃園公學校「文昌廟（ぶんしょうびよう）の　いっかくに　なのり
　　　　を上げしとうえんこお」（在文昌廟旁建設桃園公學校）

〔註52〕洪敏麟譯。

〔註53〕洪敏麟譯。

〔註54〕洪敏麟譯。

台南安平公學校「音に聞えし安平港　榮え來りし安平港」（在安平港聽到聲音，繁榮的安平港）

屏東里港公學校「高砂島の　南の廣野」（高砂島的南面廣野地）

新竹州立新竹工業學校「新興の土地新竹に　」（在新竹新興的土地上）

嘉義農林學校「野にせも山にも幸堆高し　これ吾が嘉農を迎へて待つ地」（田野山丘福成堆，待吾嘉南建校地〔註55〕）

　　透過學校地方景色置入校歌中，先以校園周邊的山川、河流或校園風景的變化親近學生，這種地方性的呈現，能夠逐漸的認同校園的標語或者是校歌中所象徵的價值。

　　校歌文本中的地景，是一種情感的依附，不管是「縣市尺度的地景」或者是「跨越區域尺度的地景」，創作者描寫青山河流並抒發國家思想的理想抱負，校歌歌詞以學生熟悉的地景入題，希冀藉此引起共鳴。〔註56〕對學校所在地地理景觀的描寫，學校的山川名、景色，通常都是校歌歌詞的素材之一。

　　總之在本文所掌握的 115 首「學校校歌」當中，出現有這「描述學校地理位置的景觀」類型的歌曲，計有 62 首。是日治時代學校校歌中的重要角色。

（二）表現學校當地物產與名勝

　　校歌歌詞往往傳達著學校教育理念方針與地方特色等訊息。將地方特產置入校歌中有：

桃園大溪宮前國民學校「早瀨を上る若鮎の　躍るにまさる　元氣もて　茶の香ゆかしく」（幼鮎之溯極瀨，力爭上游不可當，我等活力勝之有餘，茶香薰郁〔註57〕）

台北北投公學校「北投溫泉の名を負ひて」（北投溫泉享盛名〔註58〕）

台北景美國民學校「榎の木をめぐり　手を取りて」（在榎木下一起教導）

〔註55〕洪敏麟譯。
〔註56〕http://www.wretch.cc/blog/ntugeogcamp/6722282，賴彥甫，〈校歌的地理學分析——校園的「空間規訓」與自身的抵抗〉，文章發表日期 2009/01/31，（查詢日期 2009/09/11）。
〔註57〕溫國良譯。
〔註58〕溫國良譯。

新竹鹹荣硼公學校「富の林は果てもなし」（森林富裕蘊藏無窮）

台南第二中學校「甘蔗野遙けくがへりみすれぱ」（遙望蔗園又返顧〔註59〕）

屏東里港公學校「甘蔗の葉ずれの……茄苳並木の」（甘蔗的葉子發出聲響……茄苳並列）

亦有將學校的景觀特色作爲校歌的素材，如：

台中清水公學校「野榕の葉風に清公の　旗翻へし一すちに」（野榕葉隨風飄揚，清公校旗邁進不已〔註60〕）

台北安坑公學校「眺め美はし安坑の　さ霧柵引く丘の上に」（眺望美麗安坑之秋，縱橫交錯綿延不絕）

台北南門尋常小學校「生活在終年如夏的環境〔註61〕」

宜蘭羅東公學校、宜蘭利澤簡公學校「樟の葉茂ける學び舍に」（樟樹的葉子茂密在我們的學舍）

澎湖馬宮公學校「黑潮高く岸をかみ　北風強く凄ぶとも」（黑潮高過海岸，北風很強）

澎湖小池角公學校「滄溟ヒタス高砂　常夏島ニイヤ高」（在此環繞著綠海，終年如夏的島嶼上）

嘉義公學校（玉川國民學校）「かつる日出たき山川に　そむかん嘉義の名をしのび」（在山川看到日出，嘉義的名字謹記在心）

台中豐原公學校「春觀音の山がすみ　秋黃金の波よする」（春天觀音山霧迷濛，秋天金黃色的風景）

台中草屯公學校「春高原に訪れて　炎峰麓に萌え出つる……；眞夏の光赫赫と　照る日の下に鍛へんは……；秋碧山に酔け行きて　血汐に染むる紅葉と……；嚴冬の風穏やかに　烏溪の流れ水澄みて……」（春降高台，炎峰山麓萌芽……盛夏陽光燦爛，在烈日下鍛鍊……秋赴碧山宴，血染般楓葉紅……嚴冬風微微，烏溪之流澄又澈

〔註59〕洪敏麟譯。
〔註60〕洪敏麟譯。
〔註61〕周義卿、徐曉美、李道勇合譯。

－29－

〔註62〕）

以上兩校則將學校四季的景色作為校歌的素材，更可以了解學校於四季變換時的景色。

　　學校所在地的特色、物產與名勝，或者是將山川擬人化，這是很常見的校歌素材之一，而山川又會以所涵蓋的範圍或是具有指標意義影響遠近學校的使用。〔註63〕配合學校地方特色、物產和名勝，實情實景，更能表達學生對學校的情感與懷念。

　　總計這些歌頌學校當地的產物與名勝的歌詞內容，計有15首。

（三）述及學校的歷史環境

　　有許多學校將地方的歷史或學校的創立加入校歌內容中，將創校日、創校地或學校創立的歷史列為歌詞，如：

　　　台北石碇公學校「我が懷しき學び舍の　始めてこに開けしは　明治三十七年の四月二十一日ぞ」（我等懷念的學舍，創立開始之日期，年為明治三十七，日為二十一〔註64〕）

　　　台北第二中學校「時大正の年積みて　十一年の春なかば　光も清き祖師廟に生まれ出し昔偲び見よ。」（時值大正年，年年累積，大正十一年春中，在祖師廟清楚的看到光，想起了昔日的事情〔註65〕）

　　　台北太平公學校「嗚呼大正十二年　おが日の御子のいでましに　古き歷史はいや榮えて　譽はいよいよ輝けり」（嗚呼大正十二年，吾皇太子駕臨日，歷史流傳萬世榮，贏得美譽更輝煌〔註66〕）

　　　桃園公學校「明治三十一ちのとし　ひだけ幾世に　先かけて」（明治三十一年，幾世永遠）

　　或者是將學校地方歷史列為校歌歌詞，如：

　　　台北汐止公學校、台北雙溪東國民學校「北白川の宮樣の　いましの

〔註62〕洪敏麟譯。

〔註63〕陳聰明，《棟花盛開時的回憶：日治時期畢業紀念冊展。第二冊，學校建築篇／校歌校旗篇》，國史館台灣文獻館，2005，頁148。

〔註64〕洪敏麟譯。

〔註65〕許錫慶譯。

〔註66〕溫國良譯。

跡を拜しつ」（北白川宮親王聖蹟，詣拜緬懷之 〔註67〕）

台北士林公學校「士林の里はもの學び　早く開はて名に負へり」（士林吾鄉讀寫文教，開化之濫觴，飲譽遐邇 〔註68〕）

台北老松公學校「昔　艋舺の　名し高く　島の教に　輝きし　その譽こそ　ここにあれ　いざ榮ある歷史　守りて共に　勉めはげまむ　いざ友よ。」（昔日艋舺馳名遐邇，其文教夙輝煌，飲譽在此，吾儕須同守光榮歷史，互勉互勵 〔註69〕）

台北南門尋常小學校「以麗正門為名　是一所輝煌的黌舍 〔註70〕」

桃園大溪宮前國民學校「歷史も古きこの丘の」（歷史悠久古山丘 〔註71〕）

台南南門小學校「孔子（くし）の廟（たまや）を　目のあたり」（在附近可以看見孔子廟）

台南港公學校「舊都の西にひろぐと　たてる吾等の學園や」（互立古都之內，吾儕之學園 〔註72〕）

台南第二中學校「全臺首學の聖の廟　遺せろ教今なほ踐みて」（全台首學聖文廟，踐守遺教心不移 〔註73〕）

台南安平公學校「ゼーヲンオヤの城古し　本島文化の發祥地」（赤崁古城是本島文化之發祥地）

嘉義水堀頭（水上）公學校「有保護南台灣之戰鬥機隊　也有北迴歸線標幟」

虎尾農業專修學校「嘉南平聖に先人の　偉業の跡を偲びつ」（嘉南沃野念先人，追懷偉業蹟斑斑 〔註74〕）

以上的學校會藉此宣揚學校創校的時間、歷史同時，對於日本建設學校的歷

〔註67〕溫國良譯。、洪敏麟譯。
〔註68〕洪敏麟譯。
〔註69〕洪敏麟譯。
〔註70〕周義卿、徐曉美、李道勇合譯。
〔註71〕溫國良譯。
〔註72〕洪敏麟譯。
〔註73〕洪敏麟譯。
〔註74〕洪敏麟譯。

史文化頌揚，伴隨而行。此類型其實本軸是以台灣為座標的歷史意識描寫，將本地實際發生過的經驗、事件置入校歌，故在歌詞中出現對學校或學校地方上「悠久歷史與文化」的描述。

　　總之，這類其實是具有台灣本地歷史意識、訴及歷史的「學校校歌」，計有 15 首。如果連同前已述及具有學校當地物產與名勝者合計，則共計 27 首。在本論文蒐集的 115 首學校校歌中，約佔兩成比例。

（四）對學生的期許與勗勉

　　這是校歌最主要的部份，也是每一所學校、每一首校歌必備的部份，大部分都是一些做人做事的道理，像是要努力學習、樂觀進取、堅忍不拔、鍛練身心、堂堂正正做人、做好國民、要好好報效國家社會等等。〔註75〕例如：

　　　　台南師範學校「努めて息まざる　健児ぞ我等　努めよ努めよ　世にも尊きその使命　励めよ励めよ　世にも雄雄しきその理想」（努力不懈的健男兒，為其尊嚴的使命，為其崇高的理想〔註76〕）

　　　　台北第一高等女學校「姿をしのび　たゆみなく　心をみがき　身をねりつ……我等がそのの　撫子も　正しく強く　しとやかに」（內心激動，情懷難形容，身心益自強……享園撫子願忠勇健，淑雅更自強，永持幸福感，自憤永不變）

　　　　台北高等學校「朝な夕なに　天（あめ）かける　理想（おもい）を胸に　秘めつつも」（朝夕不斷掛長空，高尚理想存吾胸）

　　　　台南第一高等女學校「優しき心　強き力　望のかげに　たゆむ時なく　つとめ進まん　婦女の道を」（心思優雅力又強，抱負堅定永不懈，勤勉力行婦女道〔註77〕）

　　　　嘉義中學校「修文尚武　たゆみなく　前途の雄飛　期せんかな」（修文尚武不斷，期待前途似錦〔註78〕）

　　　　嘉義農林學校「見よ五年の業學び終へて　胸に燃え理想をひぞめ」

〔註75〕陳聰明，《棟花盛開時的回憶：日治時期畢業紀念冊展。第二冊，學校建築篇／校歌校旗篇》，國史館台灣文獻館，2005，頁 148。

〔註76〕郭金水譯。

〔註77〕許錫慶譯。

〔註78〕許錫慶譯。

（反觀五年學業畢，理想之火胸中燃〔註79〕）

台南南門小學校、台中石岡公學校「心を　磨き　身を鍛え」（修鍊心性體魄〔註80〕）

台北三峽公學校「智德を磨き體を鍊り　身を立て國に報ぬべき」（琢吾智德鍊體魄，立身處世報國家〔註81〕）

台中南屯公學校「不斷の努力向上の　道一窮に進み行く」（不斷努力向上，一路窮道業精進不已〔註82〕）

台北太平公學校「いき太平の建男兒　責任は重く道遠し　不斷の備ゆるみなく　學の業にはげまなむ」（太平健兒不畏難，責任重大任道遠，孜孜不倦無止盡，學業精進永不息〔註83〕）

台北永樂公學校「樂しく集ふ友がきと　學びの道に進みゆく」（快樂同伴聚一地，邁進學習之道〔註84〕）

苗栗苑裡公學校「心を修め體を鍊り　勉め勵みてもろともに」（修身研鍊，學子朋輩〔註85〕）

以上等等列舉數首代表性校歌，於筆者搜集需分析的115首校歌中，在此類「對學生的期許與勗勉」是每一首校歌皆具備，也是每一首校歌最重要的部份。

　　在戰後台灣教育體制中，校訓的規訓效果日漸薄弱，大多將校訓束之高閣，不過，校訓卻在日治時期受過日本教育的學生眼裡，是被奉為圭臬的價值規範。〔註86〕於勗勉同學之類別中另舉有些校歌會出現「校訓」所推崇價值，利用校訓勗勉學生，部分學校會將此置入校歌中：

新竹州立桃園農業職業學校「在質實剛健校訓的薰陶下〔註87〕」

台中大雅公學校「妙なる希望の教訓あり」（冀望有精湛教訓〔註88〕）

〔註79〕洪敏麟譯。
〔註80〕洪敏麟譯。
〔註81〕溫國良譯。
〔註82〕洪敏麟譯。
〔註83〕溫國良譯。
〔註84〕洪敏麟譯。
〔註85〕洪敏麟譯。
〔註86〕蘇曉倩，《身體與教育　以日治時期台灣實業學校的身體規訓為例》，暨南國際大學歷史學系碩士班碩士論文，2003，頁97。
〔註87〕呂理福譯。

宜蘭利澤簡公學校「聖賢の教校訓に　仰ぐ心の奥深く」（聖蹟的教訓謹記在心）

台南第二公學校「忠孝一本一すちに　『國語、禮儀、健康』の　道に勵みて日の本の　良き民たらむ日の御旗」（國語、禮儀、健康要努力，在日本國旗下要做好的皇民）

澎湖小池角公學校「五ツノ校訓アヤマタス」（只要記住那五句校訓，誠實、勤勉、禮儀、報恩、公德）

　　校歌歌詞標明了每個學校各自不同的校園環境、精神和學生應有的規範，也隱含各校校訓所推崇的價值。〔註89〕在行為目標上，以「修鍊」、「實踐」等行為性質的教育啟發；以「技能」、「能力」的外在行為為評量目標，結合了「情操」、「性格」的內在養成。〔註90〕校歌中所隱含校訓的紀律思想，則建構成為學生的價值體系。

　　總計在本論文所掌握的 115 首學校校歌當中，內容出現強調對學生的期許，或勗勉學生者，是整個學校校歌的重點。易言之，在日本同化政策時代的學校校歌之中，可以說是有百分之百的校歌，其歌詞或強調行為目標的修鍊、實踐，或外在行為的技能，加上個人的品行、節操的養成，或兼而有之。

（五）宣揚政治意識型態

　　天皇發布的教育勅語，是日治時期台灣教育的最高指導原則，1919 年的「台灣教育令」，即明定教育勅語為千古不磨的訓示，帝國教育當奉行為指導原則。〔註91〕日本殖民台灣採行與本國相同的天皇教育體制，並將神道推進納入教育體系中，因此很多學校的校歌出現與天皇、神社及日本帝國相關的歌詞，像是敕語、皇恩浩蕩、光榮之國等。〔註92〕例如：

〔註88〕洪敏麟譯。

〔註89〕陳如一，〈全國專科以上學校之校訓與校歌（上）〉，《東方雜誌》，12（10），1979，頁 69～73。

〔註90〕孫芝君，《日據時代台灣師範學校音樂教育之研究》，台灣師範大學音樂研究所碩士論文，1997，頁 53。

〔註91〕紀元節、元始祭、神嘗祭、明治節、天長節等國定紀念日時要舉行教育勅語捧讀儀式。見杜武志，《日治時期的殖民教育》，台北：台北縣立文化中心，1997，頁 6、19～20、36～37。

〔註92〕陳聰明，《楝花盛開時的回憶：日治時期畢業紀念冊展。第二冊，學校建築篇／校歌校旗篇》，國史館台灣文獻館，2005，頁 149。

台北帝國大學「天皇の　詔をかしこみ」(天皇的詔語不可忘記〔註93〕)

台北第一師範學校「天津日高照る現御神（あきつみかみ）　仰げばかしこし　御代の光……聖勅かがやく　神の御国」(天皇的光輝照耀我們，仰賴天皇的光輝……最尊敬神之日本)

台南師範學校「皇国に生まれし　甲斐こそあれと　桶盤浅頭（とうばんせんとう）　勅語畏み」(為傳承身為皇國臣民的榮幸，我們是於桶盤淺上，供奉天皇的宏旨〔註94〕)

屏東師範學校「皇御国の御民我」(我身為皇國的臣民)

台北工業學校「崇尚無上吾天皇〔註95〕」

台北第一高等女學校「すめら御国の　南（みんなみ）の」(南方的尊貴國土)

台北第三高等女學校「大日本神治之國　南溟子民與有榮……效忠天皇振家聲……大日本國運昌隆……大日本道堅之國　大和之心效櫻花〔註96〕」

台北第一中學校「照らむ限りなき　大君の　惠の光　身にうけて」(受到天皇恩惠的光輝照耀〔註97〕)

台北第二中學校「遍（あまね）く君（きみ）の御光（みひかり）に」(大家受到天皇的光輝照耀〔註98〕)

台東中學校「御国の光　指し添えむ」(身受神之國的光輝圍繞)

台南第一高等女學校「宮居を仰ぎ　朝な夕なに　大みことのり　胸にしめつつ」(仰望宮居朝夕，教育勅語銘記在心〔註99〕)

台南第二高等女學校「大和錦を　織りなして　一つ心に　匂うなり」(編織所成日本錦，芳香優雅〔註100〕)

〔註93〕洪敏麟譯。
〔註94〕郭金水譯。
〔註95〕洪敏麟譯。
〔註96〕許錫慶譯。
〔註97〕游俊偉譯。
〔註98〕許錫慶譯。
〔註99〕許錫慶譯。
〔註100〕許錫慶譯。

高雄第一高等女學校「栄行（さかゆ）くや　大日本（おおやまと）南（みんなみ）の　はたての島に　大御代の」（繁榮興盛的日本，在南端有座小島，我們身爲皇國的子民）

新竹中學校「明治の詔勅　深くも彫れる」（明治的詔勅，深刻在肺腑）

新竹高等女學校「大御代の　御民と生くる」（我們身爲天皇的子民）

嘉義中學校「勅かしこみて　大八州　南の鎮め　守るべき」（日本的御令，要屏衛南方的重鎮〔註101〕）

嘉義高等女學校「皇（すめら）御国の　南（みんなみ）の　栄えある使命　果さんために」（天皇統御南溟，光榮使命誓必達〔註102〕）

蘭陽高等女學校「誇るしるしを　胸にして　かしこき勅語（みのり）守らなん」（將聰慧聖明的勅語謹記在心）

宜蘭農林學校「撓まず倦まず御國の爲に　努め勵まん詔勅のまに」（不倦不撓爲報國，遵奉詔勅誓奮勵〔註103〕）

中壢實修農業學校「我が大君の　御光を　拝みきつる　我等こそ」（吾君光威遍天下，沐浴聖恩潤吾輩〔註104〕）

新竹州立新竹工業學校「新興の土地新竹に　集える若人報國の」（在新竹這個新興的土地上，集合年輕人齊報國）

台中商業學校「天皇の御稜威を受けて」（受到天皇的聖恩）

台中明治小學校「君と國とに　まごころあを　捧ぐる民と　なりてまし」（日本國的子民用眞心貢獻，當好日本子民）

台南南門小學校「いざや友　日嗣の皇子（みこ）の　かしこくも」（同學們要如同皇太子般聰慧）

台南花園尋常高等小學校「君が御稜威も……大君の　詔勅（みこと）の儘に」（天皇說的話一定要尊敬）

〔註101〕許錫慶譯。
〔註102〕洪敏麟譯。
〔註103〕洪敏麟譯。
〔註104〕洪敏麟譯。

台北大安公學校「大勅語　身にうけて　よき日本の　民たらん」
（躬領勅語，誓爲善良日本國民〔註105〕）

台中大雅公學校「治まる御代に立ちそひて　榮ゆく我等が學び舍
は」（吾君盛世下，欣欣向榮吾校〔註106〕）

桃園大溪宮前國民學校「大御訓をかしこみて」（聖君勅諭銘記在心
〔註107〕）

台北石碇公學校「荊棘が下も大御代の　惠の露に霑ひて　」（荊棘
叢生之地，甘霑盛世恩惠〔註108〕）

台中公學校、台中州村上國民學校、台中清水公學校「御代の惠を胸
に――め　大勅語肝に（鏤）り」（緬懷盛事恩澤，鏤刻聖諭入肝膽
〔註109〕）

台中南屯公學校「大勅語胸にしめ　御國の民と生ひ立たん」（聖
君勅語藏心懷，立誓永世爲皇國民〔註110〕）

台北太平公學校「嗚呼大正十二年　おが日の御子のいでましに」
（嗚呼大正十二年，吾皇太子駕臨日〔註111〕）

台北蓬萊公學校「國の御榮　祈りつ　うさに抱けろともに　和
魂……大御教を　かしこみて」（祈禱國運昌隆，心中擁抱大和魂……
恪遵吾皇大訓諭〔註112〕）

台南港公學校「日嗣のならぶ大君を　仰くと共に感恩の」（瞻望在
位之聖君，常充滿感恩之心〔註113〕）

台北汐止公學校、台北雙溪東國民學校「北白川の宮樣の　いましの
跡を拜しつ　大勅令かしこみて　吾等がつとめ勵まなむ」（北白川

〔註105〕洪敏麟譯。
〔註106〕洪敏麟譯。
〔註107〕溫國良譯。
〔註108〕洪敏麟譯。
〔註109〕洪敏麟譯。
〔註110〕洪敏麟譯。
〔註111〕溫國良譯。
〔註112〕洪敏麟譯。
〔註113〕洪敏麟譯。

宮親王聖蹟，詣拜緬懷之，大詔銘於心，共勉之〔註114〕）

新竹芎林公學校「皇國の精神磨かなん　あ、腥代のみ民われ」（琢磨冶煉皇國之精神，我是聖世之民〔註115〕）

台北松山公學校「みよのめぐみに　へだてなく　しげりさかゆるせうこくみん　そのみめぐみを　あふぎつ」（吾皇恩無邊，茁壯成長幼國民，沾浴皇恩，更加合力奮勇〔註116〕）

苗栗苑裡公學校「我が大君の御諭を　心に彫りてもろともに……御代の惠のよろこびは」（奉吾聖君之詔諭，銘刻入胸腑……歡悅盛世皇恩〔註117〕）

台北淡水東國民學校「皇國にあれしさきはひの……大和　心にしみなむと　ちかひまつらんもろともに」（皇國昌隆又興盛……沾潤大和魂，願一齊來立誓〔註118〕）

彰化北斗東國民學校「御代の惠を胸にしめ　朝な夕なのいそしみに」（感懷聖恩，朝夕勤奮不懈〔註119〕）

台南新營東國民學校「大御心をころとし　四つの訓を身にしめて」（恭懷聖君仁厚心，深植四大諭訓於身〔註120〕）

宜蘭公學校「大御宮葉の　昔かしこみて」（天皇住在崇高之處）

台中新社公學校「皇國のほまれしのぶなり」（天皇的光榮歌頌之）

台中豐原公學校「皇國の民として　君諭たへとならめやと」（天皇的子民，訓諭要心存感激）

彰化二林公學校「すめら皇國に生れきた　感謝に燃えて──心に學ぷ國民學校の　兒童の我等朗かに　尊い御代を言祝いて　共に進もう民の道」（出生在天皇統御的國土中，燃起一股感謝的熱情之餘全心一致，我們是在國民學校就讀的兒童群。大家都要胸襟開朗，

〔註114〕溫國良譯。、洪敏麟譯。
〔註115〕洪敏麟譯。
〔註116〕洪敏麟譯。
〔註117〕洪敏麟譯。
〔註118〕洪敏麟譯。
〔註119〕洪敏麟譯。
〔註120〕洪敏麟譯。

對尊貴的天皇治世由衷的欣喜賀意）

嘉義新港公學校「神を敬ひ　君仰ぎ」（拜神也要仰拜天皇）

嘉義水堀頭（水上）公學校「崇拜眞神之光輝　養成愛國之精神」

雲林北港公學校「神の守護と皇恩に……皇國精神を磨き上げ　國民たる至誠貫かん」（神和天皇的聖恩，每天努力謹記皇國精神，這是子民的義務）

台南第二公學校「仰ぐ御稜威の彌榮に　おほ勅　語　畏みつ」（拜天皇，並且歌頌天皇說的話）

屏東里港公學校「日の大御旗　輝く下に　照る日の光　雄しく浴びて……やがて御國の　好き國民ぞ」（在日本國旗的光輝下，受到日照光輝的沐浴……我們是皇國的好國民）

澎湖馬宮公學校「君の御言を身にしめて」（天皇說的話要身體力行）

　　在敬神、崇敬皇室和愛國精神的實踐訓練，則是舉行對皇大神宮及皇居的遙拜儀式，〔註121〕由以上校歌中則清楚的闡明，要求學生奉行天皇聖旨，秉持愛國的精神，和感銘對皇恩的宏大無邊。另外是對神社的行鞠躬禮，校歌中描寫神社或對於神社的參拜有崇高的敬意：

台南第二中學校「高砂の島鎮めの御神　齋きまつれろ御社仰ぎ」（神鎮吾高砂島，齋戒清新瞻神社〔註122〕）

新竹州立桃園農業職業學校「桃園神社　矗立在眼前；瞻仰祠奉　莊敬在心中〔註123〕」

基隆雙葉小學校「チンジュノモーリヲフ　フギミーテ」（仰望鎮守神社，庇祐平安〔註124〕）

台南南門小學校「千早ふる　神の宮居を　朝夕に」（朝夕仰望神的宮居）

花蓮港公學校「上近く　御社を　朝な夕なに仰ざつ」（朝夕都要瞻

〔註121〕蘇曉倩，《身體與教育　以日治時期台灣實業學校的身體規訓爲例》，暨南國際大學歷史學系碩士班碩士論文，2003，頁105。

〔註122〕洪敏麟譯。

〔註123〕呂理福譯。

〔註124〕陳德潛譯。

仰天皇（神社））

台北士林公學校「島の鎮めの　宮所　尊き御影を　仰ぎつ」（鎮台神宮所在地，恭瞻聖影〔註125〕）

桃園中壢公學校「御代を壽ぐ　中壢神社」（天皇歷代要在中壢神社仰拜）

台北日新公學校「劍潭山の御社を　朝の庭に伏拜み……我が大君のみさとしぞ」（劍潭山上御神社，朝晨庭園行伏拜……荷蒙吾皇之訓諭〔註126〕）

台北永樂公學校「朝な夕なに劍潭の　御社をがみ日の本の　國のさかえをいのりつ」（朝夕伏拜劍潭神社，祈禱日本國運昌隆〔註127〕）

台北內湖公學校「社はるかに　仰ぎつつ」（伏拜神社）

　　因爲日治時期推動同化政策，校歌歌詞通常會出現對日本帝國、日本天皇、皇太子及神社讚揚的詞句。如此將校歌中置入與殖民政府政治意識型態相關的詞語，這種方式的「涵養德性」，教育成當局政府欲成就的學童樣貌與精神，而這種「德性」所指的是以天皇制國家意識型態爲中心的「臣民道德」。〔註128〕在同化與皇民化政策下，日本政府期許也努力促使台灣學童能眞正成爲日本人，所以才會要學生效忠天皇、懷抱大日本精神、擁有大和魂等等，這些字詞主要是以大日本帝國主義爲榮下的意識型態所書寫。

　　賴彥甫〈校歌的地理學分析——校園的「空間規訓」與自身的抵抗〉一文，爲了使每個學生的主體意識以及身體經驗，能在最短的時間以及最有效率的情況下，時時的與國家、政權意識型態相互連結，將個體的情感完全從屬於國家的政權意識型態，所以會不斷透過公民課、軍訓課或者民族精神教育等此類課程的訓練，舉行升降旗典禮等與國家意識型態息息相關的儀式活動，並且對所有學生主體進行規訓、管教以及監督，確保意識型態教化之效。而各種機制力量與規訓的過程，爲了在最有效率的情況下運作，便轉化成一條條清晰可見的規範與標準，成爲一系列的考核與評鑑過程，它們結構著整

〔註125〕洪敏麟譯。
〔註126〕溫國良譯。
〔註127〕洪敏麟譯。
〔註128〕許佩賢，《殖民地台灣的近代學校》，台北：遠流，2005，頁212。

個校園體系與空間運作，也結構著所有學生主體的思想與身體經驗。因此，原本屬於個人主體的思想意識與身體經驗，便在學校透過權力機制與規訓過程的作用下，被組織了起來，成為一種集體化的、制度化的經驗。〔註129〕

　　日本統治台灣希望教育台灣人效忠日本帝國，在學校教育體制中，透過教科書的編撰、教育敕語的宣讀、在學校中奉安殿及校內神社的建造，以及學生每天例行的膜拜等種種措施，來達到同化的目的。校歌是全校師生經常傳唱的歌曲，在當時的政治氛圍中相信也是爭取同化的重點之一。〔註130〕

　　總計在本論文所掌握的 115 首「學校校歌」當中，內容出現強調日本帝國、天皇或皇太子，或對神社的敬意者，共計 59 首，幾佔半數。如果再將其內容包括上一類別者合計，則更多達 115 首，可以是包括了本論文所掌握文本的全部。易言之，在日本帝國主義時代下的「學校校歌」之中，有近達二分之一的歌曲，其歌詞或強調政治意識型態、對天皇或皇太子、日本帝國相關，或對神社參拜有崇高的敬意，或以上兼而有之。

（六）具有「台灣」意象之符號

　　賴彥甫於文中認為在教育政策上，校歌常被用來作為「教化」的工具，從台灣有校歌之初也就是日治時期以來，都有這樣的現象。校歌是校園空間規訓的一環，除了歌詞內容欲傳達的意識型態之外，傳唱與演唱場合也同時規訓著個人的思想與身體，久而久之便成為一個好管教的「柔順的肉體」。〔註131〕像新高山（玉山）為臺灣第一高峰，具有指標性的意義，可以作為全島學校校歌的素材。例如：

　　　　新竹師範學校「新高山の　雲の色」（在玉山上可以看見雲的顏色）

　　　　台中第一高等女學校「高く雄雄しき　新高は」（雄偉矗立新高山
　　　　〔註132〕）

〔註129〕http://www.wretch.cc/blog/ntugeogcamp/6722282，賴彥甫，〈校歌的地理學分析——校園的「空間規訓」與自身的抵抗〉，文章發表日期 2009/01/31，（查詢日期 2009/09/11）。

〔註130〕陳聰明，《棟花盛開時的回憶：日治時期畢業紀念冊展。第二冊，學校建築篇／校歌校旗篇》，國史館台灣文獻館，2005，頁 150。

〔註131〕http://geosheep.pixnet.net/blog/post/3599610，賴彥甫〈校歌的地理學分析——校歌作為教化意識型態的工具（日治時期篇）〉，文章發表日期 2010/01/03，（查詢日期 2010/01/09）。

〔註132〕洪敏麟譯。

台中第二中學校「紫こむる　新高に」(紫色的新高山)

台北工業學校「瞻仰新高靈峰巔〔註133〕」

台北第一中學校「天そそりたつ　新高の」(仰望高聳入天的新高山〔註134〕)

台南第二中學校「朝新高雲間にそぴへ」(晨望新高層雲間〔註135〕)

嘉義中學校「新高昇る　朝日かげ」(晨望新高昇起〔註136〕)

嘉義高等女學校「新高山も　白雲に」(新高山嶺白雲擁〔註137〕)

彰化高等女學校「新高靈峰巍巍聳〔註138〕」

虎尾農業專修學校「靈峰新高仰ぎ見つ」(仰望靈峰新高山〔註139〕)

嘉義農林學校「新高山の西　沃野千里」(新高山西互沃野〔註140〕)

台中公學校、台中州村上國民學校、台中清水公學校「新高の山凌ぐまで」(直至凌駕新高山〔註141〕)

台中南屯公學校「新高の峰仰かるる」(抬頭仰望新高山峰〔註142〕)

彰化北斗東國民學校「新高山のけがれなき」(寸埃不染新高山〔註143〕)

嘉義公學校 (玉川國民學校)「あをげば高き新高の」(最高峰是新高山)

嘉義新港公學校「聳ゆる新高範として」(高聳的新高山是我們的模範)

嘉義朴子公學校「緯度の遙かに新高の」(遙闊遙遠的上流就是新高

〔註133〕洪敏麟譯。
〔註134〕游俊偉譯。
〔註135〕洪敏麟譯。
〔註136〕許錫慶譯。
〔註137〕洪敏麟譯。
〔註138〕洪敏麟譯。
〔註139〕洪敏麟譯。
〔註140〕洪敏麟譯。
〔註141〕洪敏麟譯。
〔註142〕洪敏麟譯。
〔註143〕洪敏麟譯。

山）

　　嘉義民雄公學校「新高山を見はるかす」（眺望新高山最高峰）

　　嘉義水崛頭公學校（水上公學校）「晨曦映照著玉山」

　　嘉義大林南國民學校「君の惠みを　新高の　高きに仰ぎ間の當り」
　　（天皇的聖恩當做仰望新高山一般）

　　雲林北港公學校「峻嶺新高見はるか」（可以看見新高山的峻嶺）

以上是以「新高山（玉山）」台灣第一高峰所象徵的高聳和雄偉，用以敘述身
爲學生應有的抱負以及如同玉山般高遠的理想。其次於學校校歌中出現「高
砂島」一詞表示描述「台灣」：

　　台北第一師範學校「高砂の島も　普天の下」（高砂島也受之光）

　　台北第二師範學校「名も高砂の　南の島は」（南方的島叫做高砂）

　　台北第一中學校「我が高砂は」（高砂島〔註144〕）

　　台南第二中學校「高砂の島鎭めの御神」（神鎭吾高砂之島〔註145〕）

　　台南第一高等女學校「高砂の島　うましぐに」（高砂之島譽名揚
　　〔註146〕）

　　基隆中學校「ここ高砂の　み防人（さきもり）」（高砂的船守備之處）

　　台南第二公學校「民草滋る高砂や」（高砂的草繁茂）

　　屏東里港公學校「高砂島の　南の廣野」（高砂島的南面廣野地）

　　澎湖小池角公學校「滄溟ヒタス高砂ノ」（環繞著綠海終年如夏的高
　　砂島）

再者亦有以「次高山（雪山）」爲台灣第二高峰，象徵「台灣」的意
義，作爲部分學校可看見雪山的校歌素材之一：

　　蘭陽高等女學校「彼の次高の　山脈（やまなみ）は」（我們的次高
　　山）

　　宜蘭農林學校「天そゝる次高の　靈峰遙かに秀つるほとり」（次高

〔註144〕游俊偉譯。
〔註145〕洪敏麟譯。
〔註146〕許錫慶譯。

靈峰聳天際〔註147〕）

中壢農業實修學校「あ～次高の　靈峰に」（嗚呼次高靈峰上〔註148〕）

宜蘭小學校「山は次高　高き山」（山是次高山的高）

苗栗苑裡公學校「次高山にさし出づる」（晨曦出自次高山〔註149〕）

新竹第一公學校「ふかき誠を次高の」（身心要像次高山般）

新竹第二公學校「朝に仰く次高の」（朝夕仰望次高山嶺〔註150〕）

新竹新埔公學校「高く聳ゆる次高の」（高聳的次高山）

在主體上，校歌中介了一個日本（殖民者國家）與台灣（被殖民地）之間，而這一個位居之間的主體是校歌歌詞。以「新高山（玉山）」、「高砂」和「次高山（雪山）」象徵台灣是較爲常見的校歌使用素材，而且具有指標性的意義存在。其中，

台北第一高等女學校「ここ蓬萊が　うまし島」（這裡是蓬萊島）

台北第二高等女學校「こがね玉ちる　蓬萊の　島の都に」（米散落在蓬萊島之都）

台東中學校「嗚呼蓬萊の　南（みんなみ）の」（南方之島稱作蓬萊）

以「蓬萊」意指台灣，這三所學校是眾多校歌文本中少數的例子，亦有獨樹一格之範。

歌詞中採用這一個中介的主體來敘事，連結兩個原本不相同的政治主體，意在日本同化其殖民地，以期在意識型態上將殖民地收編版圖。然而，這一個主體是模糊難辨的，但這個主體都要台灣的學生們同日本一起，共享大日本的精神與理想。〔註151〕此時都具有共同的教育目標，不過台灣總督府已經注意到加入與台灣事物、景色、地理等等相關的歌詞。

以上此類在歌詞中出現「新高山」、「高砂」或「次高山」的校歌，總計有40首。足見，日治時期的學校校歌在灌輸台灣人的國家認同，並非一味以

〔註147〕洪敏麟譯。

〔註148〕洪敏麟譯。

〔註149〕洪敏麟譯。

〔註150〕洪敏麟譯。

〔註151〕http://geosheep.pixnet.net/blog/post/3599610，賴彥甫，〈校歌的地理學分析——校歌作爲教化意識型態的工具（日治時期篇）〉，文章發表日期2010/01/03，（查詢日期2010/01/09）。

同化、皇民化不可的要求，扮演著殖民地的台灣，是與日本本國兩個不同的
主體，若要連結起來，日本當局也注意到必須與台灣當地文化作一結合，而
這類型的校歌內容，在具有「台灣」意象的符號即扮演舉足輕重的角色。

（七）描寫日本與台灣相對位置的

　　歌詞文本中的地景呈現，常是為突顯崇高的道德標準或者國家意識型
態。台灣被日本政府劃分為日本國境之南，學校校歌中一部份會出現日本與
台灣相對位置的描寫，這隱含著殖民母國與殖民地的從屬關係，即南從屬於
北，並且顯現當時在「同化」政策的指導方針之下，日本政府在台灣積極從
事經濟建設以及思想教化，期許台灣成為日本「南進」侵略或「興亞」的跳
板。

　　1930 年代，日本開始計劃南侵中國與東南洋，並準備以台灣為進攻基地，
強制臺灣人接受日本文化。〔註152〕有將南進與興亞作為校歌素材者，如：

　　　　台北工業學校「鴻翔九天直下降，南進鵬圖伸展翼〔註153〕」

　　　　新竹州立桃園農業職業學校「矢志勇往邁向南進之大道〔註154〕」

　　　　虎尾農業專修學校「嘉南平聖に先人の　偉業の跡を偲びつ　興亞
　　　　意気に燃えよろや」（嘉南沃野念先人，追懷偉業蹟斑斑，興亞意
　　　　氣盎盎然〔註155〕）

　　　　台北第三中學校「調べも高く　かなでつつ　かがやく興亞　聖業
　　　　の」（大聲高呼興亞聖業的光輝）

由此可見「南進」以及「興亞」只出現在中等以上教育的學校，於初等教育
的部份則沒有此類歌詞的出現。或許我們不難發現，日本政府對於初等教育
的期望僅止於為求能同化殖民地台灣人民之心，透過最基礎的初等教育公學
校的課程，對學生進行同化教育。〔註156〕又或者初等教育旨在砥礪學生向學、
上進心，無法進一步的對學生進行「南進」與「興亞」的思想改造。以上四

〔註152〕蘇曉倩，《身體與教育　以日治時期台灣實業學校的身體規訓為例》，暨南國
　　　　際大學歷史學系碩士班碩士論文，2003，頁 41。
〔註153〕洪敏麟譯。
〔註154〕呂理福譯。
〔註155〕洪敏麟譯。
〔註156〕許瀛方，《台灣日治至戒嚴時期愛國歌曲之國家認同意識研究（1895～
　　　　1987）》，國立台灣師範大學教育研究所碩士論文，2001，頁 28。

所學校皆創校年份較晚，大約皆於 1930 年代創校，校歌的產生必定較學校的
創校時間晚，故即可解釋 1930 年代時日本帝國計劃南侵與興亞的準備。

　　隨著日本帝國的政策計劃與外地的想像承載著諸多帶有帝國視線與意識
型態的價值觀，就需要以「南方」作爲一種識別。〔註 157〕台灣被日本劃分爲
日本的國境之南，以台灣與日本的相對位置描寫置入校歌中，如：

　　　　台北帝國大學「南には　黒潮躍る」（南方的黑潮很洶湧〔註 158〕）

　　　　台中第一中學校「『南を守れ』と……きほふや　われら　南の男の
　　　　子……常世にゆるがぬ　南の柱……進むや　われら　南の男の子」
　　　　（陽光般的御令，要我們屏衛南方，我們奮起吧，南方的男學子……
　　　　永久不變的南方棟樑……我們前進吧，南方的男學子〔註 159〕）

　　　　台中第二中學校「鵬翼図南の　意気高く」（南方的國家目標很高）

　　　　台北第一高等女學校「すめら御国の　南（みんなみ）の　ここ蓬莱
　　　　が　うまし島」（在南方的尊貴國土叫做蓬萊島）

　　　　台北第三高等女學校「南溟子民與有榮　海路遠隔南邊島〔註 160〕」

　　　　台北第一中學校「日本の国の　南の　重き鎮めと　立てるかな」（高
　　　　砂島視爲日本國南方的重鎮〔註 161〕）

　　　　台北第二中學校「地は南海の一孤島」（地處南海一孤島〔註 162〕）

　　　　高雄第一高等女學校「栄行くや　大日本　南の　はたての島に」（繁
　　　　榮興盛的日本，在它的南端有座小島）

　　　　嘉義中學校「勅かしこみて　大八州〔註 163〕　南の鎮め　守るべき」
　　　　（日本的御令，要屏衛南方的重鎮〔註 164〕）

　　　　嘉義高等女學校「皇（すめら）御国の　南（みんなみ）の」（天皇

〔註 157〕吳昱慧，〈日治時期文學中的「南方」書寫與想像〉，台灣文學與歷史、社會
　　　　的對話——第六屆台灣文學研究生學術論文研討會，2009，頁 16。
〔註 158〕洪敏麟譯。
〔註 159〕洪敏麟譯。
〔註 160〕許錫慶譯。
〔註 161〕游俊偉譯。
〔註 162〕許錫慶譯。
〔註 163〕爲「日本」的古稱。
〔註 164〕許錫慶譯。

御統吾南溟〔註165〕）

彰化高等女學校「艷陽高照南溟島　南島嫩草吐新芽〔註166〕」

台中商業學校「日の本の南の守り」（屏衛日本南方的島嶼）

台北南門尋常小學校「在日本南方的海上　有座美麗的寶島〔註167〕」

台中大甲公學校「南の國の　中つ方」（在南方之國的中間）

雲林北港公學校「光榮あり我等は日本の　南の島根に生れ來て」
（出生在光榮日本的南方島嶼）

台灣作為日本帝國擴張南方的國防前線，自然被視為最佳軍事工業基地，
〔註168〕故從以上校歌中也能夠看到此現象。其中台北第一中學校、台中第
一中學校與台中商業學校雖以台灣與日本相對位置描寫，但也敘述「台灣為
日本南方的重鎮」，自然也有南進的思想存在，只是並未直接於歌詞中描寫
「南進」或「興亞」之詞語。

　　不論「南進」或者「興亞」，這個意義的另一層則是暗指「應臣屬北方」，
站在這個意義上，同是國土，御令學生保衛屬於日本的南方即「台灣」、鎮守
大八洲的南疆。這不僅僅是學生本來就位居相對的南方，而是「南方」一詞
相對的突顯了來自北方的御令，人們就必須聽從於它。〔註169〕日治時期的校
歌的內容，透過地區熟知的地方特色與自然景觀，賦予殖民者要傳遞給被殖
民者的意義。在歌詞中，敘事主體的配置也提點了當時日本與台灣之間的政
治關係，亦即日本極力將台灣人民改造為日本皇民的意圖。

　　由以上校歌內容分析可以知道，校歌富有教育意義，也可以表達學校的
特色或者是統治者所欲規訓的目的，如此巧妙的運用於教育上，則將會對學
生造成潛移默化的影響。這種提及「南進」、「興亞」或「相對位置」的歌詞
內容，在「學校校歌」當中計有19首。

〔註165〕洪敏麟譯。

〔註166〕洪敏麟譯。

〔註167〕周義卿、徐曉美、李道勇合譯

〔註168〕蘇曉倩，《身體與教育 以日治時期台灣實業學校的身體規訓為例》，暨南國際
　　　　大學歷史學系碩士班碩士論文，2003，頁45。

〔註169〕賴彥甫，〈校歌的文化與符號分析：規訓、抵抗與國家的治理技術〉，《2009
　　　　～2010 國科會大專生專題研究成果報告》，計劃編號：98-2815-C-002-117-H，
　　　　執行單位：國立台灣大學地理環境資源學系，頁21。

第三節　校歌內容分析總覽

本論文所蒐集的 115 首歌詞，即本論文進行分析的基本文本。經詳加分析，其內容所涉之意涵、意識型態、價值觀念或國家認同，概可分別從以下數項來了解。各項內容並非互相排斥，而是多元並具的。亦即同一首歌可能同時具有多項內容性質。

日治時期的學校校歌無法得知校歌的創作年代，若能有校歌創作年代相佐證，則更能分析其校歌內容與時代性的變遷。有關學校歌詞內容的現象，中等以上教育的學校方面，在校歌歌詞的長度（字數量）、文體（白話文或文言文）、句型（整齊句或長短句）、疊句或段數，大部分都較初等教育學校的部份艱深且賦予更深層的意涵。這是在不同學校層級的類型上之差異。以及在學校屬性上，校歌也能夠配合學校的實業教育制度編寫相關的校歌內容。從下列校歌內容分析總覽列表中能夠發現，在校歌中賦予日本帝國的意識形態，以及日本和台灣的從屬關係，於中等以上教育比重多出初等教育一倍之多。

上一節以「日治時期」的學校校歌為文本，析分出七項內容性質，並舉代表歌曲為例。然而舉例僅有取樣作用，不能全面知悉 115 首「日治時期學校校歌」內容性質。因此以下試將 115 首「日治時期校歌」作一曲目表，並逐項檢視其所包含的內容，以●符號標出。逐項列表如下。至於常見於「校歌」的歌詞當中諸如「我學舍の名を揚げん」、「樹林平野に綠しき」、「しげりゆくなる　まなびやに」、「健兒の意志高し」、「しぎや輝く新興の」、「青葉にそよぐ　風涼し」、「向上の途に　歡喜あり」、「朝風　清き」、「鏡と澄さむ明けき知惠を」……等用語，因語意籠統，不劃歸成類。

學　校		描述學校地理位置的景觀	表現學校當地物產與名勝	述及學校的歷史環境	對學生的期許與勗勉	宣揚政治意識型態	具有「台灣」意象之符號	描寫日本與台灣的相對位置
日 治 時 期	國 民 黨 時 期 至 今							
台北帝國大學	國立台灣大學				●	●		●

台北第一師範學校	台北市立教育大學	●			●	●	●	
台北第二師範學校	國立台北教育大學（師專時期）〔註170〕	●			●		●	
新竹師範學校	國立新竹教育大學				●		●	
台南師範學校	國立台南師院〔註171〕（師專時期）				●	●		
屏東師範學校	屏東教育大學	●			●	●		
台中第一中學校	台中第一高級中學（戰後初期）				●			●
台中第一高等女學校	台中第一女子高級中學				●		●	
台中第二中學校	台中第二高級中學				●		●	●
台北工業學校	國立台北科技大學	●			●	●	●	
台北第一高等女學校	台北第一女子高級中學	●			●	●	●	
台北第二高等女學校	〔註172〕	●						
台北第三高等女學校	台北中山女子高級中學				●	●		●
台北高等學校	台北師範大學	●			●			
台北第一中學校	台北建國中學（戰後初期）				●	●	●	●
台北第二中學校	台北成功高級中學	●		●	●			●
台北第三中學校	台灣師範大學附屬高級中學	●			●			●
台東中學校	台東高級中學				●	●		
台南第二中學校	台南第一高級中學		●	●	●	●	●	
台南第一高等女學校	台南第一女子高級中學				●	●	●	
台南第二高等女學校	〔註173〕				●	●		
高學中學校	高雄高級中學				●			
高雄第一高等女學校	高雄女子高級中學				●			●
基隆中學校	基隆高級中學	●			●		●	
基隆高等女學校	基隆女子高級中學				●			
新竹中學校	新竹高級中學（戰後初期）				●	●		
新竹高等女學校	新竹女子高級中學（戰後初期）	●			●	●		

〔註170〕即表示另有「師專時期」之校歌，以下類推。
〔註171〕2004 年 8 月 1 日起，改名為「國立台南大學」。
〔註172〕為現今台北立法院所在地。
〔註173〕戰後與台南第一高等女學校合併為「台南第一高級女子中學」。

嘉義中學校	嘉義高級中學	●			●	●	●	●
嘉義高等女學校	嘉義女子高級中學	●			●	●	●	●
台南高等工業學校	國立成功大學				●			
蘭陽高等女學校	蘭陽女子高級中學	●			●	●	●	
彰化高等女學校	彰化女子高級中學（戰後初期）				●		●	●
宜蘭農林學校	國立宜蘭大學	●			●	●	●	
中壢實修農業學校	中壢國中				●	●	●	
新竹州桃園農業職業學校	國立桃園高集農工職業學校				●	●		●
新竹州立新竹工業學校	國立新竹高級工業職業學校	●			●	●		
虎尾農業專修學校	雲林虎尾農業職業學校	●		●	●		●	●
嘉義農林學校	國立嘉義大學	●			●		●	
台中商業學校	台中技術學院	●			●	●		●
高雄商業學校	高雄高級商業職業學校	●			●			
台北南門尋常小學校	台北南門國小		●	●	●			●
宜蘭小學校	宜蘭光復國小	●			●		●	
基隆雙葉小學校	基隆仁愛國小				●	●		
台中明治小學校	台中大同國小				●	●		
台南南門小學校	台南永福國小			●	●	●		
台南花園尋常高等小學校	台南公園國小				●	●		
花蓮港公學校	花蓮明禮國小	●			●	●		
台北三峽公學校	台北三峽國小	●			●			
台北士林公學校	台北士林國小	●		●	●	●		
台北大安公學校	台北大安國小	●			●	●		
台中大雅公學校	台中大雅國小				●	●		
桃園大溪宮前國民學校	桃園大溪國小		●	●	●	●		
桃園中壢公學校	桃園中壢國小				●	●		
台北日新公學校	台北日新國小（戰後初期）	●			●	●		
台北北投公學校	台北北投國小	●	●		●			
台北石碇公學校	台北石碇國小			●	●	●		
台中公學校	台中忠孝國小				●	●	●	

台中南屯公學校	台中南屯國小	●			●	●	●	
台北太平公學校	台北太平國小	●		●	●	●		
台北蓬萊公學校	台北蓬萊國小	●			●	●		
台北永樂公學校	台北永樂國小	●			●	●		
台北景美國民學校	台北景美國小		●		●			
台北大龍峒公學校	台北大龍國小	●			●			
台南港公學校	台南協進國小			●	●	●		
台北內湖公學校	台北內湖國小	●			●			
台北木柵公學校	台北木柵國小				●			
台中石岡公學校	台中石岡國小				●			
台北汐止公學校	台北汐止國小	●			●	●	●	
台北老松國小	台北老松國小			●	●			
台中州村上國民學校	彰化村上國小	●			●			
新竹芎林公學校	新竹芎林國小	●			●	●		
台北樹林公學校	台北樹林國小	●			●			
台北松山公學校	台北松山國小				●	●		
台北山腳公學校	台北泰山國小				●			
苗栗苑裡公學校	苗栗苑裡國小				●	●	●	
台中草屯公學校	台中草屯國小	●	●		●			
台北淡水東國民學校	台北淡水國小	●			●	●		
台中清水公學校	台中清水國小		●		●			
彰化北斗東國民學校	彰化北斗國小	●			●	●	●	
台南新營東國民學校	台南新營國小				●	●		
台北雙溪東國民學校	台北雙溪國小	●		●	●			
台北安坑公學校	台北安坑國小	●	●		●			
台北大坪林公學校	台北大豐國小	●			●			
台北和尚洲公學校	台北蘆洲國小				●			
台北枋橋公學校	台北板橋國小	●			●			
宜蘭公學校	宜蘭中山國小				●	●		
宜蘭羅東公學校	宜蘭羅東國小	●	●		●			
宜蘭利澤簡公學校	宜蘭利澤國小				●			
新竹第二公學校	新竹北門國小（戰後初期）				●		●	

新竹第一公學校	新竹國小	●			●		●	
新竹北埔公學校	新竹北埔國小	●			●			
新竹新埔公學校	新竹新埔國小	●			●		●	
新竹竹東公學校	新竹竹東國小（戰後初期）	●						
新竹鹹菜硼公學校	新竹關西國小	●	●		●			
桃園公學校	桃園國小	●		●	●			
台中大甲公學校	台中大甲國小	●			●			●
台中新社公學校	台中新社國小				●	●		
台中東勢公學校	台中東勢國小				●			
台中豐原公學校	台中豐原國小			●	●	●		
彰化二林公學校	彰化二林國小				●	●		
嘉義公學校〔註174〕	嘉義崇文國小	●	●		●		●	
嘉義新港公學校	嘉義新港國小				●	●	●	
嘉義朴子公學校	嘉義朴子國小	●			●			
嘉義民雄公學校	嘉義民雄國小	●			●			
嘉義水崛頭公學校〔註175〕	嘉義水上國小			●	●		●	
嘉義大林南國民學校	嘉義大林國小	●			●			
雲林北港公學校	雲林南陽國小				●	●	●	●
台南第二公學校	台南立人國小				●	●	●	
台南安平公學校	台南石門國小	●		●				
高雄蕃薯寮公學校〔註176〕	高雄旗山國小（戰後初期）	●			●			
高雄美濃公學校	高雄美濃國小	●			●			
高雄頂茄萣公學校	高雄茄萣國小				●			
屏東里港公學校	屏東里港國小	●	●		●	●	●	
澎湖馬宮公學校	澎湖馬公國小	●	●		●	●	●	
澎湖小池角公學校	澎湖池東國小	●	●		●		●	
總數量（首）		62	15	15	115	59	40	19

〔註174〕1941 年依據臺灣教育令第三度修正,將日本人就讀的「小學校」、臺灣人就讀的「公學校」一律改稱「國民學校」,故 1941 年 4 月 1 日改名爲「玉川國民學校」。

〔註175〕1921 年（大正十年）四月二十四日,因台灣之地方制度改制,水掘頭庄改名爲水上庄,校名亦隨著改稱「水上公學校」。

〔註176〕1941 年配合「國民學校」令,改名爲「高雄旗山國民學校」。

第四節　小　結

　　台灣近代化的教育體制於日治時期由日本人計劃籌備，而初具規模。台灣的音樂教育更在此時引入台灣並且實施之。日本殖民政府推廣國家主義的教育理念的同時，採用「語言同化」的政策，期使台灣人能夠成為富於忠君愛國志氣的日本國民，以上則是日本政府統治台灣終極目標的政治目的。在日本殖民政府的設想當中，學校即是「國民教化」的機關，而「學校校歌」則是一種運用的手段。

　　初等教育少部分有女子公學校之外，大部分均為男女共學，故校歌歌詞較中性，鮮少有男女性別之分。唯收集到的蓬萊公學校「女の道に　したがひて　日日の務を　怠らず」敘述遵守婦道，日日勤奮不懈，此類於初等教育的校歌較為少見。〔註177〕

　　此外，在研究課題限定方面還有補充之處。將女性納入國民教育對象此事之本身，對近代國家成立原理的「均質化」有絕對的意義，〔註178〕正因為如此，於此稍加說明之。中等以上教育，幾乎都是男女分校，女校的歌詞當中多多少少會透露其性別的特質。相同地，同處一地的校歌，常會因為男校與女校於性別上的差異，歌詞中的環境的意義也有所不同。

　　賴彥甫〈學校音樂教育的引進：點評日治時期的音樂教育〉文中舉例基隆中學與基隆女中、新竹中學與新竹女中的差異處，就如同為大海，身為男校的基隆中學「長風萬里うそぶけば　大瀛の濤　岸を打ち」描寫大海的兇險，並且以此砥礪男子應有的英勇與理想抱負；而身為女校的基隆高等女學校「仇浪　さわぎ　狂はむ　夜半も　雄雄しく　強くと　さとすか　永劫に」，僅提及一次海洋的凶險，而且歌詞中所說的凶險並非為了砥礪意志，而是說：「不要怕這兇猛的浪濤聲，日本神諭保護妳並且將恐懼驅逐。」；另外新竹中學與新竹高等女學校的校歌於性別上的差異，除了表現在歌詞的象徵，「竹子」對於這兩所學校的象徵意義都是「堅毅」，但是表現方式卻大相逕庭。新竹中學「常盤の緑　したたる竹の変らぬ色を　心に染めて……蒼天に伸び行く　眞竹の幹の　直き姿を心に留めて」，對於竹子著墨較多，強

〔註177〕陳聰明，《楝花盛開時的回憶：日治時期畢業紀念冊展。第二冊，學校建築篇／校歌校旗篇》，國史館台灣文獻館，2005，頁150。

〔註178〕許佩賢，《台灣近代學校的誕生——日本時代初等教育體系的成立（1895～1911）》，國立台灣大學歷史學研究所博士論文，2001，頁15。

調葉的永恆深遂、莖幹的堅挺朝天、竹根的穩固紮實，期許新竹中學男子們心中要保有如同「竹」一般強勁的力量；而新竹高等女學校「なびくとは　見ゆれど竹は　新竹の　野を吹く風に　根強しや　操持の力」僅僅提及一次竹子的意象，是說：「新竹的風拂過竹子所顯現的堅毅持久，新竹女中的學生們要同日本皇民活著，內心要堅強。」；〔註179〕而台北第一中學校、台北第一高等女學校與台南第二中學校、台南第一高等女學校的校歌於性別上的差異，表現於歌詞的象徵中，男校不外乎像台北第一中學校「進取の意気に　生くるなる　健児の群れを　君見ずや」、台南第二中學校「身をば鍛へて勵まん我れ等」或者是暗示著前途負有使命的；在女校方面台北第一高等女學校「光栄ある教　布かんとて　とくひらかれし……我等がそのの　撫子も正しく強く　しとやかに」說明女子生子後，育子最重要，保持淑雅之心，永持幸福感。台南第一高等女學校「つとめ進まん　婦女の道を」要求女性要遵守婦道。同樣地，高雄中學校對於男性的期待則是精進、名譽學校；而高雄第一高等女學校雖有描寫對於成為日本帝國的臣民，但多闡述對於少女的期待與少女應持有的態度。

　　校歌反映了性別的刻板印象，在描寫上校歌也是男女有別的，所以不同的性別所應遵從的社會道德與善良期許自然在標準上也會有價值觀的差異，這樣的情形至少在日治時期的校歌中是涇渭分明、顯而易見的。在職業學校方面，大部份會在歌詞呈現學校的屬性以別於一般的普通教育。〔註180〕隨著學校的層級不同，學校校歌內容的難易度也會隨之調整，歌詞呈現的範圍也不同。

　　雖然無法確知台灣在日治時期的各級學校校歌是否經過總督府的審查，但根據賴美鈴的研究，日治時期的校歌可能具有相當於檢定和認可的制度或者過程。〔註181〕學校校歌經常是用來作為精神教育之用，而這個狀況從日治時期以來便是如此，台灣各級學校有校歌，也是從日治時期之後才有的傳統。也就是說，如果台灣的校歌有歷史，那麼應從日治時期開始算起。〔註182〕

〔註179〕http://geosheep.pixnet.net/blog/post/5144166，賴彥甫，〈學校音樂教育的引進：點評日治時期的音樂教育〉，文章發表日期2010/03/06，（查詢日期2001/03/28）。
〔註180〕陳聰明，《棟花盛開時的回憶：日治時期畢業紀念冊展。第二冊，學校建築篇／校歌校旗篇》，國史館台灣文獻館，2005，頁150。
〔註181〕賴美玲，〈日治時期台灣公學校「式日唱歌」與校歌〉，《台灣風物》，57：4，103～143，2007，頁8。
〔註182〕賴彥甫，〈校歌的文化與符號分析：規訓、抵抗與國家的治理技術〉，《2009

　　自日治時期以來，因為近代教育與西洋音樂傳播至東亞時正處征戰時期，台灣各學校的校歌常常會與軍歌相似，而莊嚴肅穆的感覺正是來自國家、軍事與教育的堆疊，環環相扣之下，自然就對校歌產生莊嚴肅穆之感。〔註183〕日本政府推行同化政策和皇民化政策，因此台灣被定位為南進的樞紐，在軍事地位上成為要角，透過創作校歌教化學生，以一連串統治者政府的政策與使用手法，進行統治、說服的工具，可以說從台灣有校歌以來就與國家脫不了干係。又可以說，校歌轉而提供了一個機會讓國家期許學生應有的態度與行為目標，要學生引以為鏡，以校歌中的內容、目標邁進。

　　經本論文分析結果，得知於日治時期的學校校歌具有以下特色：一、描述學校地理位置的景觀；二、表現學校當地物產與名勝；三、述及學校的歷史環境；四、對學生的期許與勗勉；五、宣揚政治意識型態；六、具有「台灣」意象之符號；七、描寫日本與台灣相對位置。

　　大抵而言，「勗勉學生」是日治時期學校校歌的重心，而「政治型態、日本帝國主義相關」則是其主要基礎。日本政府鼓吹學生應有的目標、對學生的希望與對日本天皇忠君愛國的意志，最終雖不能如願完成其皇民化政策的「同化」心願，但對於勗勉學生向學與規訓行為目標，則具有正面的意義。

　　日治時期的校歌，藉由寓情於景的手法，並且將欲傳達的意識型態融合其中，表現出日本欲進行的同化政策。日本政府藉由文化同化台人為日人，其中校歌就是一種方法，但是台人是否能與日本國民享有平等的權利。而校歌正好可以回答這個答案，校歌反映著當時日本政府治理台灣時的曖昧情境，台灣看似是日本帝國的一部分，可是台人卻無法和日本內地人民享有平等的權利。

　　有關日治時期學校校歌的文獻非常缺乏，無法進一步分析校歌在公學校唱歌教育中的地位。從現有的資料，可以歸納校歌在學校活動中所扮演的角色，則是因各校的教育理念而異。〔註184〕日治時期的學校校歌雖然多數已成

　　　　～2010國科會大專生專題研究成果報告》，計劃編號：98-2815-C-002-117-H，執行單位：國立台灣大學地理環境資源學系，頁13。

〔註183〕賴彥甫，〈校歌的文化與符號分析：規訓、抵抗與國家的治理技術〉，《2009～2010國科會大專生專題研究成果報告》，計劃編號：98-2815-C-002-117-H，執行單位：國立台灣大學地理環境資源學系，頁32。

〔註184〕賴美鈴，〈日治時期臺灣公學校唱歌教育——「式日」歌曲與校歌初探〉，《台灣教育史研究會通訊》48，2～15，2007，頁13。

絕響或已散佚無從得知，但是其所散佈一開始爲了國語（即日語）教育創作校歌；至後期 1940 年代，台灣總督府注意到利用校歌與台灣人民拉近距離，並使用校歌教化（濡化）學生，在當時是非常有效且具學童接受的。

第三章　國民黨時期學校校歌之分析

本章首先對國民黨時期接管台灣後的教育背景作一概述；其次說明此一時期新校歌的產生狀況。欲分析國民黨時期學校接管後的新校歌，透過校歌文本的內容，總覽國民黨時期學校校歌的類型，且比較分析學校校歌文本中的歌詞內容，觀察校歌本身欲傳達的國家認同與意識型態作一探討。

第一節　國民黨時期接管後的教育與新校歌的產生

1945 年，日本戰敗投降，中華民國政府接管台灣。日本統治台灣半個世紀，國民政府為了除去日本政府所遺留的意識型態、政策以及勢力的殘留，一開始接收台灣便厲行教育改革措施，肅清日本皇民化教育的思想成分。對國民政府來說，如何藉由學校教育的教導與學習，灌輸新的政權意識型態，並且扭轉學童對於日本政權的認同，轉而承認國民政府接收、統治台灣的「合法」與「合理」，是刻不容緩的當務之急。因此，國民政府積極推動學校學制、課程內容、學籍與制服的改革，更改校名以及督導學生改回漢姓。除此之外，還拆除了神社，並且加強公民訓練，透過教育加強台灣人民對於中國大陸自然與人文環境的認同。

國民政府希望以完全轉化當時台灣學童對日治殖民政府的意識型態認同，並且希望能夠以此獲得台灣學童對中國中央主權的認同與承認。〔註1〕台

〔註1〕 李正偉《由意識形態、管制與規訓論台灣國民中、小學教育與校園空間》，國立台灣大學建築與城鄉研究所碩士論文，1995，頁 23～24。

灣「光復」初期和日本殖民初期一樣，強力推行國語文教育（北京語），於 1946 年 4 月成立「國語推行委員會」，並且廣設國語講習所以及工作站。將台灣人民的精神意識與政權認同改寫成以播遷至台灣的國民政府爲主，爲此之後的治理奠定基礎。

1947 年，國共內戰，政府宣佈動員戡亂，隔年公佈《動員戡亂時期臨時條款》，1949 年 5 月 19 日，台灣地區宣布戒嚴。黨化教育使教育成爲一種工具，根本目的就是要保證民眾對執政黨一黨專制統治權力合法性的認同，更加具體也落實戒嚴時期的教育。所謂黨化教育，旨在國民黨指導下，國家的教育方針是建築在國民黨的根本政策之上，包括《三民主義》、《建國方略》、《建國大綱》及歷次國大代表大會的宣言和議決案。這樣的黨化教育是全面性的，對各級學校制度、組織、課程和活動均有很深的影響。〔註 2〕歷時三十八年的蔣氏國民黨政權的威權統治，也透過教育、傳播媒體來建立其統治的理論基礎，以鞏固其政權。因此，教育的方向與內容，反映國民黨政權的本質，也決定教育的方向與內容。〔註 3〕並且國民政府深知，如果想對台灣學童進行精神意識型態的重新解構、建構與改寫，爲使其完完全全的成爲大中國國家主義中的一員，則必須將政權的意識型態全面灌輸至台灣學童的身上。

1949 年，國民政府撤退來台，將台灣作爲未來「反共復國」的基地，並且在當年施行戒嚴，台灣遂進入威權統治時期，並且從「光復」初期的邊陲地方政府，轉而成爲中央政府的所在地。戒嚴令公布以後，國民政府爲了使教育能配合反共復國準備，1950 年訂定《戡亂建國教育實施綱要》，並且緊接著公布《教育改革方案》〔註4〕，加強民族精神教育、生產勞動教育以及文武合一教育，期許能發揚民族精神，增強反共意識。1964 年 5 月 1 日，教育部曾通令：「查國歌所以鼓舞群倫，樹立建國之理想；而各校校歌，則以昭示諸生，達成崇高之使命。各級學校今後應於音樂課程內，教唱國歌與校歌，並於新生訓練暨課外活動之時間，督導全體學生，加強實施練習，鼓勵其經常習唱，每值開學、休業、畢業、校慶、以及週會等典禮時，應依規定先唱國

〔註 2〕 經典雜誌編著，《台灣教育 400 年》，臺北市：經典雜誌，2006，頁 130。
〔註 3〕 李筱峰，〈兩蔣威權統治時期「愛國歌曲」內容析論〉，《文史台灣學報》，創刊號，國立台北教育大學台灣文化研究所，135～178，2009，頁 138。
〔註 4〕 參考自《第三次中國教育年鑑》，〈第一編　總述〉，正中書局，1957，頁 123。

歌，並於散會之前，唱校歌」〔註5〕

　　中華民國政府於 1938 年，教育部即規定：「全國公私立各級學校，務各制訂一特有之校訓及校歌，用資感發……。」教育部曾於 1964 年明令各級學校：「查國歌所以鼓舞群倫，樹立建國之理想；而各校校歌，則以昭示諸生，達成崇高之使命。各級學校今後應於音樂課內，教唱國歌與校歌，並於新生訓練暨課外活動之時間，督導全體學生，加強實施練習，鼓勵其經常習唱，每值開學、休業、畢業、校慶以及週會等典禮時，應依規定先唱國歌，並於散會之前，再唱校歌。」並且在新生訓練或課外活動等場合，督促學生勤加練習。〔註6〕由此可見，校歌在制度上，有國家賦予的教化意識型態的功能與目標。至 1966 年，為了各級學校培養優良學風，教育部令頒實施要領，其中一項為：「校歌傳達學校之心聲，校徽則為學校之標誌。各校均應制訂校歌與校徽，使諸生耳濡目染之餘，知所興起。」這些法規明令各級學校不僅要制訂校歌，也要在音樂課教唱校歌，且在規定的場合演唱校歌。

　　到了中華民國時期，雖然有明確的法令規定各級學校應制訂、教唱與演唱校歌，但卻無一套明確的審查制度存在，教育部僅規定〔註7〕：「本部授權學校自行創作符合教育意涵之樂曲作為校歌。」因此，歌曲只要經過校務會議同意、頒布，便可成為該校校歌。可想而見，這些「學校校歌」對於台灣人民的國家認同、社會心理、價值觀念，必然產生相當程度的影響。

　　國家與社會之間，傳遞思維以及意象的利器之一便是歌曲，利用學校校歌為統治者傳遞如教條般的價值觀，承載政治意識與動機。而校歌歌詞內容可明可晦，傳遞之意象可清可濁，但最終的結果通常是帶來既大且強的迴響。

第二節　校歌文本內容分析

　　本論文所蒐集的 115 所學校校歌，即本論文進行分析的基本文本。經詳加分析，其內容所涉之意涵、意識型態、價值觀念或國家認同，概可分別從以下數項來了解。各項內容並非互相排斥，而是多元並具的。亦即同一首歌可能同時包含多項內容性質。

〔註5〕　陳如一，〈全國專科以上學校之校訓與校歌（上）〉，《東方雜誌》，12（10），1979，頁 69。

〔註6〕　參照教育部，《第四次中華民國教育年鑑》，台北：正中書局，1974。

〔註7〕　參照教育部中部辦公室（2010）教育部授教中字第 0990901189 號。

　　本文探討的文本內容為國民黨時期的校歌，故於文本選樣上則以國民黨時代執政下的學校校歌為主。如國立台南師院於 2004 年 8 月 1 日起改名為台南大學，於 2004 年時產生新之校歌，不能表現出國民黨時期的意識型態，故在此文不討論之中。另有於日治時期台北第二高等女學校至戰後已廢校，校址為現今立法院；而台南第二高等女學校則於戰後與台南第一高等女學校合併為台南第一女子高級中學。故以上兩所中學校現以查無此校並無戰後新校歌。再者台北汐止國小為日治時期台北汐止公學校，經由校方得知，目前該校並無校歌。

　　經整理後，依照本文需求有完整歌詞，方可進行校歌內容分析者，以日治時期始有校歌至國民政府接收後的新校歌為研究對象，總計有 115 所學校校歌需分析。再加上搜集有些學校有戰後初期的校歌，於後期則轉變為新校歌，戰後初期的校歌則廢棄不使用，所以有些學校在文本分析上則會出現一所學校兩首校歌的情形，例如國立台北教育大學、國立台南師院則有師專時期的校歌；另外像台中第一高級中學、台北建國中學、台北日新國小等等皆有戰後初期的校歌。故共需分析的校歌有 127 首，計有大專院校 17 首（計有 5 所學校有兩首校歌）、高中職學校 32 首（計有 6 所學校有兩首校歌）、國中 1 首、國小 78 首（計有 4 所學校有兩所校歌）。內容具有以下即分析之類型：

（一）描述學校地理位置的景觀

　　校歌歌詞中的山川、河流常作為一種「情感的依附」。而文本中的地景呈現，通常極具「地方性」，能清楚看見校園座落位置的地理環境特色，以描寫學校附近的山嶼，能表現出學校的地理位置所在，以及學校座落的位置，例如：

　　　　台東高級中學「鯉山挺翠，東海揚漾，巍哉我校立其中」

　　　　高雄女子高級中學「巍巍壽山　浩浩海洋」

　　　　國立台北教育大學（師專時期）「芝山鍾靈秀」

　　　　屏東教育大學「武山蒼蒼　淡水泱泱」

　　　　台北建國中學（戰後初期）「草山高　淡水清　芝巖麗　碧潭明」

　　　　蘭陽女子高級中學「太平山下　蘭園清香……太平洋畔　學園幽香」

　　　　彰化女子高級中學「巍巍八卦山　峨峨彰女中」

　　　　國立宜蘭大學「巍巍宜大矗立在蘭陽平原之上」

雲林虎尾農業職業學校「東望大玉山　西濱婆娑洋　山海壯黌舍　虎溪源流長」

台北三峽國小「山蒼蒼　雲茫茫　遠望鳶山雄又壯」

台北士林國小「士林風光眞美麗　屯山蒼蒼　淡河央央」

台北大安國小「福州山下　黌舍堂堂」

台北北投國小「大屯巍巍　溫泉滔滔」

台北太平國小「高聳雲霄大屯山，象徵我太平」

台北大龍國小「圓山明麗淡水秀　聖地孔廟保安宮」

台北內湖國小「白露山　內湖陂　是我們的好屏壁」

台北木柵國小「指南山蒼蒼，深坑溪蕩漾」

台中石岡國小「金星山下大甲溪旁　吾校秀麗氣象輝煌」

彰化村上國小「八卦山下　村上國小」

新竹芎林國小「黌舍窗前　芎林健兒　朝夕仰望　巍巍五峯」

台北樹林國小「大同山路沃野裕人　我鄉親愛的國校樹林」

苗栗苑裡國小「巍峨庠序　立康莊　朝向靈山迎旭光」

台中草屯國小「火炎山高　烏溪水長」

台北淡水國小「觀音霞光　大屯雪影，碧水縈迴　四季好景」

台中清水國小「鰲峰碧翠，靈泉滄清，美哉吾校」

台北安坑國小「大尖山北麓　碧潭西方　我們的家鄉」

台北大豐國小「巍巍文山　蒼翠五峰　碧潭名勝　水秀山明」

台北蘆洲國小「淡江水悠悠　觀音山巍巍」

宜蘭羅東國小「崇山靈秀映照和光」

新竹竹東國小「前溪碧五峰青　物產豐隆地理靈」

桃園國小「大檜山頭兮　瞻仰先烈」

台中大甲國小「砧山挺秀　卓水長清」

台中新社國小「清山疊疊　綠野在望」

台中東勢國小「鷹首山聳雙溪流融　東勢國小氣象崢嶸」

高雄旗山國小（戰後初期）「鼓山頂上樹木蒼蒼美景映在旁」

高雄旗山國小「鼓山頂下　巍巍校宇」

屏東里港國小「淡溪綠漪　武山蒼茫　美麗的里港鄉」

以地區性的河川或溪水做為歌詞內容者：

國立台灣大學「近看蜿蜒的淡水」

台北市立教育大學「玉山蒼蒼兮　淡水湯湯」

屏東教育大學「武山蒼蒼　淡水泱泱」

台北建國中學（戰後初期）「草山高　淡水清　芝巖麗　碧潭明」

嘉義女子高級中學「長橋鐵索兮八掌溪流」

蘭陽女子高級中學「太平山下　蘭園清香……太平洋畔　學園幽香」

雲林虎尾農業職業學校「東望大玉山　西濱婆娑洋　山海壯舊舍　虎溪源流長」

台北士林國小「士林風光眞美麗　屯山蒼蒼　淡河央央」

桃園大溪國小「大漢溪畔國旗飄揚」

台中忠孝國小「吾校巍立柳川之上」

台中南屯國小「玉山蒼蒼犁江湯湯」

台北景美國小「景美溪水波盪漾　文山茶飄香　仙跡巖山色秀麗　祖師廟流芳」

台北大龍國小「圓山明麗淡水秀　聖地孔廟保安宮」

台北木柵國小「指南山蒼蒼，深坑溪蕩漾」

台中石岡國小「金星山下大甲溪旁　吾校秀麗氣象輝煌」

台北老松國小「蓮花池畔　屹立校堂」

台中草屯國小「火炎山高　烏溪水長」

台中石岡國小「金星山下大甲溪旁　吾校秀麗氣象輝煌」

台北淡水國小「觀音霞光　大屯雪影，碧水縈迴　四季好景」

台北雙溪國小「雙溪會合源遠流長　不捨晝夜韻律悠揚」

台北安坑國小「大尖山北麓　碧潭西方　我們的家鄉」

　　台北大豐國小「巍巍文山　蒼翠五峰　碧潭名勝　水秀山明」

　　台北蘆洲國小「淡江水悠悠　觀音山巍巍」

　　宜蘭利澤國小「蘭陽平原廣利澤流長」

　　新竹關西國小「碧水鳳溪流不惜　雅韻盡悠揚」

　　桃園國小「南崁河邊兮　聊望清流」

　　台中大甲國小「砧山挺秀　卓水長清」

　　彰化二林國小「雙港溪畔濁水流長」

　　嘉義崇文國小「玉山巍巍　八掌淙淙」

　　嘉義新港國小「玉山巍巍　嘉圳泱泱」

　　嘉義朴子國小「玉山聳立　虞溪悠悠」

　　嘉義水上國小「八掌溪長流　回歸線好風光」

　　高雄旗山國小（戰後初期）「楠梓仙溪潺潺流水長年護我疆」

　　除了出現學校附近的山川、河流之外，亦有校歌會對學校的地理位置或地名、景色、廟宇與學校相關位置的描述：

　　國立台南師院（師專時期）「赤崁樓中留下了多少光榮史」

　　台南第一女子高級中學「赤崁登臨　安平懷古」

　　新竹高級中學（戰後初期）「壯哉我校　雪山東山寺　西海潮揚　塹城留生氣」

　　國立宜蘭大學「巍巍宜大矗立在蘭陽平原之上」

　　中壢國中「風城之北　武陵之陽……公路鐵路　縱貫兩旁」

　　國立新竹高級工業職業學校「竹塹形勝　南寮波洪」

　　雲林虎尾農業職業學校「東望大玉山　西濱婆娑洋　山海壯黌舍　虎溪源流長」

　　高雄高級商業職業學校「位臨於商港大高雄」

　　基隆仁愛國小「海天闊雲飛揚　偉哉我校位於市中央」

　　台北景美國小「景美溪水波盪漾　文山茶飄香　仙跡巖山色秀麗　祖師廟流芳」

　　台北大龍國小「圓山明麗淡水秀　聖地孔廟保安宮」

　　台北內湖國小「白露山　內湖陂　是我們的好屏壁」

　　宜蘭利澤國小「蘭陽平原廣利澤流長」

　　新竹北埔國小「山嵐翠　河水蒼　山環水繞北埔鄉」

　　嘉義朴子國小「嘉南一角　北回歸線　綠野東西連」

　　嘉義民雄國小「民雄位在嘉南平原裏　遙望玉山峯」

　　台南石門國小「古都西去安平港」

　　澎湖馬公國小「我們的學校是西瀛洲的樂園　巍然矗立在馬祖海濱」

　　澎湖池東國小「澎湖群島羅列海中　美哉西嶼雅號」

　　校歌文本中的地景，是一種情感的依附，描寫山嶼、河流並抒發國家思想的理想抱負，校歌歌詞以學生熟悉的地景入題。對學校所在地地理景觀的描寫，學校的山川名、景色，常常也是校歌歌詞的素材之一。

　　在本文所掌握的 127 首「學校校歌」當中，出現有這「描述學校地理位置的景觀」類型的歌曲，計有 66 首。是國民黨時期學校校歌中的重要角色。

（二）表現學校當地物產與名勝

　　校歌歌詞往往傳達著學校教育理念方針與地方特色等訊息。將地方特產置入校歌中有：

　　高雄高級中學「臺灣良港　首屬高雄」

　　台北北投國小「大屯巍巍　溫泉滔滔」

　　台北景美國小「景美溪水波盪漾　文山茶飄香　仙跡巖山色秀麗　祖師廟流芳」

　　台北蘆洲國小「湧蓮香四溢　泛月耀蘆洲」

　　台南新營國小「嘉南之英　當政經之樞紐」

　　新竹國小「習習竹風　習習竹風……」

　　新竹北埔國小「稻穀熟　茗茶香」

　　新竹關西國小「茶柑稻果多名產　到處百花香」

　　嘉義朴子國小「玉山聳立　虞溪悠悠　蔗稻滿田疇」

　　嘉義水上國小「甘蔗甜　花生香　稻禾青茱花黃　黃麻豐盛農村忙」

台南石門國小「古都西去安平港　民族革命策源地」

高雄旗山國小（戰後初期）「蕉園遍地累累果實收穫盈滿筐　蔗田阡陌津津甜糖爲國增富強」

亦有將學校的景觀特色作爲校歌的素材，如：

國立台灣大學「臺大的環境鬱鬱蔥蔥，臺大的氣象勃勃蓬蓬」

國立新竹教育大學「美哉新竹　早因風疾號風城　應知勁草長青」

台南第一高級中學「大海蒼蒼　高山昂昂　榕橋交拱　翠映我黌宮」

台南第一女子高級中學「赤崁登臨　安平懷古　台南文化開先路」

基隆高級中學「大風泱泱　滄海茫茫　美哉基中　春之朝陽」

新竹女子高級中學（戰後初期）「竹風吹復吹　民情純樸　義風激越菁英咸所歸」

國立宜蘭大學「環境優美，氣勢雄壯，這裡有農田工廠，牧地林場」

國立嘉義大學（戰後初期）「惟穀與人，皆農事賴」

台南永福國小「文化古城　弦歌聲清　永福學子沐春風　赤崁樓影孔廟鐸聲」

台北太平國小「依山傍水靈秀地、朗朗讀書聲，至聖先師孔子廟，萬世受尊崇」

台北內湖國小「美麗的內湖　蔥嶺中樹的是茂林修　竹山谷間流的是泉水清漪」

宜蘭羅東國小「樟樹繁茂處母校燦堂皇」

屏東里港國小「物產豐隆　交通四暢　可愛的里港鄉」

學校所在地的特色、物產與名勝，或者是將山川擬人化，這是很常見的校歌素材之一，而山川又會以所涵蓋的範圍或是具有指標意義影響遠近學校的使用。〔註8〕配合學校地方特色、物產和名勝，實情實景，更能表達學生對學校的情感與懷念。

總計這些歌頌學校特當地的產物與名勝的歌詞內容，計有 25 首。

〔註8〕陳聰明，《楝花盛開時的回憶：日治時期畢業紀念冊展。第二冊，學校建築篇／校歌校旗篇》，國史館台灣文獻館，2005，頁 148。

（三）述及學校的歷史環境

學校將地方的歷史或學校的創立加入校歌內容中，將創校日、創校地或學校創立的歷史列為歌詞，在歌詞中出現對學校或學校地方上「悠久歷史與文化」的描述。如：

國立台灣大學（戰後初期）「沈鄭遺烈，於今重喬皇」

國立台南師院（師專時期）「台南是民族革命策源地　赤崁樓中留下了多少光榮史」

國立台南師院「延平開府　志復舊邦」

台北成功高級中學「萬古開山未有奇，登台望海憶當時」

台北台灣師範大學附屬高級中學「附中　我們的搖籃　漫天烽火　創建在台灣」

台南第一女子高級中學（戰後初期）「劫後台南猶勝土　巍然省立女一中」

台南第一高級中學「思齊往哲　光文沈公　……　臺南一中　無負鄭成功」

國立成功大學「延平拓土興邦地　百年孕育　教化宏揚」

桃園大溪國小「鄉賢創校意永心長中華心聲深藏」

台北大龍國小「大龍我校淵源長　地靈人傑塑棟樑」

台北老松國小「老松我校　文甲傳芳　學海淵遠　書香綿長　我們繼往開來　景仰昔賢遺光」

台北樹林國小「十三公烈靈顯為神　我鄉親愛的國校樹林　追懷民主業勵吾新民　先烈遺光名省之珍」

新竹北埔國小「先民墾殖　辛苦備嚐　樹人樹德　輩出賢良」

新竹關西國小「孔廟巍峨傳木鐸　文風耀八方」

嘉義崇文國小「吳鳳道左桃李芬　校風泱泱歷史悠悠」

台南立人國小「古都勝跡文化源流久　播揚出英才」

台南石門國小「古都西去安平港　民族革命策源地」

以上所列舉學校歌詞內容是將學校地方歷史列為校歌歌詞的一部分。

在日治時期有許多學校會將學校的創立時間加入校歌的歌詞內容中，將創校日、創校地或者是學校創立的歷史列為歌詞的一部分。但國民政府撤退來台後是以接收各級學校的方式接管學校，又同時希望能夠泯除日本時期的同化思想，徹底改造為可以為國民政府有貢獻的學生，至少是從思想做起。可以想見，於校歌歌詞中必然較少提及學校的創立年度、創立歷史等等，那無疑是挑戰國民政府在撤退來台的短短幾年間，怎麼可能會有超過五十年校齡的學校。所以在校歌歌詞的創作方面，是盡量避而不談的。

　　嘉義民雄國小「光榮校史七十年　年年歲歲出多賢」

　　屏東里港國小「我們的學校便在這個好地方　一百年歷史燦爛輝煌」

　　澎湖馬公國小「已記下了一百餘年歷史　作育成二萬多後起之英」
以上這三所學校，是較為少數中的例外現象，皆述說學校建校的校齡。但卻無法在歌詞中表達學校創立的日期與地點。

　　這類其實是具有台灣本地歷史意識、訴及歷史的「學校校歌」，在本論文蒐集的 127 首學校校歌中，計有 15 首。

（四）對學生的期許與勗勉

　　這是校歌最主要的部份，也是每一首校歌必備的部份，大部分都是一些做人做事的道理，像是要努力學習、樂觀進取、堅忍不拔、鍛練身心、堂堂正正做人、做好國民、要好好報效國家社會等等。〔註9〕例如：

　　國立台灣大學（戰後初期）「不倦不厭，教學相得彰；光被大眾，充塞乎八荒。學海洋洋，喜楫擊而帆揚。研究有得，企業連繫將；企業有利，研究益加強」

　　國立台北教育大學（戰後初期）「師資樹典範……作育兒童，改造社會，任重道遠莫或忘！」

　　國立新竹教育大學「飽歷這番磨練　才敢鑄賢英　喜青年個個頭角崢嶸　修齊治平匹夫則本非輕」

　　國立台南師院「尊德性重學問」

　　屏東教育大學「做中學，做中教，百錬成鋼學不厭，教不倦，以近以康」

〔註9〕　陳聰明，《棟花盛開時的回憶：日治時期畢業紀念冊展。第二冊，學校建築篇／校歌校旗篇》，國史館台灣文獻館，2005，頁148。

台北第一女子高級中學（戰後初期）「功課優良　身體康強　公德特別修養這目標」

台北中山女子高級中學「養成科學的頭腦和仁愛的心腸」

台北建國中學「體格強，志氣大；勞不辭，苦不怕」

台北成功高級中學「青年各努力，萬事在人為，術德兼修，文武合一」

台北台灣師範大學附屬高級中學「砥礪學行　鍛鍊體魄」

台南第一高級中學「勤讀書　守秩序」

台南第一女子高級中學「公誠勤　眞善美　道德高　知識富　生活日求新　學業日進步」

基隆女子高級中學「崇樸實　戒矜驕　敦品勵學志氣高」

嘉義女子高級中學「願我青年兮抗志雲浮　學以致用兮術德兼脩」

高雄高級商業職業學校「就將來商戰　英雄　為我國家塞我經濟漏卮」

中壢國中「進德為首　啓智升堂　鍛鍊體魄　群力益彰」

台北南門國小「敦品勵學鍛鍊體魄，互敬互愛情同手足」

基隆仁愛國小「品行益淬礪　體魄重健康」

台南永福國小「重倫理　禮志節　身致力行　重科學　愛藝能　手腦並用」

台南公園國小「為國家、為人群奮鬥奮鬥追理想」

花蓮明禮國小「切磋琢磨　品學兼優　朝暮團聚嬉遊」

台北三峽國小「努力努力　我們的意志堅強　我們的信心昂揚　專心學習　全力向上完成學業造福家鄉」

台中大雅國小「身體力行　學習勤奮　賢良輩出」

台北北投國小「師生互敬愛　教讀勤且勞　尚體育　重禮教　莫看我們年紀小」

台北太平國小「努力勤讀眾學生……敦品勵行重信義」

台北蓬萊國小「願我同學互相切磋　人才輩出社會貢獻多」

台南協進國小「進德修業　鍛鍊體魄　光耀家邦聲譽揚」

台北木柵國小「我們在自由中成長，鍛鍊圖強、鍛鍊圖強，努力！努力！」

台北老松國小「我們求成大器　要積磨練之功……學求優　行求良……身愈壯　志愈強」

台中草屯國小「琢磨切磋　學行優良　相親相愛互勉勵　鍛練好身體」

台北大豐國小「進德修業　四育均衡　活活潑潑　堂堂正正」

台北板橋國小「努力攻讀吸收知識　將來要做模範國民……互相扶助涵養德行　將來要為人群服務……健康肉體堅強意志　將來要做社會先鋒」

嘉義水上國小「要努力　莫徬徨　向前進　求向上」

高雄旗山國小（戰後初期）「切磋學問鍛鍊體魄復國志氣剛」

高雄美濃國小「學做人　勤讀書　更求身體壯」

屏東里港國小「鍛練身體康健　修養品學優良」

以上等等列舉數首代表性校歌，於國民黨時期 127 首分析的校歌中，在此類別「對學生的期許與勗勉」是每一所學校校歌所必備的歌詞內容，更是每一首校歌中最重要的部份。

　　1934 年時任國民政府軍事委員會委員長的蔣中正發動新生活運動，確立了「禮義廉恥」國的四維地位，並且重新解釋「禮是規規矩矩的態度，義是正正當當的行為，廉是清清楚楚的辨別，恥是切切實實的覺悟」，而在與中日抗戰期間更改為「禮是嚴嚴整整的紀律，義是慷慨慨慨的犧牲，廉是實實在在的節約，恥是轟轟烈烈的奮鬥」〔註 10〕，以這樣的態度帶入校園中，給予學生最深的思想改造，後來更規定為全國各級學校的共同校訓。孫中山在《三民主義之民族主義》的第六講中，特別倡導八德的重要性。故國民黨時代「四維八德」就成為時常使用的素材之一了，如：

屏東教育大學「八德兼備，四維是張」

〔註 10〕http://ap6.pccu.edu.tw/Encyclopedia/data.asp?id=310&forepage=1，中華百科全書 1983 年典藏版，〈四維八德〉。

台中第一女子高級中學「禮義廉恥　四維既張」

台東高級中學「四維八德，砥礪發煌」

新竹女子高級中學「八德賴以宏　四維賴以張」

蘭陽女子高級中學「八德振　四維孔彰」

台中大同國小「四維八德砥礪矜揚」

桃園大溪國小「五育並重四維涵養做國家棟樑」

台北日新國小「四維八德人人遵行　德智體群美五育並重」

台北石碇國小「五育並重，時代兒童，四維八德」

台中南屯國小「明禮尚義四維並揚」

台北蘆洲國小「四維和八德　民主和自由」

新竹北門國小「天天習四維　文武期合一，日日修八德，手腦用均同」

新竹竹東國小「遵守四維　修八德」

嘉義朴子國小「四維八德　發揚光大」

嘉義大林國小「張四維　興八德」

雲林南陽國小「忠孝仁愛　信義和平　頂天立地　為棟為樑」

高雄旗山國小「師長教誨　四維八德　春風裡茁壯」

　　1939 年「禮義廉恥」被教育部定為全國各學校的共通校訓，蔣中正所以高舉講「禮義廉恥」的運動，是因當時在他眼中的中國人，實在是自私自利，沒有禮義，又不知廉恥，而他認為這將使中國面對亡國亡種的危機。因此，蔣中正從管仲所云：「禮義廉恥，國之四維；四維不張，國乃滅亡」中，引申出了「四維既張，國乃復興」的結論，遂將「禮義廉恥」當成復興國家民族的重要基礎，也成為新生活運動的指導思想。〔註 11〕以「禮義廉恥」作為校歌的內容：

　　國立台北教育大學「訓練目標禮義廉恥知仁勇誠」

　　台中第一女子高級中學「禮義廉恥　四維既張」

　　台北建國中學（戰後初期）「明禮義　知廉恥　負責任　守紀律」

　　高雄高級中學「禮義廉恥　是所遵從」

〔註 11〕桂宏誠，〈拿的掉「中正」，拿不掉「禮義廉恥」〉，聯合報 2006.09.10，15 版。

新竹高級中學（戰後初期）「尊師重學守規章　明禮義廉恥」

雲林虎尾農業職業學校「明禮尚義」

台中南屯國小「明禮尚義四維並揚」

台北大龍國小「禮義廉恥為校訓　堅忍奮鬥為指南」

台南協進國小「禮義廉恥　學風優良」

宜蘭中山國小「明禮尚義守廉知恥　共立模範的高標」

新竹竹東國小（戰後初期）「禮義廉恥　校訓是從」

台中豐原國小「我們力行智仁勇　禮義廉恥成校風」

嘉義新港國小「禮義廉恥　校訓毋忘」

台南石門國小「明禮義　知廉恥　鄉村改革賴後啓」

澎湖馬公國小「禮義廉恥是我們謹嚴的校訓」

澎湖池東國小「禮義廉恥實踐恢弘　菁莪造士為國效忠」

在退出聯合國的 4 個月前（即 1971 年 6 月），高齡 84 歲的蔣介石總統有感於國際困境的挑戰，提出「莊敬自強、處變不驚、愼謀能斷」的口號來勉勵國人。1978 年 12 月 15 日，美國宣布與中國建交，與台灣當局斷交。〔註12〕面臨一連串外交逆境下，此時期的學校校歌中，反映出許多像是「反對姑息」、「自立自強」、「莊敬自強，處變不驚」的內容，用以鼓舞民心士氣。許多學校的校歌中可發現將此勉勵國人的說詞置入校歌中，例如：

國立台南師院「培國家棟樑　自強不息」

台東高級中學「自強不息，蔚為國光」

高雄高級中學「自強不息　前途無窮」

高雄女子高級中學「進德修業　自立自強」

基隆高級中學「勉旃毋怠　不息自強」

基隆女子高級中學「自覺　自尊　自強　時光莫輕拋」

嘉義高級中學「自強不息　勗吾曹」

蘭陽女子高級中學「蘭陽女子　自勵自強」

〔註12〕李筱峰，〈兩蔣威權統治時期「愛國歌曲」內容析論〉，《文史台灣學報》，創刊號，國立台北教育大學台灣文化研究所，135～178，2009，頁 162。

國立宜蘭大學「我們要其一心志，勵行莊敬自強」

基隆仁愛國小「光陰莫蹉跎自勉更自強」

台南公園國小「好兒童要自強」

台中大雅國小「自強不息　弦歌不輟」

台中南屯國小「奮發勵志民族自強」

台北蓬萊國小「自強不息為國爭光榮」

台北大龍國小「自強不息興家邦」

台中石岡國小「敦品勵學　不息自強」

彰化村上國小「我們要自強　為我村上爭榮光」

台北淡水國小「繼往開來　不息自強」

台中清水國小「自強不息，弘揚校光」

彰化二林國小「精勤砥礪自立自強」

嘉義水上國小「中華兒女當自強」

雲林南陽國小「中華兒女莊敬自強」

台南石門國小「自強不息正無已」

高雄旗山國小（戰後初期）「自強不息創造發明大家齊發揚」

高雄旗山國小「自強不息　互勉互勵」

啟發以「技能」、「能力」的外在行為為評量目標，結合了「情操」、「性格」的內在養成。〔註13〕

台北石碇國小「健康活潑、親愛融融，知行合一校訓崇」

台北大龍國小「禮義廉恥為校訓　堅忍奮鬥為指南」

台中石岡國小「造福桑梓光耀家邦　莘莘學子校訓勿忘」

台北泰山國小「仁義禮智校訓揚　循規蹈矩」

台中清水國小「誠字校訓，諄諄教誨，永誌毋忘」

新竹國小「恪守紀律尊校訓　鑽研精神自隆強」

〔註13〕孫芝君，《日據時代台灣師範學校音樂教育之研究》，台灣師範大學音樂研究所碩士論文，1997，頁53。

　　新竹竹東國小（戰後初期）「禮義廉恥　校訓是從」

　　彰化二林國小「莘莘學子校訓毋忘　精勤砥礪自立自強」

　　嘉義新港國小「禮義廉恥　校訓毋忘」

　　澎湖馬公國小「禮義廉恥是我們謹嚴的校訓」

以上校歌歌詞標明了每個學校各自不同的校園環境、精神和學生應有的規
範，也隱含各校校訓所推崇的價值。〔註14〕上述校歌歌詞內容則將「校訓」
作為素材之一。

　　總計在本論文所掌握的 127 首學校校歌當中，內容出現強調對學生的期
許，或勗勉學生者，是整個學校校歌的重點。易言之，在國民黨統治時代的
學校校歌之中，可以說是有百分之百的校歌歌詞強調行為目標的修鍊、實踐，
或外在行為的技能，加上個人的品行、節操的養成，或兼而有之。但，期許
學生應有的精神與規範中，無不希望莘莘學子以校歌歌詞的內容作為復興民
族的基礎，其中更隱含鼓舞民心士氣，藉此勉勵國人，以此好好報效國家。

（五）具有「台灣」意象之符號

　　「玉山」為臺灣第一高峰，具有指標性的意義，可以作為全島學校校歌
的內容。如：

　　國立台灣大學「遠望那玉山突出雲表，正象徵我們目標的高崇」

　　台北市立教育大學「玉山蒼蒼兮」

　　國立台南師院「玉山蒼蒼　東海泱泱」

　　台北建國中學「東海東玉山下」

　　台北台灣師範大學附屬中學「玉山給我們靈秀雄奇」

　　新竹女子高級中學（戰後初期）「海洋蕩蕩　玉山巍巍」

　　新竹女子高級中學「玉山巍峨　碧海浩蕩」

　　嘉義女子高級中學「仁盛吳鳳廟縹渺玉山頭」

　　雲林虎尾農業職業學校「東望大玉山　西濱婆娑洋〔註15〕」

〔註14〕陳如一，〈全國專科以上學校之校訓與校歌（上）〉，《東方雜誌》，12（10），
　　　　1979，頁 69～73。
〔註15〕「婆娑洋世界」一詞主要是從《名山藏》開始，以之稱「台灣」或針路上「基
　　　　隆海域」。

　　國立嘉義大學「器識崇弘師玉山」

　　國立台中技術學院「玉山聳立雲天外……台中學院光輝和玉山一樣高崇」

　　台中大同國小「眺望玉山　玲瓏屹立」

　　台中忠孝國小「東望玉山志氣益壯」

　　台中南屯國小「玉山蒼蒼犁江湯湯」

　　嘉義崇文國小「玉山巍巍　八掌淙淙」

　　嘉義新港國小「玉山巍巍　嘉圳泱泱」

　　嘉義朴子國小「玉山聳立　虞溪悠悠」

　　嘉義民雄國小「民雄位在嘉南平原裏　遙望玉山峯」

以上以台灣第一高峰「玉山」所象徵的高聳和雄偉來敘述之，藉以勗勉學生應有的態度與抱負要像玉山一般的具有高遠的理想。其中雲林虎尾農業職業學校校歌中「婆娑洋」較為特別，是國民黨時期較少出現意指台灣的名詞。

　　從以上的學校校歌內容來看，大部分的學校只是敘述玉山的聳立以及能夠眺望玉山，僅國立台灣大學、國立嘉義大學、國立台中技術學院和台中忠孝國小寓情於景的要求學生要像玉山般有崇高的理想。

　　另有「寶島」意指台灣，或者直接使用「台灣」一詞作為校歌之內容：

　　台北第一女子高級中學「唯我女校　寶島名高」

　　台北建國中學（戰後初期）「寶島光復　除舊佈新」

　　台北蓬萊國小「美麗寶島蓬萊我校」

　　彰化村上國小「寶島台灣」

　　台灣師範大學「台灣山川氣象雄　重歸祖國樂融融」

　　國立台北教育大學「建設新台灣教育第一化民成俗功最宏北師」

　　台北成功高級中學「為台灣創造了光榮歷史」

　　台北台灣師範大學附屬中學「創建在台灣」

　　台南第一女子高級中學「祖國勝利　惡魔運終　台灣光復真光榮」

　　嘉義高級中學「建設新台灣　建設新中國」

　　台北樹林國小「台灣建設首在認真」

嘉義民雄國小「服務地方創造我們的新台灣」

從以上校歌中分析，「台灣」、「寶島」一詞也出現在戰後初期的階段，就台灣社會而言，二次大戰剛結束的時候，絕大部分的台灣人民抱持著樂觀以及歡迎的心情接納國民黨政府，「中國」這個名詞，對於大部分當時的台灣人民而言，是一個遙遠並且不曾到達的地方名，但是打從心裡卻又覺得那是個血脈相連的所在。故「回歸祖國」的雀躍就不難體會了，這種對祖國的想像和情節自然隱含在國民黨時期的學校校歌當中。就像校歌中出現「重歸祖國」、「光復」以及「祖國勝利」的內容，如同台灣師範大學、建國中學以及台南第一女子高級中學之校歌分別創作於 1948 年和 1947 年的所謂「光復」初期的階段。則其他學校之校歌皆為 1950 年以後創作，較多描述新台灣與建設的部份。

　　以上此類在歌詞中出現「玉山」、「寶島」或「台灣」的校歌，總計有 28 首，佔有國民黨時期的校歌兩成以上的比例。

（六）描寫中國與台灣的相對位置

　　歌詞文本中的地景呈現，常是為突顯崇高的道德標準或者國家意識型態。台灣被國民政府劃分為中國祖國的東南方島嶼，學校校歌中一部份會出現台灣與中國相對位置的描寫，這隱含著國民政府與台灣居民的從屬關係，即東南島從屬於東北的中國，並且顯現當時在國民黨政府所推行的民族精神教育指導方針之下，國民政府積極在校園中所實踐的音樂，教化學生的意識型態和思想教化。此時期的學校校歌可以說是國民黨政府對中國念念不忘的一種民族情節焦慮。〔註16〕以台灣為位處中國的東南方，以描寫中國與台灣的相對位置作為校歌有以下的內容：

　　　　國立台北教育大學「美麗的島東南勝地海疆名域」

　　　　台中第一女子高級中學「卓峙南疆　濱攬鯤洋」

　　　　國立成功大學「遍東南神明遺胄，重洋負笈，來集斯堂」

以中國與台灣相對位置的描寫僅出現於中等以上教育的學校，在初等教育中並未發現此一詞語的敘述。

　　以整個中國的思考，中國以東的海域為東海，東海亦稱東中國海，是指

〔註16〕賴彥甫，〈校歌的文化與符號分析：規訓、抵抗與國家的治理技術〉，《2009～2010 國科會大專生專題研究成果報告》，計劃編號：98-2815-C-002-117-H，執行單位：國立台灣大學地理環境資源學系，頁 22。

中國東部長江的長江口外的大片海域，將東海作為校歌素材之一，以說明台灣對於中國而言位於東海的地理位置上。將「東海」一詞置入校歌歌詞內容中的有：

國立台北教育大學（戰後初期）「芝山鍾靈秀，東海智波揚」

國立台南師院「玉山蒼蒼　東海泱泱」

台北建國中學「東海東玉山下」

台北台灣師範大學附屬中學「東海使我們闊大開展」

台東高級中學「鯉山挺翠，東海揚濛，巍哉我校立其中」

宜蘭光復國小「東海那樣地汪洋」

也有少數學校會描述對中國內地的嚮往，以台灣地理位置而言相對的中國位於台灣的西邊，於宜蘭光復國小「西堤那樣的綿遠，東海那樣地汪洋，光復、光復，才能輝煌」則暗示對中國「祖國」的思念，是那樣的綿遠，所以必須要光復後才能回歸祖國。

由以上校歌內容分析可以知道，校歌富有教育意義，也可以表達學校的特色或者是統治者所欲規訓的目的，如此巧妙的運用於教育上，則將會對學生造成潛移默化的影響。這種提及「相對位置」或「東海」的歌詞內容，在「學校校歌」當中計有 9 首。

（七）歌頌青天白日滿地紅旗

1912 年中華民國原先建國時的國旗，是經過當時在南京的中華民國參議院正式通過的「五色旗」（紅黃藍白黑）。1924 年 6 月在廣州的國民黨中央決議將原來的中華民國國旗撤換為「青天白日滿地紅」旗。1949 年底，國民黨政權在中國大陸全面潰敗，撤退入台，原先在中國大陸上制定的「青天白日滿地紅」的國旗，只能在台澎金馬插掛。由中國國民黨一黨制定的「青天白日滿地紅」旗，遂成為流亡來台的中國國民黨凝聚台灣人民的認同與支持的重要標記。〔註 17〕國民黨黨旗係「青天白日」旗，把「青天白日」的黨旗，放在「青天白日滿地紅」的國旗的左上角，造成國旗上面有黨旗，如此「黨國一旗」的結果，經常產生黨旗與國旗幾乎混雜一體、互為取代的印象。〔註

〔註17〕李筱峰，〈兩蔣威權統治時期「愛國歌曲」內容析論〉，《文史台灣學報》，創刊號，國立台北教育大學台灣文化研究所，135～178，2009，頁 156。

〔註18〕李筱峰，〈兩蔣威權統治時期「愛國歌曲」內容析論〉，《文史台灣學報》，創

18〕只謂「青天白日」而無「滿地紅」，只能說是黨旗，然而校歌於此指稱之爲國旗的代表，例如：

    台中第一高級中學（戰後初期）「爾許看青天白日旗矗」

    台中第一高級中學「青天白日無疆」

    嘉義水上國小「白日天青新氣象」

以上學校校歌將黨旗與國旗混合使用之，實爲黨國不分。是故於校歌中，並無對青天白日滿地紅旗的歌頌。

此外，專以歌頌國旗爲主旨，且歌名出現「國旗」者，尚有：

    桃園大溪國小「大漢溪畔國旗飄揚」

    台中忠孝國小「海風飄飄　國旗高揚」

    台中清水國小「國旗飄揚，桃李芬芳」

此類型有關歌頌青天白日滿地紅旗的「學校校歌」，在本論文蒐集的 127 首學校校歌中，計有 6 首。

（八）標舉三民主義

國民政府播遷至台灣以後，認爲中國大陸的失守，是一般民眾與各級學校學生，未能以三民主義作爲主要的中心思想，及未能堅持反共抗俄的信念所致。因此在台灣重建政權後，即通令全省各級學校，必須將三民主義作爲主要的中心思想目標，以期集中革命目標，消滅共匪，復興民族。〔註 19〕蔣介石以孫文繼承人自居，因此，孫文所提倡的「三民主義」，成爲蔣氏政權標榜的政治符號。在中國大陸時代，即將「三民主義」載入《中華民國憲法》之中。來台之後，繼續揭櫫「三民主義」的大旂，中學課程中也列有必修的《三民主義》課程，且爲大專聯考必考科目。因此，在學校校歌當中，也必然出現「三民主義」、「總理遺教」與「國父遺教」的內容。〔註 20〕於校歌歌詞中提及「三民主義」者：

    國立台南師院（師專時期）「信仰主義建設我們的新國家」

    刊號，國立台北教育大學台灣文化研究所，135〜178，2009，頁 157。

〔註 19〕第三次中國教育年鑑，第三編《國民教育》，〈第二章：各省市國民教育概況〉，正中書局，1957，頁 153。

〔註 20〕李筱峰，〈兩蔣威權統治時期「愛國歌曲」內容析論〉，《文史台灣學報》，創刊號，國立台北教育大學台灣文化研究所，135〜178，2009，頁 154。

台中第一高級中學（戰後初期）「向三民坦道好成個擎天槃木」

台中第一高級中學「實現三民主義」

台北第一女子高級中學「力行三民主義　實踐國父遺教」

嘉義高級中學「三民主義須牢抱」

桃園大溪國小「行　三民主義的大業要意志堅」

台北石碇國小「三民主義，進大同」

台南石門國小「創造三民主義新國家」

配合民族精神教育，校歌所要教化的，無非是要學生懷有強烈中華民族情感、實踐國父遺教、遵從三民主義，然後復國與建國。國家等一連串符碼如此鮮明地在校歌中出現。〔註21〕「三民主義」為中華民國憲法總綱第一條法條。於國民黨統治時期在臺澎金馬內高級中學及大學中皆列有三民主義課程，極力推展反共教育，大學及中央研究院在當時都設有三民主義研究所，並以「三民主義」、「國父思想」等不同名稱，列為大學聯考與國家考試的必考科目。不僅在臺灣的地名、路名乃至各級學校校歌或多或少都能見到三民、民權、民生、民族等用語。除了中華民國憲法外，在各類教育規章、課程目標都有貫徹三民主義一類文字。將三民主義的內容置入校歌歌詞內容中：

國立台灣大學（戰後初期）「民權保障，憲政提其綱」

高雄高級中學「服膺民主　矢志大同　願我同學　為民前鋒　」

桃園中壢國小「創造科學利我民生　實現民主」

孫文被蔣氏政權尊稱為「國父」。蔣介石並以「國父」的繼承者自居。為了奠定蔣介石在民眾心目中的「國父繼承人」的地位，因此在教育上極力頌揚孫文，大專院校甚至列有《國父思想》的必修課程。〔註22〕校歌中多描述要學生互相勉勵，不要忘記了國父的遺言：

台北第一女子高級中學（戰後初期）「學問深造女權促進　實行國父遺教」

〔註21〕賴彥甫，〈校歌的文化與符號分析：規訓、抵抗與國家的治理技術〉，《2009～2010 國科會大專生專題研究成果報告》，計劃編號：98-2815-C-002-117-H，執行單位：國立台灣大學地理環境資源學系，頁 22。

〔註22〕李筱峰，〈兩蔣威權統治時期「愛國歌曲」內容析論〉，《文史台灣學報》，創刊號，國立台北教育大學台灣文化研究所，135～178，2009，頁 154。

台北第一女子高級中學「力行三民主義　實踐國父遺教」

宜蘭中山國小「奠定基礎開創前途　實現國父的遺教」

屏東里港國小「實現國父遺教　繼承先烈志向」

　　此類型三民主義或者將三民主義之內容之入校歌之中的學校校歌，在本論文蒐集的 127 首學校校歌中，總計有 14 首。

（九）宣揚中華民族主義、大中國的國家認同

　　教育的過程中，為了讓每一位學生的主體意識以及身體記憶，能在最短的時間以及最有效率的情況下，時時的與國家、政權意識型態相互連結，將個體的情感完全從屬於國家的政權意識型態。民族精神於 1952 年開始倡導，主要的工作是將三民主義與民族文化的精神訓練，大量地滲入教育體系當中，包括教材的改動、課程的增設、學校作息的規訓等等。[註23]於校歌中所指謂的「國」，指的是中華民國，而其國家範圍，是包括全中國大陸（含蒙古）在內。而且「中華民國」與「中華民族」通常互通並用，概念混一。國民黨政府以中國民族主義作為基調，以中國民族主義的地位成為主導的位置，操控台灣社會和學童、人民的思想，取代了台灣的名稱，這類型鼓吹中華民族主義、強調大中國認同，是此時期學校校歌特色之一。1987 年，受到教育部推行民族精神教育的影響，將支持中華民國政府正當性的概念轉化為「民族文化」，也就是「中華文化」的意義，校歌歌詞常見中華民族等字眼，[註24]例如：

國立台灣大學（戰後初期）「海水洸洸，挾民族之輝光」

國立台北教育大學「復興我民族責無旁貸在我同堂諸弟兄努力」

國立台南師院（師專時期）「台南是民族革命策源地」

國立台南師院「愛民族幼苗」

台中第一高級中學「發揮民族精神」

國立台北科技大學「國家康樂　民族肇興」

〔註23〕林果顯，《「中華文化復興運動推行委員會」之研究（1966～1975）》，國立政治大學歷史學系研究所碩士論文，台北：稻香，2005，頁74。

〔註24〕賴彥甫，〈校歌的文化與符號分析：規訓、抵抗與國家的治理技術〉，《2009～2010 國科會大專生專題研究成果報告》，計劃編號：98-2815-C-002-117-H，執行單位：國立台灣大學地理環境資源學系，頁22。

台北第一女子高級中學「爲國家盡至忠　爲民族盡大孝」

台北建國中學「我們重建燦爛的新中華」

台北成功高級中學「爲民族奠定了復興基礎」

台北台灣師範大學附屬中學「復興中華相期在明天」

台南第一女子高級中學「鞏固民族基礎」

基隆高級中學「民族干城　國家棟樑」

新竹女子高級中學（戰後初期）「興中華　興中華　振國威」

嘉義高級中學「爲民族努力　爲國家爭光」

彰化女子高級中學（戰後初期）「這樣是大中華的好國民，是大中華的生力軍」

彰化女子高級中學「一切爲民族　萃勵此心同」

高雄高級商業職業學校「大冶一堂中華英兒……爲民族雄　爲邦家光」

宜蘭光復國小「我們爲國家努力，我們爲民族增光」

台南永福國小「我們是民族的新血輪」

桃園大溪國小「民族幼苗茁壯……艱苦奮鬥國土重光民族文化發揚」

台中忠孝國小「中華民國的棟樑」

台中南屯國小「奮發勵志民族自強」

彰化村上國小「我們是民族的幼苗　我們是國家的棟樑」

台北樹林國小「中華文化首在認眞」

台北淡水國小「發揚吧，民族正氣」

台南新營國小「增中華之國力　作民族之干城」

台北雙溪國小「民族精神長此發揚　培育未來國家棟樑」

新竹新埔國小「將來是中華的好國民」

台中新社國小「效法先賢　復興中華」

嘉義水上國小「中華兒女當自強」

雲林南陽國小「中華兒女莊敬自強……文化復興　士義弘振」

　　台南石門國小「民族革命策源地」

　　「中華文化」也蘊含對台灣地方文化的壓抑，是一種能代表全中國、全民皆應學習的標準文化。〔註25〕台灣經由國民黨統治當局的塑造，成爲一個反攻大陸的基地，復興中華的堡壘，因此，對於台灣的情感，則是以一個「異鄉客」個腳色來進行訴說，〔註26〕而校歌中儘管較多描述勗勉學生的歌詞，與述及創建台灣，但最後的目的始終是爲反攻復興爲基礎，爲了回歸祖國作準備。這種以台灣作爲「復興基地」心態的歌詞內容，於學校校歌中可見復興、光復等字眼：

　　　　台北市立教育大學「炳復旦之光昌」

　　　　國立台北教育大學「復興我民族責無旁貸在我同堂諸弟兄努力」

　　　　台北成功高級中學「爲民族奠定了復興基礎」

　　　　台北台灣師範大學附屬中學「復興中華相期在明天」

　　　　宜蘭光復國小「光復、光復，才能輝煌……光復、光復，前途無量……光復、光復，萬壽無疆」

　　　　台南永福國小「向著復興建國的大道　努力　前進　努力　前進」

　　　　苗栗苑裡國小「光華復旦　譽滿蓬萊」

　　　　台中清水國小「五育均衡，文化復興」

　　　　雲林南陽國小「文化復興　士義弘振」

　　　　高雄旗山國小（戰後初期）「切磋學問鍛鍊體魄復國志氣剛」

對於這一類型歌詞而言，「台灣」都是以一個返回中國而暫居此處的視角看待，而台灣的身份也就只是一個暫時的基地，並非常久居留之定所。

　　學校音樂課在激發學生民族意識與愛國情操的目標上，也同樣佔有一席之地。1953年教育廳公佈「國民學校各科教材調整說明」中規定，音樂科「盡量選編有關發揚民族精神、反共抗俄意識等歌曲指導兒童歌詠，以陶冶其高尚德性，並激發愛國精神情緒的歌曲。」〔註27〕國民黨時期的根本政策進入

〔註25〕林果顯，《「中華文化復興運動推行委員會」之研究（1966～1975）》，國立政治大學歷史學系研究所碩士論文，台北：稻鄉，2005，頁97。

〔註26〕許瀛方，《台灣日治至戒嚴時期愛國歌曲之國家認同意識研究（1895～1987）》，國立台灣師範大學教育研究所碩士論文，2001，頁71。

〔註27〕台灣省政府秘書處編，《台灣省政府公報》，冬字第31期，南投縣：台灣省政

校園，以至於影響學校的教學、教材、課程，學校校歌乃是以中國爲其鄉土、疆域，而台灣則是扮演著復興基地的工具性角色，反共抗俄是爲身在台灣的中國人的任務，並且以淵遠流長的中華民族血統，用以來證明自身繼承中國之正統地位的合法性。〔註 28〕校歌歌詞使用中國、祖國、新中國等等用以表達民族意識和國家認同：

　　　　國立新竹教育大學「神州〔註 29〕在望　要同心同德」

　　　　台北第一女子高級中學「爲國家盡至忠　爲民族盡大孝」

　　　　台北中山女子高級中學「建設自由的中國和大同的世界」

　　　　台灣師範大學「重歸祖國樂融融」

　　　　台北建國中學（戰後初期）「看我們全是新中國的主人」

　　　　台北台灣師範大學附屬中學「我們是新中國的中堅……把附中精神照耀祖國的錦繡」

　　　　台南第一女子高級中學（戰後初期）「祖國勝利　惡魔運終」

　　　　高雄高級中學「建設祖國　我須效忠」

　　　　基隆女子高級中學「祖國文化　融會貫通早……興中國　責在吾曹」

　　　　新竹女子高級中學（戰後初期）「造福人群　建設祖國……興中華　興中華　振國威」

　　　　嘉義高級中學「建設新中國」

　　　　嘉義女子高級中學「再造我華夏〔註 30〕兮保我自由」

　　　　蘭陽女子高級中學「蘭陽　蘭陽　母校　地久　祖國　天長」

　　　　彰化女子高級中學（戰後初期）「相愛又相親，我們同是中國的主人。」

　　　　台中忠孝國小「中華民國的棟樑……新中國的創造」

　　　　宜蘭羅東國小「人才輩出爲民先鋒　效力祖國母校之光」

　　　　嘉義崇文國小「培育中國好國民」

府秘書處，1953。

〔註28〕 許瀛方，《台灣日治至戒嚴時期愛國歌曲之國家認同意識研究（1895～1987）》，國立台灣師範大學教育研究所碩士論文，2001，頁83。

〔註29〕 「中國」的古稱。

〔註30〕 「中國」的古稱。

嘉義新港國小「大家成為堂堂正正的中國人」

嘉義民雄國小「信仰主義建設我們的新國家」

從校歌分析中可知其內容在表達大中華主義、大中國認同者，以灌輸台灣人的中國認同的校歌。

台北大龍國小「自強不息興家邦」

台北三峽國小「專心學習　全力向上完成學業造福家鄉」

台北安坑國小「建設我們的家邦」

台南協進國小「光耀家邦聲譽揚」

台中石岡國小「造福桑梓光耀家邦」

苗栗苑裡國小「他年報國振家鄉」

高雄美濃國小「立大志　做大事　建設我家鄉」

此處所指的「家邦」是於國民黨時期對於中國認同而言的家鄉。

　　總計在本文所掌握的 127 首「學校校歌」當中，內容出現強調中華民族主義、大中國的國家認同，或復興民族的決心等等，共計42首，幾佔三成以上。如果再將其內容包括前兩類別者合計，則更近四成。易言之，在國民黨統治時期下的「學校校歌」之中，有三分之一以上的歌曲，其歌詞或強調政治意識型態、對宣揚中華民族主義、大中國的國家認同，或者是復興民族、光復中華的內容，或以上兼而有之。

（十）述及「世界大同」

　　在教育政策上，校歌常被用來作為「教化」的工具，從台灣有校歌之初也就是日治時期以來，都有這樣的現象。除了歌詞內容欲傳達的意識型態之外，傳唱與演唱場合也同時規訓著個人的思想與身體，久而久之便成為一個好管教的「柔順的肉體」。〔註31〕民國 18 年 4 月國民政府公佈，中華民國教育宗旨。其內容為：「中華民國之教育，根據三民主義，以充實人民生活，扶植社會生存，發展國民生計，延續民族生命為目的，務期民族獨立，民權普遍，民生發展，『以促進世界大同』。」〔註32〕可知三民主義的教育理想，在

〔註31〕http://geosheep.pixnet.net/blog/post/3599610，賴彥甫〈校歌的地理學分析——校歌作為教化意識型態的工具（日治時期篇）〉，文章發表日期 2010/01/03，（查詢日期 2010/01/09）。

〔註32〕http://www.slvs.tcc.edu.tw/depart/slvsedify/other/05-d.htm，〈中華民國教育宗

於建立民族獨立、民權普遍、民生發展的中華民國，更進而促進世界大同。
例如：

　　　台北中山女子高級中學「建設自由的中國和大同的世界」

　　　台灣師範大學「教育會其通　世界進大同」

　　　高雄高級中學「服膺民主　矢志大同」

　　　桃園中壢國小「創造科學歷我民生　實現民主　促進大同」

　　　台北石碇國小「三民主義，進大同，進大同」

　　　宜蘭羅東國小「培養知能促進大同」

　　　新竹國小「研習新知識　文化進大同」

　　　台中東勢國小「貢獻邦國　促進大同」

此類型的內容，述及世界大同、促進大同或者文化大同等皆是提及三民主義
的教育理想，雖然有些校歌歌詞中並未出現三民主義，但卻以這種方式灌輸
學生必須朝向三民主義的目標邁進，才能夠創造光明未來的想法。總計這類
型的校歌有 8 首。

　　此外有部分的學校校歌，也有純粹對台灣寶島的歌頌亦或單純勗勉同學
的歌詞類型。不過，這些歌頌台灣以及勗勉學生的內容，依然慣用國民黨執
政下的一套教育政策，亦即視台灣寶島為「復興基地」、「中興復國的根據地」
或「國家認同的意識型態」，而於上述類別已舉例說明之，不再贅述。

第三節　校歌內容分析總覽

　　本論文所蒐集的 115 所學校校歌歌詞，即本論文進行分析的基本文本。
經詳加分析，其內容所涉之意涵、意識型態、價值觀念或國家認同，概可分
別從以下數項來了解。各項內容並非互相排斥，而是多元並具的。亦即同一
首歌可能同時具有多項內容性質。

　　兩個時代政權的轉換，在校歌的重新編寫上也有相當的差異，而校歌未
註明創作年代的情形在學校中的比例也相當高，應更重視校歌的年代歷史，
將完整文獻史料作妥善的紀錄與保存。有關學校歌詞內容的現象，中等以上
教育的學校方面，在校歌歌詞的長度（字數量）、文體（白話文或文言文）、

旨〉，（查詢日期 2010/05/30）。

句型（整齊句或長短句）、疊句或段數，大部分都較初等教育學校的部份艱深且賦予更深層的意涵。這是在不同學校層級的類型上之差異，以及在學校屬性上，國民黨時期的校歌則異於日治時期，並未能明顯從校歌中感受學校的屬性差異。從下列校歌內容分析總覽列表中能夠發現，在校歌中賦予國民黨政權的意識形態，以及強調大中華民族、大中國國家認同之價值概念，於中等以上教育比重多出初等教育一倍之多。

　　上一節以學校校歌的歌詞內容為文本，析分出八項內容性質，並舉代表歌曲為例。然而舉例僅有取樣作用，不能全面知悉 115 所學校的校歌內容性質。因此以下試將 127 首國民黨時期校歌作一曲目表，並逐項檢視其所包含的內容，以●符號標出。逐項列表如下。至於常見於校歌的歌詞當中諸如「團結」、「努力」、「校譽榮」、「春風化雨」、「為正義」、「為真理」、「立大志」、「做大事」等語，因語意籠統，不劃歸成類。以下（●）之符號，表示為（師專時期）或（戰後初期）的校歌歸類內容。

內容 　　　　 學校	描述學校地理位置的景觀	表現學校當地物產與名勝	述及學校的歷史環境	對學生的期許與勗勉	具有「台灣」意象之符號	描寫中國與台灣的相對位置	歌頌青天白日滿地紅旗	標舉三民主義	宣揚中華民族主義、大中國的國家認同	述及「世界大同」
日治時期　　國民黨時期至今										
台北帝國大學　國立台灣大學（戰後初期）	●	●	●	●/●	●				/●	/●
台北第一師範學校　台北市立教育大學	●			●	●				●	
台北第二師範學校　國立台北教育大學（師專時期）〔註33〕	/●			●/●	●	●/			●	

〔註33〕即表示另有「師專時期」之校歌，以下類推。

新竹師範學校	國立新竹教育大學		●		●				
台南師範學校	國立台南師院（師專時期）〔註34〕	/●		●/●	●/●	●	●	/●	●/●
屏東師範學校	屏東教育大學	●			●				
台中第一中學校	台中第一高級中學（戰後初期）				●/●		●/●	●/●	●
台中第一高等女學校	台中第一女子高級中學				●		●		
台中第二中學校	台中第二高級中學				●				
台北工業學校	國立台北科技大學				●			●	
台北第一高等女學校	台北第一女子高級中學（戰後初期）				●/●	●		●/●	●
台北第二高等女學校	〔註35〕								
台北第三高等女學校	台北中山女子高級中學				●				●
台北高等學校	台北師範大學				●	●			●
台北第一中學校	台北建國中學（戰後初期）	●/●			●/●	●/●	●		●
台北第二中學校	台北成功高級中學			●					●
台北第三中學校	台灣師範大學附屬高級中學			●	●	●			●
台東中學校	台東高級中學	●			●		●		
台南第二中學校	台南第一高級中學		●	●	●				
台南第一高等女學校	台南第一女子高級中學（戰後初期）	●		/●	●/●				●
台南第二高等女學校	〔註36〕								
高學中學校	高雄高級中學		●		●			●	●
高雄第一高等女學校	高雄女子高級中學	●			●				
基隆中學校	基隆高級中學		●		●				●
基隆高等女學校	基隆女子高級中學				●				

〔註34〕2004 年 8 月 1 日起，改名爲「國立台南大學」。

〔註35〕爲現今台北立法院所在地。

〔註36〕戰後與台南第一高等女學校合併爲「台南第一高級女子中學」。

新竹中學校	新竹高級中學（戰後初期）	/●			●/●				
新竹高等女學校	新竹女子高級中學（戰後初期）		/●		●/●	●/			/●
嘉義中學校	嘉義高級中學				●	●		●	●
嘉義高等女學校	嘉義女子高級中學	●			●	●			
台南高等工業學校	國立成功大學			●	●		●		
蘭陽高等女學校	蘭陽女子高級中學	●			●				
彰化高等女學校	彰化女子高級中學（戰後初期）	●			●/●				●/●
宜蘭農林學校	國立宜蘭大學	●	●		●				
中壢實修農業學校	中壢國中	●			●				
新竹州桃園農業職業學校	國立桃園高集農工職業學校				●				
新竹州立新竹工業學校	國立新竹高級工業職業學校	●			●				
虎尾農業專修學校	雲林虎尾農業職業學校	●			●	●			
嘉義農林學校	國立嘉義大學（戰後初期）		/●		●/●	●			
台中商業學校	台中技術學院				●	●			
高雄商業學校	高雄高級商業職業學校	●			●				●
台北南門尋常小學校	台北南門國小				●				
宜蘭小學校	宜蘭光復國小				●		●		●
基隆雙葉小學校	基隆仁愛國小	●			●				
台中明治小學校	台中大同國小				●	●			
台南南門小學校	台南永福國小		●		●				●
台南花園尋常高等小學校	台南公園國小				●				
花蓮港公學校	花蓮明禮國小				●				
台北三峽公學校	台北三峽國小	●			●				●
台北士林公學校	台北士林國小	●			●				
台北大安公學校	台北大安國小	●			●				

台中大雅公學校	台中大雅國小				●					
桃園大溪宮前國民學校	桃園大溪國小	●		●	●			●	●	●
桃園中壢公學校	桃園中壢國小				●				●	●
台北日新公學校	台北日新國小（戰後初期）				●／●					
台北北投公學校	台北北投國小	●	●		●					
台北石碇公學校	台北石碇國小				●				●	●
台中公學校	台中忠孝國小	●			●	●		●	●	
台中南屯公學校	台中南屯國小	●			●	●			●	
台北太平公學校	台北太平國小	●	●		●					
台北蓬萊公學校	台北蓬萊國小				●	●				
台北永樂公學校	台北永樂國小				●					
台北景美國民學校	台北景美國小	●	●		●					
台北大龍峒公學校	台北大龍國小	●		●	●				●	
台南港公學校	台南協進國小				●				●	
台北內湖公學校	台北內湖國小	●	●		●					
台北木柵公學校	台北木柵國小	●			●					
台中石岡公學校	台中石岡國小	●			●				●	
台北汐止公學校	台北汐止國小									
台北老松國小	台北老松國小	●		●	●					
台中州村上國民學校	彰化村上國小	●			●	●			●	
新竹芎林公學校	新竹芎林國小	●			●					
台北樹林公學校	台北樹林國小	●		●	●	●			●	
台北松山公學校	台北松山國小				●					
台北山腳公學校	台北泰山國小				●					
苗栗苑裡公學校	苗栗苑裡國小	●			●				●	
台中草屯公學校	台中草屯國小	●			●					
台北淡水東國民學校	台北淡水國小	●			●				●	
台中清水公學校	台中清水國小	●			●			●	●	
彰化北斗東國民學校	彰化北斗國小				●					

台南新營東國民學校	台南新營國小		●		●			●	
台北雙溪東國民學校	台北雙溪國小	●			●			●	
台北安坑公學校	台北安坑國小	●			●			●	
台北大坪林公學校	台北大豐國小	●			●				
台北和尚洲公學校	台北蘆洲國小	●	●		●				
台北枋橋公學校	台北板橋國小				●				
宜蘭公學校	宜蘭中山國小				●		●		
宜蘭羅東公學校	宜蘭羅東國小	●	●		●				●
宜蘭利澤簡公學校	宜蘭利澤國小	●			●				
新竹第二公學校	新竹北門國小（戰後初期）				●／●				
新竹第一公學校	新竹國小		●		●				●
新竹北埔公學校	新竹北埔國小	●	●	●	●				
新竹新埔公學校	新竹新埔國小				●			●	
新竹竹東公學校	新竹竹東國小（戰後初期）	●			●／●				
新竹鹹菜硼公學校	新竹關西國小	●	●	●	●				
桃園公學校	桃園國小	●			●				
台中大甲公學校	台中大甲國小	●			●				
台中新社公學校	台中新社國小	●			●			●	
台中東勢公學校	台中東勢國小	●			●				●
台中豐原公學校	台中豐原國小				●				
彰化二林公學校	彰化二林國小	●			●				
嘉義公學校〔註37〕	嘉義崇文國小	●		●	●	●			
嘉義新港公學校	嘉義新港國小	●			●	●			
嘉義朴子公學校	嘉義朴子國小	●	●		●	●			

〔註37〕1941 年依據臺灣教育令第三度修正,將日本人就讀的「小學校」、臺灣人就讀的「公學校」一律改稱「國民學校」,故 1941 年 4 月 1 日改名為「玉川國民學校」。

嘉義民雄公學校	嘉義民雄國小	●		●	●	●					
嘉義水崛頭公學校〔註38〕	嘉義水上國小	●	●		●				●		●
嘉義大林南國民學校	嘉義大林國小				●						
雲林北港公學校	雲林南陽國小				●						●
台南第二公學校	台南立人國小					●					
台南安平公學校	台南石門國小	●	●		●					●	●
高雄蕃薯寮公學校〔註39〕	高雄旗山國小（戰後初期）	●/●	/●		●/						/●
高雄美濃公學校	高雄美濃國小				●					●	
高雄頂茄萣公學校	高雄茄萣國小				●						
屏東里港公學校	屏東里港國小	●	●		●				●		
澎湖馬宮公學校	澎湖馬公國小										
澎湖小池角公學校	澎湖池東國小	●			●						
總數量（首）		66	25	20	127	28	9	6	14	42	8

第四節　小　結

　　國民黨統治時代的意識型態，主要架構於國民黨政府撤退至台灣後，以正統中國的繼承者自居，並且企圖在台灣建立穩固的政權。就由意識型態的教化功能來穩定政權的正當性和合法性，其中國歌、國旗代表國家，而校歌、校旗代表學校，慶典比賽時優勝隊伍高舉校旗高唱校歌，既可壯聲勢，更感染群眾，因此校歌象徵的精神、地位與功能是無庸置疑的。〔註40〕以學校校歌的形式滲入其中，校歌中的歌詞內容，更成爲了今日回顧當年政治特質的歷史元素。校歌既然不能輕易的忽視，那麼校歌內容的實質問題就更值得深刻的探究，透過校歌歌詞內容分析，看見權力控制者利用校歌控制學生與校歌在校園中的實際情形，從內容來看，可以了解校歌真實的層面，更喚起深

〔註38〕1921 年（大正十年）四月二十四日，因台灣之地方制度改制，水掘頭庄改名爲水上庄，校名亦隨著改稱「水上公學校」。
〔註39〕1941 年配合「國民學校」令，改名爲「高雄旗山國民學校」。
〔註40〕廖英秋，《雲林縣各級學校校歌研究》，國立臺北師範學院音樂研究所碩士論文，2004，頁 235。

層的思考空間。

國民黨政權在台灣試圖以中華民族意識爲基礎的符號認同。〔註41〕在學校校歌上有許多學校深深的刻印著中華文化道統的表徵性，成爲一種代表民族國家、學校、團體間的象徵符號。從台灣音樂的發展史，我們看的出來，政府遷台後的種種文化措施，是將中國文化大量且強力的移植到台灣，這原本是台灣戰後文化發展另一個正面的兼融元素。可是不幸的是，國民黨政府卻將既存的中國文化優越心態與偏頗的文化措施帶進台灣社會中甚至校園內，將台灣的既有文化貶抑爲低劣邊陲與庸俗的地位。〔註42〕於周蝦瑞〈怎樣寫校歌〉一文中提及創作四首校歌的經驗，就校歌的原則就有說到「要能寫出學校所在地的實情實景、要能配合國家的教育目標、要能表達學生對學校的情感與懷念……要能和國家現在所實施的教育目標與政策相配合……」〔註43〕，就連創作校歌者也要都能符合當代歌詞的創作要領，才能堪稱是好校歌。灌輸新的政權意識型態，不只要求學生學會唱校歌更加強公民訓練，其實同樣如日治時期政府是要培養學童對學校的歸屬感、向心力，促使學童重視自己與學校之間的情分，但又加強了對政權轉換的灌輸。

1945 年之後，台灣進入國民黨統治時期，校歌中的主體藉以與日治時期有別，爲了消弭日治時期留下的文化，必須要強調台灣人民和中國一般，同是中華民族。至 1949 年，國民政府撤退來台，將台灣作爲未來「反共復國」的基地，而反共政策的背後則是不願面對實爲喪失國土的眞相，此時期的校歌敘述之就彷如中國仍是在台灣的「中華民國」政府的國土，而久久難以忘懷。可以從校歌說明此時的國家是焦慮的，歌詞因政策施行而出現民族精神教育、愛國或者國家等字詞不斷重複出現，以免台灣人民忘卻國家的重要性、忘記此時期統治的國家稱作「中華民國」。若對比世界上其他國家，這樣的情形是少見且稀奇的。

經本論文分析結果，得知於國民黨時期的學校校歌具有以下特色：一、描述學校地理位置的景觀；二、表現學校當地物產與名勝；三、述及學校的歷史環境；四、對學生的期許與勗勉；五、具有「台灣」意象之符號；六、

〔註41〕 李明芳，《台灣文化政策的政治經濟分析》，國立中山大學政治學研究所碩士論文，2002，頁 15。

〔註42〕 游素凰，〈台灣光復初期音樂發展探索〉，《復興劇藝學刊》18，95～106，1996，頁 102。

〔註43〕 周蝦瑞，〈怎樣寫校歌〉，《國民教育》24：4，4～6，1982，頁 6。

描寫中國與台灣相對位置；七、歌頌青天白日滿地紅旗；八、標舉三民主義；九、宣揚中華民族主義、大中國的國家認同；十、述及「世界大同」。

　　簡單歸納校歌的幾個特色。無論是日治時期的校歌，或者是國民黨時期的校歌，台灣的高中校歌都具有幾個共同的特色：相當鮮明的地方意象，包括歌詞中的地名與景物；強調民族應有的精神；學校與其理念的特殊性。〔註44〕相較前一章日治時期的校歌已標示了，作為日本殖民地的台灣相較於以往較不同的新啓蒙與進步，而國民黨時期的校歌則是對中國的念念不忘以及一種民族情結的焦慮。而校歌卻也誠實地展現了統治者的威望與欲望。

　　綜合上述，意識型態的文化霸權論述和學校校歌的內容，大致上包含：

　　具有共同的文化。例如：中國的語言、文字、文學、藝術等。

　　具有共同的祖先。例如：我們都是炎黃子孫。

　　具有共同的歷史觀點。例如：我們都是從何處來的，只是先後的不同。

　　我們擁有許多共同的民族英雄。例如：岳飛、鄭成功、國父、蔣公。

　　具有共同的歷史經驗和朝代。

　　必須信奉三民主義遵從中華民國憲法、崇拜國家領袖。

　　共同的政治目標：反共大陸和三民主義統一中國。〔註45〕

　　歌詞中提及國家和民族主義色彩的情形，以為會隨著時代風氣的演變，和思想與觀念變的多元，資訊迅速與科技發達的時代，國家主義思想或者是教條式的歌詞會較少出現，但從國民黨時期的學校校歌分析中不難發現，許多學校依然沿用戰後轉變的「新校歌」至今。2000 年後創作的校歌，內容強調鄉土教育、著重地方特色、主張愛鄉愛校及校園的美麗等，這是一個時代趨勢，歌詞不再強調國家主義或教條式而傾向於學生容易接受與喜愛的內容。因此從校歌創作年代的不同中，也看到歌詞內容的差異性。〔註46〕

〔註44〕賴彥甫，〈校歌的文化與符號分析：規訓、抵抗與國家的治理技術〉，《2009～2010 國科會大專生專題研究成果報告》，計劃編號：98-2815-C-002-117-H，執行單位：國立台灣大學地理環境資源學系，頁 20。

〔註45〕參見廖珮涵，《政治性歌曲民主化意涵的詮釋（1947～2000）》，國立台北教育大學台灣文學研究所碩士論文，2007，頁 30～32。

〔註46〕廖英秋，《雲林縣各級學校校歌研究》，國立臺北師範學院音樂研究所碩士論

　　透過學校校歌的傳唱和意識型態的操控與實踐，學校校歌使學童印象深刻，融合文化認同與國家認同意識，創造台灣人特定的國族認同，成為時下的文化主流，國民黨時期下的學校校歌作為國民黨政府統治台灣的基調。

文，2004，頁 227。

第四章 兩個時代學校校歌前後對照之觀察比較分析

本章將分節分析台灣日治時期與國民黨時期的學校校歌，在不同時代下校歌所扮演的角色，由校歌中的歌詞內容，進一步比較兩個時代下學校校歌的異同，而各個時代對於意識型態與國家認同的觀點為何。

第一節　綜合比較分析

日治時期與國民黨統治時期同樣表現於對學校校歌的重視與運用，在日治時期，校歌是儀式歌曲之一，公學校方面以「校歌」為學校活動時常用的歌曲。而在國民黨時期，應依規定於新生訓練和課外活動時，督促學生加強練習校歌，於開學、休業、畢業、校慶以及週會等典禮時齊唱校歌。殖民地的可悲，在於她沒有自主性的主體地位，她必須為她的殖民母國而存活，一切的價值，也以她的殖民母國為依歸。〔註1〕然而無論是日治時期的校歌，或者是國民黨政府時期的校歌，這其中都具有幾個共同的特色，即是皆有相當鮮明的地方意象特色，這當中包含歌詞中的地名、景觀、物產與名勝；以及學校的理念、目標與教育方針。

為了使所有學生的主體，在教育的過程中，能產生對國家政權統治的合理化與合法化承認，為了使意識型態的教化過程，能在教育的過程中使學生產生對政權的正當性承認，以作為意識型態國家機器的學校，就必須透過某

〔註1〕 李筱峰，〈序文〉，載於陳銘城等編，《台灣影兵故事》，台北：前衛，1997，頁8。

-95-

些儀式化活動的舉行，將學生的情感意識與身體經驗和國家或者是政權的意識型態相連結。〔註2〕而頌唱校歌則是明顯的例子，能夠看到這樣的意識型態建構的過程。

日治時期運用校歌培養殖民地學童能夠順從、安分，而主要是希望台灣人民能夠心悅誠服地以身為一個日本皇民為榮，更重要的是訓練學生在日常生活中培養一種秩序感和對於日本皇帝的忠孝心，〔註3〕並且在戰爭時能夠挺身而出，為日本作戰、犧牲為目的。

戰後的教育改革重點在消弭日治殖民教育的體制及皇民化的思想。以二次世界大戰後，國民政府政權與行政體制在台灣重建的主要依憑──「台灣接管計劃綱要」（1945年3月蔣介石核定頒發）為例，在通則部份，即揭露了當時國民政府政權，極力的想要剷除台灣在日治殖民時期，所遺留下來的意識型態、政策與勢力。其中包括了接管之後主要掃除敵國勢力、肅清反叛、實施憲政等。並且於日本佔領時代的法令，除壓榨、箝制台民，牴觸三民主義及民國法令者應予以廢除外，其餘暫行有效，並於事實之需要逐漸修訂之。〔註4〕在歌詞中也要套上「建設祖國」、「信仰主義建設國家」的語詞，以及勾勒出對於中國大陸的圖像和鄉土情懷，進而產生「去經驗」的國土認同觀，完全不符合音樂教育涵養情操和培養美感的目標。不過這種創作模式卻符合此階段音樂課程的目標：「……發展兒童進取、合作、團結的精神」〔註5〕，以及培養愛國情操。

校歌是重要的教育內容，尤其是威權統治者透過其教育與文化政策所試圖散播給國民的歌曲，必然與政權當局有著密切關係。〔註6〕校歌的教唱不僅傳授知識而已，更經由人物評價，灌輸國人「正確」的史觀和歷史意識，使國人產生對國家、民族以及文化高度的認同。運用學校校歌的教化功用，配合國家政策為目標而忽略了音樂教育的本質，缺少審美和創作的重要目標，

〔註2〕 李正偉《由意識形態、管制與規訓論台灣國民中、小學教育與校園空間》，國立台灣大學建築與城鄉研究所碩士論文，1995，頁107。

〔註3〕 呂紹理，《水螺響起──日治時期臺灣社會的生活作息》，台北：遠流，1998，頁80。

〔註4〕 詳參考：張瑞成編輯，〈「台灣接管計劃綱要」──光復台灣之籌劃與受降接收〉，《中國現代史史料叢編第四集》，台北：國民黨黨史會，1990。

〔註5〕 教育部，《國民學校課程標準》。

〔註6〕 李筱峰，〈兩蔣威權統治時期「愛國歌曲」內容析論〉，《文史台灣學報》，創刊號，國立台北教育大學台灣文化研究所，135～178，2009，頁138。

使音樂也淪爲政治的工具。

（一）學校地理位置的景觀

透過學校地方景色置入校歌中，先以校園周邊的山川、河流或校園風景的變化親近學生，這種地方性的呈現，能夠逐漸的認同校園的標語或者是校歌中所象徵的價值。不論是日治時期或者是國民黨統治時期，在學校校歌的地景呈現皆佔有相當多的比例，而且這類型的歌詞內容常常都具有當地學校的地方性。

在日治時期台北市區的周圍學校，在校歌歌詞中則會出現描述「劍潭山」的詞彙，或者是台北地區的「大屯山」附近的學校，像是台北北投公學校「大屯山の秀麗を」（秀麗壯觀大屯山〔註7〕）或台北日新公學校等等都是在描述學校地理位置的山嶼則是「大屯山」。而在新竹的學校就會述及新竹的「五指山」，如新竹芎林公學校「學びの窓の朝夕に　五指の山脈仰ぎみつ」（從學校的窗戶朝夕仰望五指之峰〔註8〕）、新竹北埔公學校「五峰の靈姿霞む時」（五指山的靈姿在雲霧中）〔註9〕和新竹竹東公學校「嵐を宿す五指山や」（五指山將暴風雨擋下）；或者是屏東里港公學校「遙かに霞む　大武の高嶺」（大武山在遙遠的雲霧中），以屏東大武山作爲校歌之素材。

以上的句型仍多不勝舉，有的學校也會將學校附近的地景作爲校歌的內容，例如台北樹林公學校「綠色濃き大崠山」（綠色濃蔭大崠山）；台中大甲公學校「大甲原に地をしめて……鐵砧山の　霧晴れて」（地處大甲原……鐵砧山上晴朗），將學校的附近的景色描繪的相當清楚；澎湖馬宮公學校「馬公城外紺碧の　海に臨みて我が園生」（馬公城外的海深綠，我們的校園就在海邊），從校歌中就能夠知道澎湖的馬宮公學校就位處於海邊；另外桃園公學校「文昌廟（ぶんしょうびよう）の　いっかくに　なのりを上げしとうえんこお」（在文昌廟旁建設桃園公學校），就更清楚的得知桃園公學校旁有一間文昌廟。這種地方性的呈現，能夠逐漸的認同校園的標語或者是校歌中所象徵的價值。

〔註7〕 溫國良譯。，引自陳聰明，《棟花盛開時的回憶：日治時期畢業紀念冊展。第二冊，學校建築篇／校歌校旗篇》，國史館台灣文獻館，2005，頁167。以下加註譯者皆引自此史料文獻中。

〔註8〕 洪敏麟譯。

〔註9〕 筆者自譯，以下未加註則同爲筆者自譯。

　　除了山嶼和地景的呈現，溪水以及河流也是校歌常見的內容之一，於日治時期的校歌中也能夠很常看見這類型的使用。當校歌中出現「宜蘭川」，即可以知道這首校歌的學校與宜蘭脫不了干係，蘭陽高等女學校「流れ豊けき宜蘭川」（川流不息，豐沛的宜蘭川）和宜蘭農林學校「宜蘭の川瀨永へに」（千載東流宜蘭川〔註 10〕），則高唱「宜蘭川」。而台北地區的學校就會利用附近的「淡水河」作為校歌內容，例如台北北投公學校「淡水河の溶溶と」（淡水河流山悠悠〔註11〕）、台北淡水東國民學校、台北第一師範學校等等，都齊唱淡水河的川流不息。還有其他接近基隆的「基隆川」、台中的「大肚溪」或者是嘉義的「八掌溪」，也都能夠看見此地此校以附近河川、溪水作為校歌所象徵的標語，藉由川流不息的河水來灌溉國家幼苗，以期望學生如同河流川流不息的積極、勤奮不息。

　　從陳如一〈大陸撤守前大專院校之校歌〉一文中，述及校歌歌詞雖字數不多，但每首校歌莫不涵義深長，言簡意賅，藉此可知每一所學校所處之環境，與所具之特色。〔註 12〕國民黨統治時期的學校校歌，在描寫學校地理位置和景觀的校歌數量也不少，唯較日治時期而言所不同的是，日治時期在台北地區的學校大多數及「大屯山」、「劍潭山」亦或是「淡水河」，台中地區也常看見校歌中提及「大甲溪」，而國民黨時期下所創作的校歌，多以學校附近的景色為主，較不常見以某地區指標性的地標或是某地區象徵性的河川等。例如台北建國中學（戰後初期）「草山高　淡水清　芝巖麗　碧潭明」；台北內湖國小「白露山　內湖陂　是我們的好屏壁」，就描寫內湖國小鄰近的「內湖陂」；或者是彰化村上國小「八卦山下　村上國小」，可知彰化村上國小就在八卦山下。同樣的和日治時期使用地區性的河川和溪水做為歌詞內容，運用此種類型的學校校歌不勝枚舉，例如嘉義女子高級中學「長橋鐵索兮八掌溪流」；還有在學校旁的河畔，台北老松國小「蓮花池畔　屹立校堂」，就更能夠看清學校的地理位置；再者加上山嶼共同描述，台中石岡國小「金星山下大甲溪旁　吾校秀麗氣象輝煌」，地標位置就更清楚可見；像是嘉義地區正好「北回歸線」通過，嘉義水上國小「八掌溪長流　回歸線好風光」、嘉義朴子國小「嘉南一角　北回歸線　綠野東西連」，就算未經提示，也能夠由校歌

〔註10〕洪敏麟譯。

〔註11〕溫國良譯。

〔註12〕陳如一，〈大陸撤守前大專院校之校歌〉，《東方雜誌》，13（9），72～78，1980，頁 72。

歌詞中判定學校位處於嘉義地區。

　　校歌文本當中的地景描述，描寫山嶼、河川和學校的相關位置，這是一種情感的依附。以學生熟悉的地理景觀作爲校歌內容，成爲一種最貼近學生的敘事手法，使學生在齊唱校歌的同時能夠引起生活共同經驗的共鳴。校園坐落在何方，歌詞大多能表現其環境景觀特色，在本論文蒐集的 115 所學校「校歌」當中，出現有這種類型「學校地理位置的景觀描述」用語的校歌，在日治時期至國民黨時期皆佔有五成以上的比例，超過半數。

（二）學校當地物產與名勝

　　雖然前述內容的校歌，在本論文所掌握的 115 所學校校歌當中，有超過半數的比例，但是還有一些學校校歌是加以闡述學校所在地的物產、特色等等，加深學生對學校的情感。

　　日治時期與國民黨統治時期的學校校歌皆有出現學校當地物產與名勝的內容，以北投公學校爲例校歌中「北投溫泉の名を負ひて」（北投溫泉享盛名〔註13〕），國民黨接收後的北投國小也相同的提到「大屯巍巍　溫泉滔滔」，就成爲北投地區的象徵性特色。提及校歌中將地方特產作爲校歌素材，在日治時期校歌中僅有 6 首校歌，而在國民黨時期有 12 首，足足與日治時期相較多出一倍。

　　有關敍述地方特產的校歌，日治時期大多著重於學校所在地較具盛名的產物，像是台南第二中學校「甘蔗野遙けくがへりみすれぱ」（遙望蔗園又返顧〔註14〕）和屏東里港公學校「甘蔗の葉ずれの……茄苳並木の」（甘蔗的葉子發出聲響……茄多並列）；或者是學校地豐富的自然資源，如新竹鹹菜硼公學校「富の林は果てもなし」（森林富裕蘊藏無窮）。這都是日治時期的校歌常容易被關注的對象之一。相較於國民黨時期，則易注意學校當地名聞遐邇的農產作物，其中台北景美國小「景美溪水波盪漾　文山茶飄香　仙跡巖山色秀麗　祖師廟流芳」、新竹北埔國小「稻穀熟　茗茶香」、新竹關西國小「茶柑稻果多名產　到處百花香」、嘉義朴子國小「玉山聳立　虞溪悠悠　蔗稻滿田疇」還有嘉義水上國小「甘蔗甜　花生香　稻禾青榮花黃　黃麻豐盛農村忙」等等都是這類型的內容。也有的校歌會將歷史的古蹟或是戰爭之文化發源地作爲地區的象徵性指標，而賦予此地此校位於「古都」之上，例如台南

〔註13〕溫國良譯。
〔註14〕洪敏麟譯。

石門國小「古都西去安平港　民族革命策源地」，讓學生深具榮耀。

　　在描寫學校景觀特色方面，日治時期的校歌大多描繪學校周邊的風景，例如台中清水公學校「野榕の葉風に清公の　旗翻へし一すちに」（野榕葉隨風飄揚，清公校旗邁進不已〔註15〕）、澎湖馬宮公學校「黑潮高く岸をかみ　北風強く凄ぶとも」（黑潮高過海岸，北風很強）；國民黨時期對於此部分的敘述則是著重於當地歷史背景下所遺留的建築，像是台南第一女子高級中學「赤崁登臨　安平懷古　台南文化開先路」、台南永福國小「文化古城　弦歌聲清　永福學子沐春風　赤崁樓影　孔廟鐸聲」、台北太平國小「依山傍水靈秀地、朗朗讀書聲，至聖先師孔子廟，萬世受尊崇」，還有以學校地知名的風景描寫，如國立新竹教育大學「美哉新竹　早因風疾號風城　應知勁草長青」、新竹女子高級中學（戰後初期）「竹風吹復吹　民情純樸　義風激越　菁英咸所歸」。國民黨時期的校歌也有純粹述及學校附近的風景特色，國立台灣大學的校歌中唱到「臺大的環境鬱鬱蔥蔥，臺大的氣象勃勃蓬蓬」，就直接單純的敘述學校的環境景觀；另外像是屏東里港國小也齊唱「物產豐隆　交通四暢　可愛的里港鄉」，則說明此地不但物產豐富，並且交通也非常順暢。對於學校附近景觀特色的描寫作爲校歌的素材之一，以拉近與學生生活的距離作爲有效的方法之一。

　　台灣雖是一個小島，身處副熱帶季風氣候和熱帶季風氣候交界，四季遞嬗變換成爲日治時期校歌的素材，像是台中豐原公學校歌詞中的「春觀音の山がすみ　秋黃金の波よする」（春天觀音山霧迷濛，秋天金黃色的風景），描寫了學校春天和秋天的景色；另外台中草屯公學校校歌「春高原に訪れて　炎峰麓に萌え出つる……；眞夏の光赫赫と　照る日の下に鍛へんは……；秋碧山に酣け行きて　血汐に染むる紅葉と……；嚴冬の風穩やかに　鳥溪の流れ水澄みて……」（春降高台，炎峰山麓萌芽……盛夏陽光燦爛，在烈日下鍛鍊……秋赴碧山宴，血染般楓葉紅……嚴冬風微微，鳥溪之流澄又澈〔註16〕），全首校歌以四季春夏秋冬爲主軸，不但貼近學生的生活經驗，更讓學生了解此校此地的四季變換。以此種實情實景的描寫，更能表達學生對於學校深厚的情感和懷念，然而於戰後的國民黨統治時期，卻未於蒐集的校歌中發現有如此細膩對學校四季景觀的觀察描寫。

〔註15〕洪敏麟譯。
〔註16〕洪敏麟譯。

這種表現學校當地物產和名勝的歌詞內容,在蒐集的 115 首日治的校歌中佔有 13%,而在 127 首蒐集的國民黨時期的校歌則有 19%的比例。

(三)學校的歷史環境

殖民地人民的自我歷史意識,如果說要殖民地人民將自我歷史的鄉土愛轉化為國家愛,就必須去除殖民地人民的自我歷史意識,代之以殖民母國的歷史。〔註 17〕在日治時期的學校校歌中,描述有關學校的歷史環境的歌詞在 115 首日治校歌中僅佔 15 首,或許可以思考是否迴避台灣歷史是在當時期下的共同意識與焦慮。

以創校的時間和歷史作為學校之校歌,並且訴諸於日本為建設學校之始,將學校的歷史文化頌揚,此類型的校歌有,台北汐止公學校、台北雙溪東國民學校「北白川の宮樣の いましの跡を拜しつ」(北白川宮親王聖蹟,詣拜緬懷之〔註 18〕),其實這類型的校歌是一種以台灣作為本軸的歷史意識描寫,如台北老松公學校「昔 艋舺の 名し高く 島の教に 輝きし その譽こそ ここにあれ いざ榮ある歷史 守りて共に 勉めはげまむ いざ友よ。」(昔日艋舺馳名遐邇,其文教夙輝煌,飲譽在此,吾儕須同守光榮歷史,互勉互勵〔註 19〕)、台南安平公學校「ゼーヲンオヤの城古し 本島文化の發祥地」(赤崁古城是本島文化之發祥地)以及虎尾農業專修學校「嘉南平聖に先人の 偉業の跡を偲びつ」(嘉南沃野念先人,追懷偉業蹟斑斑〔註 20〕),都是將學校此地經驗的再現,作為學校建立的悠久歷史和文化的展現。

換另外一種角度來說,以日本國為主體,則作為客體的殖民地台灣就必須從屬於作為主體的殖民地母國,因此台灣歷史是沒有存在的必要,〔註 21〕如果以此就不難解釋校歌內容中為何述及台灣歷史環境的相關歌詞較少數,而缺乏台灣歷史的意涵所在。而進一步討論其 15 所學校為何置入有關台灣(學校)歷史環境的歌詞內容,不單單是藉此宣揚學校創校的時間、歷史,像是

〔註 17〕周婉窈,〈實學教育、鄉土愛與國家認同〉,《海行兮的年代──日本殖民統治末期台灣史論集》,台北:允晨文化,2002,頁 270。

〔註 18〕溫國良譯。、洪敏麟譯。

〔註 19〕洪敏麟譯。

〔註 20〕洪敏麟譯。

〔註 21〕周婉窈,〈實學教育、鄉土愛與國家認同〉,《海行兮的年代──日本殖民統治末期台灣史論集》,台北:允晨文化,2002,頁 272。

台北石碇公學校「我が懷しき學び舍の　始めてこに開けしは　明治三十七年の四月二十一日ぞ」(我等懷念的學舍，創立開始之日期，年爲明治三十七，日爲二十一〔註22〕)，則是對於日本建設學校的歷史文化頌揚；在日本學者鈴木喜藏認爲：關於台灣歷史教育的處理，分爲領台前與領台後，學習領台前的無所屬暗黑時代與不統一的惡政時代，反而更能使台灣人感受到領台後幸福光輝的「御代〔註23〕」，而感謝悅服。所以說教授學童，在日本國領台以前的「暗黑」歷史，其實是爲了襯托日本國領台之後的「光輝」歷史。〔註24〕於校歌中也能夠稍稍窺探出身爲日本殖民本國的優越感，將皇太子駕臨之日或者是天皇榮耀的年度都作爲校歌的歌詞內容，台北太平公學校「嗚呼大正十二年　おが日の御子のいでましに　古き歷史はいや榮えて　譽はいよいよ輝けり」(嗚呼大正十二年，吾皇太子駕臨日，歷史流傳萬世榮，贏得美譽更輝煌〔註25〕) 和桃園公學校「明治三十一ちのとし　ひだけ幾世に　先かけて」(明治三十一年，幾世永遠)，都有這樣的表現。

　　相較於國民黨時期的校歌內容，較多陳述地方歷史，國立台南師院 (師專時期)「台南是民族革命策源地　赤崁樓中留下了多少光榮史」、台南石門國小「古都西去安平港　民族革命策源地」、台北樹林國小「十三公烈靈顯爲神　我鄉親愛的國校樹林　追懷民主業勵吾新民　先烈遺光名省之珍」等等，具有歷史背景的領域所產生的校歌，來向學校的學童教唱。另外提及中國從古至今的歷史人物，例如國立台灣大學 (戰後初期)「沈鄭遺烈，於今重喬皇」、國立台南師院「延平開府　志復舊那」、台南第一高級中學「思齊往哲　光文沈公　……　臺南一中　無負鄭成功」、國立成功大學「延平拓土興邦地　百年孕育　教化宏揚」、嘉義崇文國小「吳鳳道左桃李芬　校風泱泱歷史悠悠」，以民間熟悉的鄭成功、吳鳳和沈光文等中國歷史人物爲主題的歌頌，這種是以中國爲座標的歷史意識下的學校校歌。

　　這類提及學校的歷史環境的校歌，於日治時期共有15首，國民黨時期有20首；日治時期的115首校歌中佔所有校歌的13%，而國民黨時期的127首校歌中則佔有15%。

〔註22〕洪敏麟譯。
〔註23〕指日本統治時代。
〔註24〕周婉窈，〈實學教育、鄉土愛與國家認同〉，《海行兮的年代——日本殖民統治末期台灣史論集》，台北：允晨文化，2002，頁271。
〔註25〕溫國良譯。

（四）對學生品性、學業的期許

校歌中含有對學生的期許與勗勉的內容，是校歌最主要的部份，更是每一首校歌所必備的部份，強調學生的品行和學業的期許是所有教育之必然。日本同化政策時代的學校校歌中強調行為目標的修鍊、實踐，例如嘉義中學校「修文尚武　たゆみなく　前途の雄飛　期せんかな」（修文尚武不斷，期待前途似錦〔註26〕）和台南南門小學校、台中石岡公學校「心を　磨き　身を鍛え」（修鍊心性體魄〔註27〕）；或者是外在行為的技能加上個人的品行，有台北三峽公學校「智德を磨き體を錬り　身を立て國に報ぬべき」（琢吾智德練體魄，立身處世報國家〔註28〕）；另外也強調節操的養成，苗栗苑裡公學校「心を修め體を練り　勉め勵みてもろともに」（修身研鍊，學子朋輩〔註29〕）等。於國民黨統治時期也能夠清楚的看見這類的歌詞型態，強調發揮專長技能再加上優良的品行，像是國立台灣大學（戰後初期）「不倦不厭，教學相得彰；光被大眾，充塞乎八荒。學海洋洋，喜楫擊而帆揚。研究有得，企業連繫將；企業有利，研究益加強」、台北中山女子高級中學「養成科學的頭腦和仁愛的心腸」等等，都有這種歌詞內容的呈現；節操的重要性當然也是此時期校歌的重點之一，在基隆女子高級中學「崇樸實　戒矜驕　敦品勵學志氣高」、台南永福國小「重倫理　禮志節　身致力行　重科學　愛藝能　手腦並用」、台北太平國小「努力勤讀眾學生……敦品勵行重信義」等等，皆有許多學校的校歌強調品格、情操的養成。

日治時期將「校訓」所推崇的價值觀，置入校歌中，勗勉學生，其中台南第二公學校「忠孝一本一すちに　『國語、禮儀、健康』の　道に勵みて　日の本の　良き民たらむ日の御旗」（國語、禮儀、健康要努力，在日本國旗下要做好的皇民）則學校不但將所期望學生有的規範作為一種推崇的道德價值觀之外，還以此作為校歌內容，利用校歌把此價值觀念當成一種教育的啟發。

日治時期「教育勅語〔註30〕」發布之後，尤其以道德教育為最重要的教育目標，在「小學校教則大綱」中紀錄「修身基於教育勅語之旨趣，以啟發

〔註26〕許錫慶譯。
〔註27〕洪敏麟譯。
〔註28〕溫國良譯。
〔註29〕洪敏麟譯。
〔註30〕於明治二十三年（1890）十月三十日發佈。

培養兒童之良心、涵養其德性、教授人道實踐之方法爲要旨。」〔註31〕以台南師範學校「努めて息まざる　健児ぞ我等　努めよ努めよ　世にも尊きその使命　励めよ励めよ　世にも雄雄しきその理想」（努力不懈的健男兒，爲其尊嚴的使命，爲其崇高的理想〔註32〕）爲例，日治時期的學校校歌不特別強調順從與安分，反而較強調進取的精神。1945 國民黨政府來台後，在學校校歌的內容中旨在砥礪學生向學、上進心，如台北老松國小「我們求成大器要積磨練之功……學求優　行求良……身愈壯　志愈強」，這種校歌中以勗勉學生，是此時期校歌的重點。

　　兩個時代同樣地勗勉學生、期許學生敦品勵學，至於國民黨時代與日治時期則在「道德條目」上的差異。國民黨時代將「禮義廉恥」、「四維八德」帶入校園，進而訂定「禮義廉恥」爲全國各學校的共通校訓，自然也就常見於校歌之中，例如國立台北教育大學「訓練目標禮義廉恥知仁勇誠」、新竹竹東國小（戰後初期）「禮義廉恥　校訓是從」、台中豐原國小「我們力行智仁勇　禮義廉恥成校風」、嘉義新港國小「禮義廉恥　校訓毋忘」等等的學校都將「禮義廉恥」定爲學校校訓，加上配合當時的「新生活運動」，推動「四維八德」的重要，像嘉義朴子國小要求學生能夠將「四維八德　發揚光大」，至今「禮義廉恥」與「四維八德」則成爲校歌中的主要思想素材之一，無非是希望能夠將學生的思想作最深的改造；以及面臨外交的挫敗，學校的校歌也隨之修正，反映出一些勉勵學生的校歌歌詞出現，有高雄女子高級中學「進德修業　自立自強」、國立宜蘭大學「我們要其一心志，勵行莊敬自強」、台北大龍國小「自強不息興家邦」、嘉義水上國小「中華兒女當自強」等等的學校校歌，這類型的校歌元素即是面臨國際困境的挑戰，用來鼓舞民心士氣，勉勵學童也能夠「莊敬自強、處變不驚」，由此可見當時國際外交的挫敗，也爲此時期的校歌內容增添了新的激素。

　　在本論文所掌握的 115 所學校 127 首校歌中，內容強調對學生的期許與勗勉是所有學校的校歌重點。在日本同化政策時代下的學校，大多鼓勵學生積極進取、鍛鍊身心和堅忍不拔的精神；反觀國民黨時期的校歌內容，雖校歌同樣是提及對學生的期許與勗勉，但在動盪的局勢中，國民黨統治者希望能夠將中國情操發揮極致，引起全台灣人民的共鳴，希冀藉著校歌的傳唱，

〔註31〕臺灣教育會編，《臺灣教育沿革誌》，臺北：南天書局，1995，頁 263。
〔註32〕郭金水譯。

將學童的心團結在一起，是兩個時代「道德條目」上的差異。以「三民主義」作爲立國基礎的國民黨政權，呼喊三民主義中「四維八德」、「民主」和「自由」的口號，有如新竹女子高級中學「八德賴以宏　四維賴以張」、台北蘆洲國小「四維和八德　民主和自由」等，不勝枚舉；不但把「禮義廉恥」當成復興國家民族的重要基礎之外，也成爲校訓和校歌的主要思想內容。易言之，國民黨時期的學校校歌站在以鼓勵學生積極向學之外，又強調了學生必須順從與安份的精神，還有希望以此勗勉學生將來有朝一日能夠報效國家。

（五）「台灣」意象的符號

以具有指標性意義的符號作爲校歌的素材，指標性符號通常具有遠大理想和雄偉高聳的象徵，用以期許學生應有的抱負。台灣第一高峰「玉山」即有此象徵，不論在日本統治時期或者是國民黨時期的校歌，皆有運用「玉山」一詞來勉勵學生，例如在日治時期的台中第一高等女學校「高く雄雄しき　新高は」（雄偉矗立新高山〔註33〕）、嘉義新港公學校「聳ゆる新高範として」（高聳的新高山是我們的模範），日治時期稱呼「玉山」爲「新高山」，不但說明了玉山的高聳和雄偉之姿，更以玉山的「高」有如嘉義大林南國民學校校歌唱的「君の惠みを　新高の　高きに仰ぎ間の當り」（天皇的聖恩當做仰望新高山一般）。國民黨時期的校歌敘述玉山的歌詞，不外是歌頌玉山的雄偉之姿，例如台北台灣師範大學附屬中學「玉山給我們靈秀雄奇」，以及國立台灣大學「遠望那玉山突出雲表，正象徵我們目標的高崇」，藉由玉山的聳立，期許學生有如玉山般高遠的理想。這種類型的校歌內容，是以「玉山」作爲一種指標性的意義，來傳達歌詞中的意識型態。

另外在日治時期除了利用「玉山」當成象徵性的指標之外，「次高山（雪山）」是台灣第二高峰，有的鄰近雪山的學校，也會將雪山作爲一種象徵性的歌詞，像是宜蘭農林學校「天そ、る次高の　靈峰遙かに秀つるほとり」（次高靈峰聳天際〔註34〕）、新竹第二公學校「朝に仰く次高の」（朝夕仰望次高山嶺〔註35〕），雖說「次高山（雪山）」爲台灣的第二高峰，但在宜蘭小學校的校歌內容中則唱到，「山は次高　高き山」（山是次高山的高），這有一種「橫看成嶺側成峰，遠近高低各不同」的感受。以「玉山」和「雪山」象徵台灣

〔註33〕洪敏麟譯。
〔註34〕洪敏麟譯。
〔註35〕洪敏麟譯。

本島之外，還有另外一詞「高砂」（タカサゴ，Takasago），是日本古代對台灣的稱呼，在台北第二師範學校的校歌中「名も高砂の　南の島は」（南方的島叫做高砂），故也有部分學校以「高砂」來稱呼台灣。在日治時期蒐集的校歌中以「新高山（玉山）」象徵台灣的校歌共有 23 首，以「次高山（雪山）」作為校歌內容的有 8 首，還有以「高砂」一詞稱呼台灣的校歌則有 9 首。另外從蒐集的學校校歌中發現，有少數的學校對台灣有其他的稱呼，像是台東中學校「嗚呼蓬萊の　南（みんなみ）の」（南方之島稱作蓬萊），就直稱台灣為「蓬萊」，但運用「蓬萊」稱呼台灣者，於日治 115 首校歌中，僅發現 3 首。

　　在國民黨統治時期中，「台灣」一詞出現在戰後初期的階段，但為了時時提醒人民，故「台灣」一詞則常常與「重歸祖國」或「光復」的內容一同出現在歌詞中，例如台灣師範大學「台灣山川氣象雄　重歸祖國樂融融」、台南第一女子高級中學「祖國勝利　惡魔運終　台灣光復真光榮」、台北建國中學（戰後初期）「寶島光復　除舊佈新」，身在台灣，以台灣作為基礎，期待有朝一日能夠「打回大陸」，這種歌頌台灣的內容，則視台灣為「復興基地」。此外，也有對台灣寶島的歌頌，像是國立台北教育大學「建設新台灣教育第一化民成俗功最宏北師」、台北樹林國小「台灣建設首在認真」，這種純粹的歌頌在校歌中的比例微乎其微。

　　日治時期的校歌中，對於「台灣」意象符號的描寫佔有三成五以上的比例，可以想見日本政府在統治台灣時期，雖身為殖民國的角色，卻也關注到必須以台灣的文化做一結合，以獲得人民的認同。然而在國民黨時期的校歌中，這一類型的敘述僅佔兩成，雖然部分校歌言及「台灣」，但以返回中國的視角看待，台灣的身分與價值是尷尬的，也是一個暫時的基地，並非長遠久居之所，〔註 36〕故不難理解以當時的國民黨政府而言，深具有「中華民族主義」和「大中國意識」，若提及「台灣」就好像承認台灣為一個新而獨立的國家，這樣一來就與國民黨政府一心消滅共產政權的「復國」心願牴觸，顯然對於國民黨政府而言這一說詞是相互矛盾的。

（六）台灣的工具性角色

　　「台灣」這個主體被放置在殖民統治的校歌當中，被隱喻成邊緣者，而「日本／中國」則被刻化成真正的主體。藉由認同上的改造，使就學的學童

〔註 36〕許瀛方，《台灣日治至戒嚴時期愛國歌曲之國家認同意識研究（1895～1987）》，國立台灣師範大學教育研究所碩士論文，2001，頁 71。

透過學校校歌中的論述來形構殖民母國「日本／中國」。〔註37〕同樣以國土而言，台灣的學生對於日本，即是從屬日本的南方，台灣位居於日本相對的南方，則賦予了殖民母國要傳遞給南方島民的訊息意義，這類型的校歌例如台中第一中學校「『南を守れ』と……きほふや　われら　南の男の子……常世にゆるがぬ　南の柱……進むや　われら　南の男の子」（陽光般的御令，要我們屏衛南方，我們奮起吧，南方的男學子……永久不變的南方棟樑……我們前進吧，南方的男學子〔註 38〕）、台中商業學校「日の本の南の守り」（屏衛日本南方的島嶼）、嘉義中學校「勅かしこみて　大八州〔註39〕　南の鎮め守るべき」（日本的御令，要屏衛南方的重鎮〔註 40〕），即御令台灣島民／學生必須保衛屬於日本的南方，就是指「台灣」；雲林北港公學校「光榮あり我等は日本の　南の島根に生れ來て」（出生在光榮日本的南方島嶼），即清楚的說明台灣人民是出生於此，從屬於日本國的南方，這是無法改變的事實，但卻因為繁榮興盛的日本國而感到光榮；另外像是高雄第一高等女學校「栄行くや　大日本　南の　はたての島に」（繁榮興盛的日本，在它的南端有座小島）、嘉義高等女學校「皇（すめら）御国の　南（みんなみ）の」（天皇御統吾南溟〔註41〕），於從殖民政府對台灣人認同改造的歷程上，將在地「台灣」邊緣化，在在敘述了當時其日本與台灣之間的關係，進而強調外來殖民者主體的建構，潛移默化的對學生造成影響。

　　在國民黨威權統治時代的學校校歌當中，對於中國大陸舊山河的眷戀有相當的份量，已如前項所述，有對台灣寶島的歌頌，但那些對台灣歌頌的校歌內容，以此角度看來多是另有目的，即視台灣為大中國的一部分，更是「中興復國的根據地」，是一種對中國念念不忘的民族情節，校歌中齊唱這一項的有國立台北教育大學「美麗的島東南勝地海疆名域」、國立成功大學「遍東南神明遺冑，重洋負笈，來集斯堂」，利用方位關係來述說中國和台灣的相對位置於國民黨時期的校歌僅有三首，國民黨時期的校歌以中國為本位與台灣的相對位置，突顯中國為祖國，同樣賦予台灣人民和學童一種殖民者和被殖民

〔註37〕 鄭昱蘋，〈唱國歌的少年──析論台灣公學校國語教科書〈君が代少年〉中的殖民話語〉，台灣文學與歷史、社會的對話──第六屆台灣文學研究生學術論文研討會，2009，頁 2。

〔註38〕 洪敏麟譯。

〔註39〕 為「日本」的古稱。

〔註40〕 許錫慶譯。

〔註41〕 洪敏麟譯。

者的從屬關係，故以此項對台灣的歌頌屬於「工具性」角色。

日治時期，台灣人的國家意識上被灌輸的認同，是沒有文化相連的日本帝國，而台灣所扮演的角色，則是日本南進的重要基地。〔註42〕以新竹州立桃園農業職業學校「矢志勇往邁向南進之大道〔註43〕」、虎尾農業專修學校「嘉南平聖に先人の　偉業の跡を偲びつ　興亞意気に燃えよろや」（嘉南沃野念先人，追懷偉業蹟斑斑，興亞意氣盎盎然〔註44〕）等日治時期的校歌中共有四首，是在同化政策的原則方針下，期許台灣成為日本帝國主義殖民國下「南進」侵略或者是「興亞」的跳板，積極的在台灣從事經濟建設和思想教化，以台灣當成進攻的基地。

在國民黨政府統治時期的校歌，以中國為疆域，台灣則扮演著復興基地的工具性角色，復興中華民族，宣揚大中國的國家認同是身為在台灣的中國人之任務，而對於自身土地的認知，僅將台灣視為收復中國大陸的一個基地罷了，〔註45〕這是一種以整個中國作為思考模式，在校歌中就可以發現是以一種站在中國的角度看待台灣，例如台北台灣師範大學附屬中學「東海使我們闊大開展」、宜蘭光復國小「西堤那樣的綿遠，東海那樣地汪洋，光復、光復，才能輝煌」，即能顯露出以台灣作為「復興基地」的心態，國民黨政府遷台之後，眼光是面向中國大陸的，由於政府和國軍已經在台灣，必須讓人民理解台灣是作為反攻的跳板，因此國民政府看待台灣，是以一個外來統治者的角度切入，將台灣視為「異鄉他地」，〔註46〕，這是一種本地異鄉化的手法，從學校校歌內容比較分析中「描寫中國與台灣的相對位置」的類別就能夠看出。

從校歌內容的分析可得知校歌是具有教育意義，不但能夠表達學校的特色之外，更是統治者規訓學生以及展現意識型態的工具之一。日本戰時體制之下，希望透過校歌能夠更讓台灣的學童接受自己所應保衛的國土是屬於日本領地，而效忠的對象無庸置疑的是日本天皇，台灣更視為日本殖民母國的

〔註42〕許瀛方，《台灣日治至戒嚴時期愛國歌曲之國家認同意識研究（1895～1987）》，國立台灣師範大學教育研究所碩士論文，2001，頁112。

〔註43〕呂理福譯。

〔註44〕洪敏麟譯。

〔註45〕許瀛方，《台灣日治至戒嚴時期愛國歌曲之國家認同意識研究（1895～1987）》，國立台灣師範大學教育研究所碩士論文，2001，頁112。

〔註46〕許瀛方，《台灣日治至戒嚴時期愛國歌曲之國家認同意識研究（1895～1987）》，國立台灣師範大學教育研究所碩士論文，2001，頁73。

重要南進基地，透過校歌的傳唱，使台灣學童認知這是使命以及天職。這項對於台灣工具性的使用，在日治時期蒐集分析的校歌中佔有一成六的比例；至於國民黨時期的校歌，並非認同台灣這塊土地，強調台灣人民同為中國大陸一般是中華民族，僅視為收復中國的一個樞紐，與日治時期相同的將台灣作為一個工具性的角色，雖然使當地的台灣人民對於有關描寫台灣位置景觀的歌詞內容產生認同，卻又勾勒出對於中國的圖像和鄉土情懷，顯示「台灣」一詞在此時期是矛盾的，從校歌也能發現此時期國家的焦慮，關於校歌敘述台灣工具性的角色，國民黨時期的校歌比例不到一成，可想在政治無力回天的情況之下，對於中國的情懷，只能由積極的反攻復國，進而轉變為對祖國綿遠的思念了。

（七）政治意識型態之灌輸

　　近代式的國家認同，教育常是主要的培養管道。〔註47〕日治時期，站在統治者的立場，希望學生能夠透過校歌，接受自己所應保衛的宗主國土地是日本國的論述，其中台中南屯公學校「大勅語胸にしめ　御國の民と生ひ立たん」（聖君勅語藏心懷，立誓永世為皇國民〔註48〕）、台北蓬萊公學校「國の御榮　祈りつ　うさに抱けろともに　和魂……大御教を　かしこみて」（祈禱國運昌隆，心中擁抱大和魂……恪遵吾皇大訓諭〔註49〕）、台北松山公學校「みよのめぐみに　へだてなく　しげりさかゆる　せうこくみん　そのみめぐみを　あふぎつ」（吾皇恩無邊，茁壯成長幼國民，沾浴皇恩，更加合力奮勇〔註50〕），歌詞的內容所要效忠的對象是日本天皇，當然台灣是日本國土的一部分是不在話下，校歌中能夠發現，為了鞏固日本天皇的威望，除了傳播媒體還有教育政策系則要塑造天皇的英雄形象，渲染日本天皇的盛世魅力，甚至予以神格化；除了受到天皇聖恩的感召之外，必須更進一步的融入日本的生活方式，將日本天皇神格化，其中一項就是必須對神社有崇高的敬意並且使之朝拜，校歌當中也可以看見，像是台北士林公學校「島の鎮めの　宮所　尊き御影を　仰ぎつ」（鎮台神宮所在地，恭瞻聖影〔註51〕）、

〔註47〕周婉窈，〈實學教育、鄉土愛與國家認同〉，《海行兮的年代——日本殖民統治末期台灣史論集》，台北：允晨文化，2002，頁277。
〔註48〕洪敏麟譯。
〔註49〕洪敏麟譯。
〔註50〕洪敏麟譯。
〔註51〕洪敏麟譯。

台北日新公學校「劍潭山の御社を　朝の庭に伏拜み……我が大君のみさと
しぞ」（劍潭山上御神社，朝晨庭園行伏拜……荷蒙吾皇之訓諭〔註 52〕），從
常被用來傳唱的校歌來達到同化的目的，透過校歌與神社的結合，希望教育
台灣人效忠日本和打從精神上的認同日本帝國；上一節提到台灣爲重要的南
進基地，因此學生必須捍衛台灣，就會齊唱如嘉義中學校「勅かしこみて　大
八州　南の鎭め　守るべき」（日本的御令，要屏衛南方的重鎮〔註 53〕）和嘉
義高等女學校「皇（すめら）御国の　南（みんなみ）の　栄えある使命　果
さんために」（天皇統御南溟，光榮使命誓必達〔註 54〕）這種類型的校歌內容，
而校歌中傳達能夠使日本帝國成就其「大東亞共榮圈」，這樣的理念是台灣人
民的使命和天職。這項要求學生必須效忠天皇、具有大日本精神和懷抱大和
魂等等的日本意識，是一種殖民政府的政治意識型態的灌輸，以天皇制國家
意識型態爲中心的校歌在日治時期具有五成的比例之多，可見此類型的校歌
內容，於此時期爲日本統治台灣的重點之一。

　　在歷史動盪的變遷中，對於生於斯、長於斯的年輕人而言，對於不斷易
主的台灣而言，隔海相望的大陸祖國圖騰文化意象是模糊的，在國民黨統治
的教導下必須要認同祖國文化，政治上同樣也是經由統治者的教育必須唾棄
文化中國所代表的政體。〔註 55〕以中華民國 1912 年時建國的國旗圖騰成爲凝
聚台灣人認同和支持的象徵，並利用校歌歌頌以加深印象，以台中清水國小
「國旗飄揚，桃李芬芳」爲例；其中還有以黨旗代表國旗，互相取代的印象，
像是台中第一高級中學（戰後初期）「爾許看青天白日旗矗」，學校的校歌竟
歌頌黨旗，即是明顯的黨國一體的實例。台灣的國家型態，自 1949 年底以後，
出現世界罕見的型態，即是他的國旗、國歌、憲法，都是由外面一個已經結
束的國家帶進來的，這樣的國家型態，正如學者 Ronald　Weitzer 所謂的「遷
佔者政權」（Settler State），〔註 56〕即是當時期的國民黨已經離開母土，失去原
鄉，在國家認同上，卻仍以其母土作爲認同的指標，國民黨在台灣因而成爲

〔註 52〕溫國良譯。

〔註 53〕許錫慶譯。

〔註 54〕洪敏麟譯。

〔註 55〕許瀛方，《台灣日治至戒嚴時期愛國歌曲之國家認同意識研究（1895～
　　　　1987）》，國立台灣師範大學教育研究所碩士論文，2001，頁 81。

〔註 56〕詳見李筱峰，〈蔣政權流亡入台〉，《台灣史一百件大事》（上）、（下），台北：
　　　　玉山社，1999，頁 27～30。

少數者,但卻意外的成爲高高在上的統治者。

在國民黨時期對於政權意識型態和國民精神的改寫上,是與日本將國家主義作爲對台灣教育政策與目標的首要重點,有很大的相似性。而不同的地方只在於希望將台灣學生對「日本殖民政府」的認同與歸屬感,由日本語、日本歷史、日本地理版圖及對天皇的國家亦是認同,轉化爲對中國的一切及對「國民黨政府」政權的認同而已。〔註57〕爲了取得台灣人民的認同,企圖使學生能夠具有強烈中華民族情感,藉以實踐國父遺教、遵從三民主義,以三民主義作爲中心思想,而三民主義也成爲蔣氏政權最鮮明的政治符碼,在校歌當中必然出現「三民主義」、「國父遺教」的內容,試舉桃園大溪國小「行三民主義的大業要意志堅」、台南石門國小「創造三民主義新國家」以三民主義爲主旨,台北第一女子高級中學(戰後初期)「學問深造女權促進 實行國父遺教」,典型表現三民主義以及國父遺教的歌詞內容。此外,有些校歌內容中雖沒有出現三民主義,但在歌詞中提及世界大同、促進大同或者文化大同等,相關的內容有台灣師範大學「教育會其通 世界進大同」、高雄高級中學「服膺民主 矢志大同」、新竹國小「研習新知識 文化進大同」等,這些內容皆是提及三民主義的教育理想,同樣以校歌齊唱的方式灌輸學生必須朝向三民主義的目標邁進,才能夠創造光明未來的想法。以三民主義作爲教育理想的中心,建立民族獨立、民權普遍、民生發展的中華民國,逐漸達至其理論的最高境界——天下大同。

並且校歌內容中以淵遠流長的中華民族血統,藉此證明自身繼承中國的正統地位和合法性。在當時的定位與角色是以建設祖國爲前提與目的,因此在學校校歌中,對中華民族的稱頌、中華文化的讚揚,也就屢見不鮮,形成一種由中華民族觀而成的國家觀,透過這樣的方式,把台灣與中國強力的聯結在一起。〔註58〕而且「中華民國」與「中華民族」常常互相通用,概念混一,從台中忠孝國小「中華民國的棟樑」、高雄高級商業職業學校「大冶一堂中華英兒……爲民族雄 爲邦家光」能見概念含混的現象;「革命」是蔣氏政權經常標榜的符號,並且賦予神聖的色彩,〔註59〕台南石門國小「民族革命

〔註57〕 李正偉《由意識形態、管制與規訓論台灣國民中、小學教育與校園空間》,國立台灣大學建築與城鄉研究所碩士論文,1995,頁23。

〔註58〕 許瀞方,《台灣日治至戒嚴時期愛國歌曲之國家認同意識研究(1895~1987)》,國立台灣師範大學教育研究所碩士論文,2001,頁75。

〔註59〕 李筱峰,〈兩蔣威權統治時期「愛國歌曲」內容析論〉,《文史台灣學報》,創

策源地」和國立台南師院（師專時期）「台南是民族革命策源地」齊唱「革命」一詞，用來宣示政權和政策的正當性與權威性，此時期所要完成的政權目標，即是「光復祖國」、「復興建國」、「完成三民主義」等等；以反攻復興爲基礎，將台灣作爲一個「復興基地」的所在，例如台北成功高級中學「爲民族奠定了復興基礎」、台南永福國小「向著復興建國的大道　努力　前進　努力　前進」，台灣被勾勒成爲反攻復國的基地，復興中華的堡壘。

　　彰化女子高級中學（戰後初期）的校歌強調「相愛又相親，我們同是中國的主人。」，同樣的校歌內容有嘉義新港國小「大家成爲堂堂正正的中國人」、台北台灣師範大學附屬中學「我們是新中國的中堅……把附中精神照耀祖國的錦繡」等等，皆透過校歌灌輸台灣人民身爲中國人的認同概念；而其校歌內容在表達大中華主義、大中國認同者，以上兼而有之，另外透過敘述台灣爲「暫居之所」，並非久留之地，故對於國民黨而言所謂的「家鄉」則是對岸的「祖國」，台北安坑國小的校歌也強調要「建設我們的家邦」，還有苗栗苑裡國小要學童「他年報國振家鄉」。這種灌輸台灣人中國認同的校歌內容，國民黨時代中佔有近五成的比例，在學校校歌中則是扮演著舉足輕重的角色，從學校校歌內容比較分析中的「宣揚中華民族主義、大中國的國家認同」類別即能體會，藉由校歌歌詞的陳述，來強調自己爲「正統中國人的地位」。

　　古今中外所有個人威權政治，無不配合「個人英雄崇拜」的統制巫術來進行，塑造其統治者的英雄形象，更渲染其領袖的魅力。〔註60〕日本爲君主立憲國，而天皇則爲「日本國及人民團結的象徵」，所以日治時期的校歌內容可見必須要效忠的對象是日本天皇，校歌中能夠發現，爲了鞏固日本天皇的威望，透過傳播媒體還有教育政策系統塑造天皇的英雄形象，渲染日本天皇的盛世魅力，更甚予以神格化。然而國民黨時代將日本殖民時期的認同與歸屬感，加上日治時期對天皇的崇拜與認同，進而轉化成爲對「國民黨政府」本身政權的認同，和大中國的國家認同。在 127 首學校校歌中，對天皇或者是領袖的效忠，這樣的校歌內容，是國民黨時代所無，有可能是兩個統治政府的國家體制本不盡相同，雖國民黨時代並未歌頌對蔣介石的個人崇拜或頌揚領袖魅力，但此時期的校歌則是採用對遙遠的想像國族認同。

　　　　刊號，國立台北教育大學台灣文化研究所，135～178，2009，頁 157。

〔註60〕李筱峰，〈兩蔣威權統治時期「愛國歌曲」內容析論〉，《文史台灣學報》，創　　　　刊號，國立台北教育大學台灣文化研究所，135～178，2009，頁 144～147。

　　若要說政治意識型態所驅使的校歌，可是不勝枚舉，以目前台南大成國中前身為台南市立中學為例，於 1946 年創校，從校歌可見一斑：「我們是三民主義的信徒，我們是中華民族的先鋒，我們是革命的戰士，我們是無名的英雄……為人民服務，為主義盡忠……建立新的中國，實現世界大同……高舉我們的旗幟，青天白日滿地紅。」此校之校歌充分的說明國民黨統治下深刻的痕跡，校歌一開頭即歌頌三民主義，而全首校歌標榜革命，希望完成其政權的目的，並以凝聚台灣人民的認同與支持的重要標記「青天白日滿地紅旗」作為歌詞結尾。然而這首校歌並未隨著民主的進步和教育的改制下而有重新編制，反而使這首保留濃厚的戒嚴色彩、八股味十足，以及宣示其國民黨政權與政權的正當性與神聖性的校歌傳唱至今。以台南市為例，不但大成國中有「革命的戰士」、「遵照偉大領袖的指示」，而民德國中「高舉三民主義的旗幟，迎向偉大的新時代」、文賢國中「共創華夏新紀元」、後甲國中「復興中華健成功」、建興國中「中興大業，忠勇愛國」等，這些校歌皆反應了舊時代政權下的政策，而至今並未改善，並未思考舊時代的校歌沿用至今的不合時宜。

　　簡而言之，歷史意識緊密關係到國家認同。在日治時期，因為日本教育不以台灣為主體，台灣在歷史意識中自然就被邊緣化處理，所以台灣人民對於「台灣」一詞，不但不會構成國家認同的障礙，反而其中更有助於強化國家認同。而在日本戰敗後，國民黨接管初期的政策上希望泯除日本時期的皇民化思想，且在校歌內容中說明此校此地為「民族革命的發源地」或「劫後勝土」等，無不是以對台灣的歷史認知上再進一步的擴大為對殖民者這個國家的認同，而從兩個時代政權的性質來看，本質上是毫無二致的。

（八）語言政策

　　基本上大多數人認為語言和認同間存在著不可切割的關係，用 John J.Gumperz 和 Jenny Cook-Gumperz 的話來概括：「社會認同和族群認同很大部分是透過語言來建立和維持的。」〔註61〕在界定植民地子民為真正的日本人有諸多有形和無形的條件當中，國語（日本語）能力無疑是項明確而重要的指標。〔註62〕日本領有台灣後，將近代教育制度引入島內。在統治之初，總

〔註61〕John J. Gumperz and Jenny Cook-Gumperz," Introduction:Language and the Communication of Social Identity," in Jhon J.Gumperz , ed., Language and Social Identity, p.7.
〔註62〕周婉窈，〈臺灣人第一次的「國語」經驗〉，《海行兮的年代——日本殖民統治

督府首任學務部長伊澤修二表明台灣將展開以「同文同種」爲目標的教育措施。〔註63〕國語（日本語）能力的訓練是爲了讓日本在台灣這塊殖民地上擁有相當程度日語教育水準的台灣囝仔，才能培養一群高生產效率的殖民地勞動者。〔註64〕而在1945年國民政府遷台之後，爲了消滅日人在台灣所殘留皇民化教育的影響，在校歌的內容選材上規定，應強調發揚民族精神、愛國情操，以及使用國定的語言。

殖民政權的語言教育政策主要是要讓殖民地的人民不記得他們自己的語言、文化、甚至他們的民族、國家。讓他們感覺他們的語言是低級的，他們的文化不如殖民者。〔註65〕日治時期，日本當局利用校歌對於學生的影響力，藉由熟練的傳唱，以增進學生對於學校的凝聚力和向心力。將台灣人同化成日本人乃是最重要的統治目標，教育只不過是達成目標的手段而已，所以從台灣施行教育一開始，伊澤修二即考慮以推行日語教育爲教育政策的最高原則。〔註66〕於蒐集的日治時期學校校歌中，多數則只有歌詞而沒有歌譜，這種現象也反映出日治時期將唱歌作爲輔助國語學習的教育成果，而當時的學生看到歌詞即可唱出校歌〔註67〕。

戰後國民政府來台時，致力於消除日人在台灣留存的日本思想，反觀在日本治台初期的殖民教育中，對於其中的一些特定作爲，像是「漢文留存」，這是日本統治者爲了博取殖民地人民好感與方便管理，所使用的共同語言，之後的廢止，則是因爲必須貫徹統治意志和供奉天皇價值信念，以避免產生反抗思想，所以實施語言的同化政策。而國民黨政府來台後隨即推定使用國定的語言（北京官方用語），爲了消滅日人在台灣所殘留皇民化教育的影響，並未給予人民緩衝的空間。

同樣叫做「國語政策」，這兩個外來政權都拿自己少數人的語言來強制佔

末期台灣史論集》，台北：允晨文化，2002，頁85。

〔註63〕引自李鎧揚，《日治時期臺灣的教育財政——以初等教育費爲探討中心》，國立政治大學台灣史研究所碩士論文，2010，頁1。出自伊澤修二，〈國家教育社第六回定會演說〉，收入信濃教育會（編），《伊沢修二選集》，信濃：信濃教育會，1958，頁593～596。

〔註64〕李園會，《台灣師範教育史》，台北：南天，2001，頁4。

〔註65〕http://www.wufi.org.tw/republic/rep1-10/no01_10.htm，李勤岸，〈語言政策與台灣獨立〉，（查詢日期：2010/12/01）。

〔註66〕李園會，《台灣師範教育史》，台北：南天，2001，頁2。

〔註67〕賴美鈴，〈日治時期臺灣公學校唱歌教育——「式日」歌曲與校歌初探〉，《台灣教育史研究會通訊》48，2～15，2007，頁14。

絕對多數的台灣人講他們的話。語言教育模式皆很類似，禁台語以前都借台語做為過渡的語言，並非實行雙語教育，目的是要消滅台語，未消滅台語以前也要造成語言的優劣（High prestige or Low prestige）之分，讓講台灣話的人有文化自卑感，以方便殖民統治。〔註68〕不論是中國人和日本人的語言政策都是殖民政策，目的就是消滅台灣話，讓台灣人忘記自己的語言、文化，企圖讓台灣人不記得自己是台灣人，反倒認為自己是日本人或是中國人。語言是同化的一種手段，唯有透過徹底的語言同化方可漸進的灌輸其對意識型態的認同，語言則是型塑國民對於國家認同感最有效且直接的方法，對殖民者來講，國語政策的推行都算很成功。

第二節　個案比較分析

經由上節詳加研析後，其內容所涉之意涵、意識型態、價值觀念或國家認同，概可分別從上列數項來了解，並且校歌的各項內容並非互相排斥，而是多元並具的，亦即同一首校歌可能同時具有多項內容性質。在此章節，取其中幾所學校校歌代表，作為其個案詳加分析比較，期待更能透析兩個時代下校歌歌詞的本質意涵。

眾所周知，日本領有臺灣後，在臺灣建立起近代教育體系，配合帝國的統治政策，培育帝國所需要的殖民地人民。以台北帝國大學為代表，是由於為日治時期台灣唯一一所大學，作為學子最高的教育學府，故以此校分析比較是最具有代表性。另外1900年4月總督府當局公告設台北、台中、台南三所師範學校，並通知各縣務必加緊籌備，得以開始上課，是為台灣人民接受師範教育之開始。〔註69〕並於1919年1月「台灣教育令」發布後，總督府於1919年（大正八年）4月1日，公佈「台灣總督府師範學校官制」，將原來的國語學校本校改為台北師範學校，分校改為台南師範學校，成立了依據「台灣教育令」的師範學校。〔註70〕故以「台南師範學校」作為代表師範學校分析的對象。1915年為台人爭取教育主權，期待培育台灣學子所設立的台灣公

〔註68〕http://www.wufi.org.tw/republic/rep1-10/no01_10.htm，李勤岸，〈語言政策與台灣獨立〉，（查詢日期：2010/12/01）。

〔註69〕吳文星，《日據時期台灣師範教育之研究》，台北市：臺灣師範大學歷史研究所，1983，頁19。

〔註70〕李園會著，國立編譯館主編，《日據時期台灣師範教育制度》，台北市：南天，1997，頁115。

立台中中學校,則作爲中學校分析之個案。以台南南門小小學校個案分析,是由於小學校爲專供日籍學童所就讀,在此以此小學校作爲分析的對象。在71 所公學校中,選擇新竹芎林公學校作爲分析之對象,是由於此校的校歌歌詞在兩個時代中所呈現的較一般公學校所不同,故特別此校爲個案分析之。

(一)台北帝國大學──國立台灣大學

　　1928 年成立的台北帝國大學,代表身爲台灣的最高等教育,是爲日本第七所的帝國大學。日治時期的校歌如下:

大御稜威　四海にあまねく　　東亞いま　黎明きたる

学園に　つどえる精鋭　　天皇の　詔をかしこみ

肇国の　理想を追わん　　意気高し　青年学徒われら

灼熱の　光はみなぎり　　山も野も　緑ぞ映ゆる

学園に　つどえる精鋭　　学術の　深きを究めて

清新の　文化を建てん　　意気高し　青年学徒われら

見はるかす　大陸廣らに　　南には　黒潮躍る

学園に　つどえる精鋭　　雄飛の日　近きに備えて

研鑽の　成果を積まん　　意気高し　青年学徒われら

　　然而帝國大學的兩大原則:一、爲了國家發展的學術與技術之研究;二、陶冶人格、涵養國家思想。〔註71〕「学園につどえる精鋭　学術の深きを究めて」、「学園につどえる精鋭　雄飛の日近きに備えて研鑽の成果を積まん　意気高し青年学徒われら」等內容勗勉學生,以因應國家需要、陶冶學生人格爲其立校精神,日本政府在殖民地成立大學的目的,大致有二:「一方面企圖藉著殖民地大學培養經營殖民地的日本人才,一方面以殖民地大學收容殖民地青年,以免彼等因赴日本內地或外國留學,而受反日或赤化思想影響,造成殖民地統治的傷害。」〔註72〕日本政府希望藉台灣地理上的條件,發展以台灣爲中心的華南、南洋研究,這也顯示台北帝國大學將扮演協力日本帝國南進政策之國策大學的角色,「見はるかす大陸廣らに　南には黒潮躍る」,依舊必須配合戰爭時期的南進政策,呼應了台北帝國大學爲國

〔註71〕http://www.lib.ntu.edu.tw/CG/resources/U_His/academia/academia.htm,邱景墩、陳昭如,〈戰前日本的帝國大學制度與台北帝國大學〉,《台北帝國大學研究通訊》,創刊號,(查詢日期:2010/10/20)。

〔註72〕吳密察,《台灣近代史研究》,台北:稻鄉,1991,頁 169。

策大學的性格。日本政府爲了實施大東亞共榮圈的夢想，不但透過「國語政策」改造台灣人爲新的日本人，從校歌歌詞中也可以窺見南進政策的影子。「大御稜威四海にあまねく 東亞いま黎明きたる……天皇の詔をかしこみ」，更清楚的敘述所要效忠的對象是日本天皇，台灣是日本國土的一部分，且爲重要的南進基地，因此必須要捍衛台灣，就能使日本帝國成就「大東亞共榮圈」，〔註73〕這是青年學子的天職也是使命。

於 1945 年國民黨接收後，改制爲國立台灣大學。改制後的台大校歌由<u>許壽裳</u>教授所作，刊載於《國立臺灣大學校刊》第 1 期（1947 年 10 月 1 日），並於 1947 年 12 月 16 日第 6 期刊出蔡繼琨先生的曲譜。全文校歌如下：

> 海水洸洸，挾民族之輝光；沈鄭遺烈，於今重喬皇。
>
> 民權保障，憲政提其綱；民生安泰，氣象熾而昌。
>
> 阿里蒼蒼，對學府之講堂；登峰造極，日知月無忘。
>
> 不倦不厭，教學相得彰；光被大眾，充塞乎八荒。
>
> 學海洋洋，喜楫擊而帆揚。研究有得，企業連繫將；
>
> 企業有利，研究益加強；前進前進！康樂祝無疆。

台大首任校長兼接收主任委員羅宗洛，在甫接收台灣大學的首次全校性集會中即明白揭示：「本大學爲國立大學，故應中國化」。〔註74〕強調中國歷史，「海水洸洸，挾民族之輝光；沈鄭遺烈，於今重喬皇。」以復興中華文化爲號召，建立一脈相承的文化道統。配合民族精神教育，校歌所要教化的，無非是要學生懷有強烈中華民族情感、實踐國父遺教、遵從三民主義，隨時以三民主義爲主要的中心思想目標，「民權保障，憲政提其綱」，闡揚三民主義，宣傳重要國策與政令，增強學生的愛國精神。從台北帝國大學到國立台灣大學，就大學精神與學術定位而言，皆產生了明顯的變革發展，基調可歸爲：「中國化」或者是說「去日本化」與「世界化」二個基本取向；特別是前者，幾乎貫穿戰後初期的台大校史。然而，至少在二二八事件之前，台大校方所標榜的中國化與世界化之學術定位，並未排斥台灣本土文化的研究，特別是關於海峽兩岸歷史文化淵源的研究則甚受重視。〔註75〕

〔註73〕蔡元隆，《日治時期嘉義市公學校的思想掌控及學校生活之研究》，國立嘉義大學國民教育研究所碩士論文，2007，頁225。

〔註74〕http://www.lib.ntu.edu.tw/CG/resources/U_His/academia/academia.htm，曾士榮，〈從「台北帝大」到「台灣大學」——戰後文化重編之個案研究（1945～1950）〉，《台北帝國大學研究通訊》，創刊號，（查詢日期：2010/10/20）。

〔註75〕《新生報》，民國三十五年五月十二日。

　　改制後的台大，以第四任校長傅斯年爲代表的自由主義學風著稱，爲台大確立獨立自由的精神，其教授、學生與校友皆對當代台灣歷史的發展具有莫大影響力，校園亦爲多次民主運動、學生運動的策源地。新校歌是 1963 年12 月 17 日第 682 次行政會議討論通過沈剛伯教授所作新詞，並請趙元任先生譜曲。五年後，1968 年 12 月 5 日之 896 次行政會議討論後新校歌正式頒布，新的校歌如下：

臺大的環境鬱鬱蒼蒼　　臺大的氣象勃勃蓬蓬

遠望那玉山突出雲表　　正象徵我們目標的高崇

近看蜿蜒的淡水　　它不捨晝夜地流動

正顯示我們百折不撓的作風　　這百折不撓的作風

定使我們一切事業都成功

　　1968 年爲錢思亮先生擔任校長之際，錢思亮先生初以輔佐傅斯年校長，後以繼傅斯年校長之任，成爲台大自由民主學風的建設者與守護者。而以自由學風著稱的台灣大學，校歌不再敍述中國歷史和闡揚三民主義，以純粹描寫學校地理景觀、特色、歷史環境和台灣的意象作爲校歌內容。「遠望那玉山突出雲表」激勵學生努力向學，以玉山作爲「象徵我們目標的高崇」；以及鄰近「蜿蜒的淡水，它不捨晝夜地流動」勉勵學生求學要有「百折不撓的作風」，才能夠「使我們一切事業都成功」。以寫景、寫意、勵志方式，來表達樂觀進取，鼓勵學子向學，呈現開朗的生活態度，這首台大校歌算是純屬激勵進取、開朗的校歌。

（二）台南師範學校——國立台南師院

　　日治時期的台南師範學校校歌中，除了包含每首校歌兼具的「對學生的期許與勗勉」之外，另外的歌詞內容大多宣揚日本帝國的政治意識型態：

世界にまたなき　　歷史を持てる

皇国に生まれし　　甲斐こそあれと

桶盤淺頭（とうばんせんとう）　　勅語畏み

知德を練磨す　　健兒ぞ我等

四海に溢るる　　み惠み浴みて

啓南の使命　　我こそ負へと

育英報国　　理想も高く

努めて息まざる　　健兒ぞ我等

努めよ努めよ 世にも尊きその使命

励めよ励めよ 世にも雄雄しきその理想

所以在學校的教育目的，在使台灣人「去舊國之夢，發揮新國民精神」，這就是所謂的「日本化」的國家主義教育觀。〔註76〕校歌中除了是要能學習使用國語（日本語）與人溝通之外，整首校歌要傳達給台灣學童認知到，對於皇民奉公的要求要能內化成為習慣，「皇国に生まれし 甲斐こそあれと」、「四海に溢るる み恵み浴みて」，以成為皇國臣民為榮。「啓南の使命，我こそ負へと，育英報国，理想も高く」實現揭舉報國的理想，效法學習忠貞愛國的偉大情操。

國民黨政府接管台灣之後，於 1946 年將南師改稱為台灣省立台南師範學院。此時期的校歌內容相較於日治時期而言則增加「描述學校地理位置的景觀」和「述及學校的歷史環境」，但於戰後初期少不了「標舉三民主義」以及「宣揚中華民族主義」的論述。

台南是民族革命策源地 赤崁樓中留下了多少光榮史

南師 南師 須記取 師範教育為教育之母 師範教育為學校之師

立大志 做大事 信仰主義建設我們的新國家

服務地方創造兒童的新世紀

台南師範學院校歌第一句齊唱「台南是民族革命策源地，赤崁樓中留下了多少光榮史」，不但敘述台南師範學院位處台南，並且將此地發生的歷史描繪於校歌中，冠有「革命」一詞的意涵，則是期待青年的「革命」事業，以完成其政權的目標為志；希望學生能夠積極進取之外，也要能夠「信仰主義建設我們的新國家」這樣才能夠「服務地方創造兒童的新世紀」，蔣介石以孫文的繼承人自居，所以孫文提倡的「三民主義」，就成為蔣氏政權標榜的政治符號，〔註77〕藉由擬定各種實現三民主義民族、民權、民生的教育目標，更要信仰三民主義才能夠建設國家，也才能夠服務地方。

傳唱 40 年的校歌，在 1987 年改制為台灣省立台南師範學院，則重新編制校歌，校歌如下：

〔註76〕孫芝君，《日據時代台灣師範學校音樂教育之研究》，台灣師範大學音樂研究所碩士論文，1997，頁 11。

〔註77〕李筱峰，〈兩蔣威權統治時期「愛國歌曲」內容析論〉，《文史台灣學報》，創刊號，國立台北教育大學台灣文化研究所，135～178，2009，頁 153。

> 玉山蒼蒼　東海泱泱
> 爲我南師　在台之場
> 延平開府　志復舊邦
> 炎黃世冑　來自四方
> 尊德性重學問　愛民族幼苗
> 培國家棟樑　自強不息
> 春風化雨樂無央　樂無央

　　重新編制後的校歌，校歌內容本質上並沒有太大的改變，將具有台灣意像的「玉山」作爲校歌內容，「玉山蒼蒼」所象徵的高聳和雄偉來敘述之，藉以勗勉學生應有的態度與抱負要像玉山一般的具有高遠的理想；而台南師院的校歌依舊以整個大中國的思考，中國以東的海域爲東海，東海亦稱東中國海，是指中國東部長江的長江口外的大片海域，「東海泱泱」以說明台灣對於中國而言位於東海的地理位置上；又以「延平開府，志復舊邦」的歷史故事，來暗示對中國「祖國」的思念，以鄭成功的故事來隱喻在台灣爲「回歸祖國」、「復興中華」；不斷灌輸台灣學童身爲「炎黃世冑」的子孫，充滿中國歷史意識，強調淵遠流長的中華民族血統。

（三）台中第一中學校──台中第一高級中學

　　台灣熱心教育人士林烈堂、林熊徵、林獻堂、辜顯榮、蔡蓮舫等人爲了喚醒台灣人民意識及文化覺醒，經由林烈堂捐土地，加上其他創校委員奔走勸募，於 1915 年創立名爲台灣公立台中中學校，爲台人爭取教育主權之象徵，亦爲第一所專爲培育台籍學子所設立之學府。〔註78〕

　　殖民地歷史命運與帝國邊境的地理位置，就殖民者而言，南方也順理成章成爲台灣相對於於北方殖民母國日本的地理代稱，以「南方」稱呼台灣，不外乎是以帝國爲中心的方位感，〔註 79〕殖民地人民免不了接受地理實體的事實成爲「南の男（を）の子」的現實命運。日治時期的校歌如下：

《南の柱》
光は下（くだ）りぬ　生命（いのち）の光

───────────────

〔註78〕藤井康子，《日治時期台灣中學校之形成──教育目的・制度・背後支柱》，國立台灣大學歷史學研究所碩士論文，1999，頁 59～62。

〔註79〕吳昱慧，〈日治時期文學中的「南方」書寫與想像〉，台灣文學與歷史、社會的對話──第六屆台灣文學研究生學術論文研討會，2009，頁 2。

み鏡　み劍　み璽（たま）の光

輝（かが）よひ下りぬ　我等が島に

若（わか）やぐ命を　足る日に享けて

歌ふや　われら　　南の男（を）の子

み空（そら）に声あり　久遠（くおん）のひびき

「南を守れ」と　照る日の御宣（みのり）

尊き使命に　今こそ眼ざめ

大和田五百重（おほわだいほえ）の　潮のごとく

きほふや　われら　　南の男の子

われらの学び舍　南の柱

常世（とこよ）にゆるがぬ　南の柱

眞夏を彩（いろど）る　椰子の葉かざし

あふるる力に　大地をふみて

進むや　われら　南の男の子

　　「南之柱」即校歌名，意思是日本帝國在南方的棟梁，「南方」除了是台灣成爲了解帝國建設近代性基礎的模範，更是激勵台灣人民幫助日本進行拓展帝國生活線的重要起點，〔註80〕以「われらの学び舍　南の柱」進而成爲「常世（とこよ）にゆるがぬ　南の柱」，作爲殖民者地理安全的邊境所在。台灣作爲日本帝國擴張南方的國防前線，自然被視爲最佳軍事工業基地，〔註81〕同是國土所在，而希望被殖民者能夠「『南を守れ』と　照る日の御宣（みのり）尊き使命に　今こそ眼ざめ」，表示奉天皇之命鎮守南疆，學生應保衛屬於日本的南方即「台灣」。日治時期台中第一中學校的校歌希望年輕學子能夠存有「光は下（くだ）りぬ　生命（いのち）の光み鏡　み劍　み璽（たま）の光」般的光采，因爲有天皇的光輝照耀著南方的島，接受天皇的御令，所以「尊き使命に　今こそ眼ざめ」，這樣的身負重任，是極具光榮的，因此學子就「あふるる力に　大地をふみて　進むや　われら　南の男の子」，爲了大日本帝國就更要樂觀進取、鍛練身心。日治時期的學

〔註80〕吳昱慧，〈日治時期文學中的「南方」書寫與想像〉，台灣文學與歷史、社會的對話——第六屆台灣文學研究生學術論文研討會，2009，頁3。

〔註81〕蘇曉倩，《身體與教育　以日治時期台灣實業學校的身體規訓爲例》，暨南國際大學歷史學系碩士班碩士論文，2003，頁45。

校校歌是幾乎沒有歌名的，而台中第一中學校甚至是直接將「南方」作爲校歌素材，以「南の柱」作爲台中第一中學校校歌名。

然而爲台灣人教育主權發聲，專爲培育台籍學子所設立的學府，但日本中央政府堅持主張殖民地教育應該加以抑制，以免殖民地人民萌生自覺意識，[註82]另外台北第一中學校爲現今的台北建國高級中學，創始於 1898 年（明治 31 年）由政府建立的中學，初爲「國語學校第四附屬學校增設尋常中等科」僅有日籍學生十名，後爲專收日籍學生的中等學校，是台灣中等學校之先聲；於 1914 年（大正三年）設立「臺灣總督府台南中學校」，爲日治時代台灣中南部最先設立之中學，且主要設定爲日籍青年就讀，當時台籍學生僅佔十分之一而已，台南第一中學校爲現今的台南第二高及中學校。不論台北第一中學校或是台南第一中學校，在日治時期皆爲官方設立的學校，並且皆以日籍學生爲主要對象。於此，台中第一中學校主張培育台籍學子而設立，以及台中第一中學校設立緣由就顯得特殊且具有意義，然而台中第一中學校雖爲台灣人發聲所設立的學校，但還是由日本政府依照方針予以規定並管理之，故台中第一中學校是具有濃厚的政策上妥協意味的結果，以致於學校校歌有濃濃的日本國族主義。

國民黨政府接管台灣後，將日治時期設立在各學校中的神社與天皇勅語，予以全面撤除，不但將全台各校更名改制，對學校校歌的重新編制也不例外。有許多校歌的創作以號稱「基於歷史人文蘊蓄」下寫成，卻沒有衡量校歌的文體形式是否能夠讓學子了解其意涵。或者是說這種艱深的文學體式便是一種宣示，在在提醒台灣學子中國五千年醇厚的文化特質，還有對中國歷史與優美的傳統文化具有承先啓後不可忘的期許，爲校歌賦予不同的靈魂。戰後初期的校歌如下：

《第一休叫它屬》

捫笛無聲　題碑有恨　一條弦　音偷續

嘯海天　風怒起　濤捲殘陽　春回幽谷

　　喚英姿　爾許看青天白日旗矗

　嘻嚳門　洩洩融融　桃李芬　抽新綠

起逐搏風　鵬鵾搦彼　精華任取　藏珠還槓

[註82] 藤井康子，《日治時期台灣中學校之形成——教育目的‧制度‧背後支柱》，國立台灣大學歷史學研究所碩士論文，1999，頁 62。

六轡從容在手　同範馳驅　路循三育

向三民坦道好成個擎天梁木

記前賢創學心深　第一休教它屬

現行校歌如下：

《育才爲樂兮大道是彰》

雲霞燦爛　絃歌鏗鏘

濟濟多士聚首一堂

勵爾學　敦爾品

景前賢而思齊

合群力集群智

光吾校而輝煌

鵬程萬里兮乘風飛揚

育才爲樂兮大道是彰

實現三民主義　發揮民族精神

青天白日無疆

　　戰後初期的校歌「記前賢創學心深，第一休教它屬」或者是現行的校歌中「景前賢而思齊」，都期許學生必須記取先賢、承先啓後，發揚中國文化；並且由國民黨一黨制定的「青天白日滿地紅」旗爲校歌內容，「喚英姿，爾許看青天白日旗矗」、「青天白日無疆」，凝聚台灣人民的認同與支持的重要標記，而校歌中「青天白日」係爲國民黨黨旗，這是「黨國一旗」的結果，進而產生黨旗與國旗混雜爲一體，互相取代。〔註83〕兩時期的校歌雖於不同時期創作，內容卻大同小異，同樣揭舉「三民主義」的大旗，「向三民坦道好成個擎天梁木」、「實現三民主義　發揮民族精神」，透過教育傳播、灌輸政權的意識型態，產生信仰遵從，並進而承認其政權統治的合法性與正當性，故台灣人民被國民黨政府所建構的集體記憶，就是國民黨政權作爲正統中國的傳承。

（四）台南南門小學校──台南永福國小

　　神道是日本固有的民族宗教，供奉的是日本神話裡出現的神，本身並無

〔註83〕李筱峰，〈兩蔣威權統治時期「愛國歌曲」內容析論〉，《文史台灣學報》，創刊號，國立台北教育大學台灣文化研究所，135～178，2009，頁156。

教義可言，而在日本帝國主義發展過程中由「神國思想」發展出的對「國體」的想像，使得明治政府在建構天皇制極權國家時，即有足夠的意識型態基礎。〔註 84〕因爲神社是日本思想教育的工具，所以信仰神社的國家神道就成爲皇民政策的指導原則。日治時期的台南南門小學校的校歌如下：

<blockquote>
千早ふる　　神の宮居を　朝夕に
　おろがみまつり　　常盤なる
孔子（くし）の廟（たまや）を　　目のあたり
　うち仰ぎつつ　　ものまねぶ
　われらが幸を　　思へひとびと

いざや友　　日嗣の皇子（みこ）の　かしこくも
　わが学び舍に　　いでましし
　栄えある歴史　　かえりみて
　心を　磨き　　身を鍛え
　君が恵みに　　応えまつらん
</blockquote>

　　小學校（或稱尋常小學校）與其他同時間台灣所設兒童義務教育學校最大不同的是，小學校爲專供日籍學童所就讀，科目與日本本土一般的尋常小學校完全相同，有少部份通日語的台籍學童能夠於小學校就讀。台南南門小學校校歌歌詞「千早ふる　神の宮居を　朝夕に　おろがみまつり　常盤なる」將學生成爲神國思想的信徒，並型塑了一群群的皇民赤子，「いざや友　日嗣の皇子（みこ）の　かしこくも」灌輸天皇信奉的意識型態，以及「君が恵みに」歌頌天皇的千秋萬世，表現忠君愛國的精神，透過校歌的形象，養成熱愛皇國的臣民，並將天皇深植學童心中。參拜神社、遙拜天皇，這些神聖聖物、祭拜儀式，不僅僅是在執行這項活動，也是在複製記憶。〔註 85〕然而這樣子政治意識型態的運用，普遍出現在學校以及各種儀式朝會中。日治時期的台南南門小學校即是典型的利用台灣歷史，以「孔子（くし）の廟（たまや）を　目のあたり」和說明「栄えある歴史　かえりみて」，用以襯托日

〔註84〕林育柔，《日本殖民統治時期對台教育的意識型態取向分析——以修身教育上之實現爲例》，慈濟大學教育研究所碩士論文，2004，頁 62。

〔註85〕鄭昱蘋，〈唱國歌的少年——析論台灣公學校國語教科書〈君が代少年〉中的殖民話語〉，台灣文學與歷史、社會的對話——第六屆台灣文學研究生學術論文研討會，2009，頁 14。

本帝國統治下則「君が恵みに　応えまつらん」，是「光輝」的歷史，要使學童能夠心悅誠服。

　　日治時期的台南南門小學校到了國民黨政府來台之後，於 1946 年改名爲「台南第二國民學校」，1947 年又改稱爲「台南成功國民學校」，同年有鑑於學校校址臨永福路，故改稱爲現今的「台南永福國小」。至今仍現行的校歌：

文化古城　弦歌聲清

永福學子沐春風

赤崁樓影　孔廟鐸聲

永福師生祝忠誠

重倫理　禮志節　身致力行

重科學　愛藝能　手腦並用

我們是民族的新血輪

我們是國家的少年兵

向著復興建國的大道

努力　前進　努力　前進

校歌以「文化古城，弦歌聲清，永福學子沐春風，赤崁樓影，孔廟鐸聲」起頭，述及學校所在地的景觀、特色與名勝，置入具有指標性意義的符號影響學校學童。其中必然有對勉勵學生積極進取，「重倫理、禮志節，身致力行；重科學、愛藝能，手腦並用」，期許學生朝此目標邁進，才能夠好好報效國家社會，因爲「我們是民族的新血輪，我們是國家的少年兵」，儘管校歌中較多描述勗勉學生的歌詞，與述及創建台灣，但最後的目的始終是「向著復國建業的大道」，爲反攻復興爲基礎，爲了回歸祖國作準備，主觀的將中國大陸歸爲中華民國的國土。

（五）新竹芎林公學校──新竹芎林國小

　　日本殖民台灣以後，爲了貫徹殖民地政策，開始在台灣辦理教育，並且從初等教育著手，1897 年在新竹創設九芎林公學校，於 1920 年改名稱爲芎林公學校，新竹芎林公學校校歌如下：

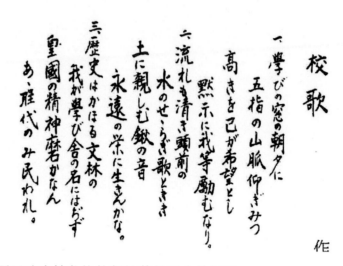

1945 年國民政府接收後的新竹芎林國小的校歌：

| 黌舍窗前 | 芎林健兒 | 朝夕仰望 | 巍巍五峯 |
| 見賢思齊 | 立志圖強 | 莘莘學子 | 孜孜耕耘 |

| 清徹如鏡 | 頭前溪畔 | 潺潺流水 | 如聞歌聲 |
| 民純土芳 | 飛鳳山麓 | 爲著永遠 | 光榮奮鬥 |

| 歷史悠久 | 馳名遠近 | 願不愧作 | 文林先進 |
| 我們在此 | 磨練體魄 | 將來爲鄉 | 爲國爭光 |

在國民黨接管台灣初期，所施行的一切接管措施與教育文化改造，對日治時期的教育，諸如「語言」、「課程內容結構」、「學制」等等的改革，其實即是依據日本初領台時的國語政策如出一轍。從新竹的芎林國小校歌中能夠明顯的看到，雖然經過時代與政權的變遷、語言的轉換，校歌在國民黨接收後應另行創作，而此校則是直接將日文歌詞翻譯之，如校歌第一段：「學びの窓の朝夕に　五指の山脈ぎ仰みつ　高きを己が希望とし　默示に我等勵むなり」；至國民黨時期則作爲：「黌舍窗前，芎林健兒，朝夕仰望，巍巍五峯，見賢思齊，立志圖強，莘莘學子，孜孜耕耘。」首段則是期許學生節操的養成和學校的所在位置能見之景觀描述。日治時期校歌第二段爲：「流れも清き頭前の　水のせ、らざ歌ときき　土に親しむ鍬の音　永遠の榮に生きんかな。」；而到國民黨時期直接翻譯爲：「清徹如鏡，頭前溪畔，潺潺流水，如聞歌聲，民純土芳，飛鳳山麓，爲著永遠，光榮奮鬥」作爲校歌第二段歌詞，前者爲著永遠作爲日本皇民的榮耀活著，而後者爲著永遠的「祖國」，爲國爭

光。最後一段，日治時期的新竹芎林學校作爲：「歷史はかほる文林の　我か學び舍の名にはぢず　皇國の精神磨かなん　あ、勝代のみ民われ。」歌詞中敘述爲「琢磨冶鍊皇國的精神，成爲盛世之民」；而國民黨時期「歷史悠久，馳名遠近，願不愧作，文林先進，我們在此，磨練體魄，將來爲鄉，爲國爭光」

　　兩首同一學校的校歌，不同時期的校歌，不同的語言，而歌詞內容卻相同，但在不同的時代，作爲不同的詮釋，所要述及的對象也不同。在日治時期學生所要效忠的對象是具有神性的天皇、日本帝國以及以成爲皇國的子民爲榮；而於國民黨時期則是團結莘莘學子之心，激勵士氣，使學生能夠熱愛國家，強調以我國爲無上光榮。所謂對象不同，但根本的本質相同，兩首校歌換湯不換藥，皆是以身爲殖民母國要學生對於自身的國家有所認同，同一首歌曲，竟前後兩種不同的命運，實然並非歌曲本身所造成，而是政治意識型態所驅使。

　　在蒐集的 115 所學校校歌中，新竹芎林公學校爲現今的新竹芎林國小，校歌歌詞內容誠屬異數，既能沿用日治時期所遺留下來的校歌，又能將其內容翻譯作爲另一統治者所要傳達之意涵。由此可見，此兩個政權的本質根本毫無二致，故將此校歌另於此討論分析之。

第三節　小　結

　　以學校校歌做爲主軸，藉由政府當局的教育政策以及當時的社會情形和時代背景，從蒐集的學校校歌史料的整理與爬梳，前後的對照、觀察和分析，稍稍勾勒出兩個時代在台灣學校教育的具體樣貌，和所賦予的政治意識型態、國家認同的意涵，從校歌的探究中，不論是日治時期或是國民黨時代，皆運用校歌的傳唱，來發揚民族文化，團結民族情感，發揮總體的戰力；一個以殖民者姿態的政府，另一個爲了復興舊鄉而暫居於此的政權，卻同時激勵民族思想，加強愛國觀念爲主。校歌內容的比較分析，以另一種方式來了解台灣在這兩個時期所扮演的角色，以及歷史位置。

　　總之，從日治時期的學校校歌到國民黨時代的校歌，我們看到在兩個外來政權下，學校校歌所呈現的面貌，更能體會到兩個時代台灣的政治與社會特質，從台灣音樂的發展史，我們可以看的出來，政府遷台後的種種文化措施，是將中國文化大量且強力的移植到台灣，這原本是台灣戰後文化發展另

一個正面的兼融元素。可是不幸的是，國民黨政府卻將既存的中國文化優越心態與偏頗的文化措施帶進台灣社會中，甚至校園內，將台灣的既有文化貶抑為低劣邊陲與庸俗的地位。〔註 86〕國民黨時代的學校校歌至今仍在傳唱，或許現今學生已不明白其中涵義，然而其中所散佈的中華民族主義仍在發酵。在國民黨接管台灣時的學校校歌中，主要強調中國文史，掩蓋台灣的本土文化，如此之下，學生繼過去日本文化的教育過程中，再去學習另外一種文化內容。以致於至今的社會尚難以獲得共識，足以說明身處台灣的特殊性歷史和過程。

〔註 86〕游素凰，〈台灣光復初期音樂發展探索〉，《復興劇藝學刊》18，95～106，1996，頁 102。

第五章　結論與建議

　　本文以學校校歌為主要材料，藉由教育制度施行的討論，嘗試描繪日本殖民統治至國民政府遷台後，學校校歌的歌詞內容探究。本文所討論的學校校歌比較分析也還有許多未盡之處，但是這個問題應該還要和殖民統治者的其他幾個議題同時討論，才能有比較全面性的了解。

　　身為帝國主義的後進國，要脫離落後國的印象，日本必須積極的以國家力量推動近代知識的普及，透過教育制度來改造國民素質。〔註1〕在兩個時期所傳唱的學校校歌，必然呈現出當時空下的文化，也能從中窺知其中的面貌，了解兩個時代的政治特質。隨著時代潮流的轉變，舊時代的校歌不再延續，逐漸被大家遺忘，新時代的校歌有的未必受到重視，甚至也漸漸式微。校歌是當時代重要的史料，也反映當時代統治者所欲傳達的思想意涵。校歌既然不容忽視，校歌內容的實質問題就更值得深究，本文經由幾個面向探討比較，看到兩個時代學校校的實際歌詞內容，讓我們了解時代下統治者欲透過校歌操控的真實層面，也喚起深層的思考空間。

第一節　研究發現

　　歌詞內容類型方面，利用廖英秋先行研究之《雲林縣各級學校校歌研究》，將其校歌內容分成地理位置、學校歷史、特色、物產與名勝、教學目標、勖勉同學、政治意識型態等六部份做比較。此外校歌歌詞內容具有國家與民

〔註1〕　李鎧揚，《日治時期臺灣的教育財政——以初等教育費為探討中心》，國立政治大學台灣史研究所碩士論文，2010，頁111。

族主義色彩及歌詞與曲調之配合，〔註2〕本文亦以此基礎進行分析比較探究。從過去的研究中不難看出，對於學校教育的討論多著重於教育政策和制度面的描述，或者是考察教科書內容和教學活動。鮮少剖析統治者對於被教育者進行教化的運作，和統治者欲建構的認知形塑的過程。因此，藉由本論文透過分析探討學校校歌，來觀看日治時期和國民黨時代賦予的教育視野，以不同的角度、面向解釋政權的本質。

　　學校中的校歌是所有曾就讀學校兒童的共同體驗。在學校的均質空間及均質時間中，和不相識的人唱著相同的歌，這種均質的體驗，應該也會在台灣內部產生類似「想像共同體」的效果。〔註3〕校歌不僅僅是學校和新式教育的象徵，本身也具有多重的意義。站在統治者的立場，希望台灣人民能夠透過校歌，接受自己所應保衛的宗主國土，並清楚地知道自己所應效忠的對象和政權，因台灣身為重要的「基地」，不論是日治時期將台灣視為重要的南進基地，還是國民黨時代將台灣當作回歸祖國的復興基地，以此要捍衛台灣，這是台灣人民的使命與天職。從本文的分析，不僅表達兩個時代的「學校校歌」內容宗旨，從文本分析的結果看，這些比較分析的內容宗旨可視為大部分「學校校歌」的主要素材。這些「學校校歌」的創作與傳唱，更可以進一步視為外來政權教育政策下的必然產物。反之，從「學校校歌」的內容，也能夠透視日本政府與國民黨政權的本質。

　　根據日治時期歷史背景下學校校歌意義的探究與分析比較，可以發現在日本統治的環境下，台灣人被灌輸效忠大和天皇，身為大和皇國的臣民為榮，進而以日本國為心理依歸的意識型態。總而論之，在日治時代所出現的學校校歌，包涵以下幾種特色：一、描述學校地理位置的景觀；二、表現學校當地物產與名勝；三、述及學校的歷史環境；四、對學生的期許與勗勉；五、宣揚政治意識型態；六、具有「台灣」意象之符號以及七、描寫日本與台灣相對位置，此七種不同的特色類型。

　　日本殖民台灣時引進民政組織以維持秩序、開發，掠奪本島的經濟資源，以及取得本島人的合作，也意識到教育將在這些計畫中扮演重要的角色，日

〔註2〕　廖英秋，《雲林縣各級學校校歌研究》，國立臺北師範學院音樂研究所碩士論文，2004，頁221。

〔註3〕　參考許佩賢，〈殖民政府的學校設計〉，《台灣近代學校的誕生——日本時代初等教育體系的成立（1895～1911）》，國立台灣大學歷史學研究所博士論文，2001，頁75～131。

本帝國深信學校就如同軍隊一樣，將有助於控制百姓，而且比軍事勝利和綏靖更有效，是基本的社會、政治、經濟和文化變遷的工具，是一種能改變人民思想、控制人民思想的最好工具。〔註4〕日本所有在殖民時代有關諸如階級利益、經濟與文化分配等活動，受到天皇制國家意識型態的指導，〔註5〕因此在校歌中信奉天皇的思想程度也就比比皆是了。

國民政府對台灣的全面接收與統治，猶是將台灣視爲其對日抗戰勝利後的幾個接收地之一，是以中國大陸中央主權爲主的地方政府之一，所以對台灣的接管方式，是與東北僞滿州國或其它日本在中國大陸殖民地的接收一樣，主要都是在於剷除日本殖民統治當局所遺留下來的意識型態、政策及勢力的遺毒爲主。〔註6〕透過國家機器的鼓勵、獎勵，在校歌內容中必須要套上「建設祖國」、「實現三民主義」、「發揮中華民族精神」的語詞，完全不符合音樂教育涵養情操和培養美感的目標。不過這種創作模式卻符合此階段教學的目標：「……發展兒童進取、合作、團結的精神」〔註7〕，以及培養愛國情操，此時期的政策下，懷鄉、讚頌中華、復興建國，就成爲學校校歌的思想意涵，不斷強調台灣是中國的一省，台灣人本是中國人的觀念，這也突顯政治因素對音樂教育的影響。

透過校歌表達統治者意識型態的宗旨，從國民黨時代下創作的校歌，可以更進一步的看透國民黨政權在台灣的滲透力，校歌也就成爲國民黨政權操弄下的產物。從這些「學校校歌」的內容，也可以檢視國民黨時代政權的本質。得知國民黨時代下的學校校歌，涵蓋以下特色：一、描述學校地理位置的景觀；二、表現學校當地物產與名勝；三、述及學校的歷史環境；四、對學生的期許與勗勉；五、具有「台灣」意象之符號；六、描寫中國與台灣相對位置；七、歌頌青天白日滿地紅旗；八、標舉三民主義；九、宣揚中華民族主義、大中國的國家認同；十、述及「世界大同」。

大抵而言，對於「對學生的期許與勗勉」的校歌內容，爲兩個時代下「學校校歌」的重心，學校爲教育的場所，這種類型的校歌內容本來就是每一首

〔註4〕 蔡元隆，《日治時期嘉義市公學校的思想掌控及學校生活之研究》，國立嘉義大學國民教育研究所碩士論文，2007，頁49。

〔註5〕 林育柔，《日本殖民統治時期對台教育的意識型態取向分析──以修身教育上之實現爲例》，慈濟大學教育研究所碩士論文，2004，頁52。

〔註6〕 李正偉《由意識形態、管制與規訓論台灣國民中、小學教育與校園空間》，國立台灣大學建築與城鄉研究所碩士論文，1995，頁21。

〔註7〕 教育部，《國民學校課程標準》。

校歌必備的部份；其次除了呈現學校當地的景色，兼而描述校園風景，以地方性的呈現加深學校校歌的象徵價值之外，則是以政治意識型態作爲其學校校歌內容的主要基礎。校歌不斷被傳唱，日本殖民時期，台灣歸屬日本，在日本教育下，灌輸天皇思想，自然無法認同台灣；在國民黨統治時代，以代表中國自居，台灣在大中國的陰影下，失去自己，台灣人民被教化認同中國，不可認同台灣，〔註8〕在教育上灌輸中華民族主義、大中國意識，以及對中國的頌揚和眷戀，這些意識型態的思想則已深植人心。

校歌就是映照意識型態的鏡像，轉而提供了一個國家期許學生應該成爲的模樣，要求學生以此鏡像爲目標邁進。藉由教育的過程傳播與灌輸政治意識型態，產生信仰遵從，並承認其政權統治的合法性、合理性與正當性。從歷史的追溯中，可以發現的是，日治時期的殖民政府，和國民黨時期的政府在某些訓練和教化中，會如此相似的原因所在。〔註9〕法西斯主義者強調民族優越論、我族中心主義，對於「我族」及我族的歷史文化賦予神聖的色彩。〔註10〕透過文本的比較分析，對於學校校歌的歌詞內容來看，兩個時代皆具有著極強烈的法西斯色彩，無庸置疑。檢視標準如下：

一、對大和天皇的崇仰，是日治時期的一大特色；對大中國的國家認同、國民政黨的絕對效忠與服從，是國民黨時代校歌的一大特色。

二、濃烈的民族主義、國家主義與集體主義。這些都是日治時期與國民黨時代學校校歌中的另一大特色。爲了國家的前途，爲了民族的至上的榮耀，每一位學生都必須團結，集中意志，爲國家全力以赴。

三、強調日本天皇榮耀的歷史，爲天皇效命是人民的天職；強調中華民族的歷史文化的悠久，復興民族文化是歷史革命。〔註11〕

從以上三個指標來看，日治時期和國民黨時代的「學校校歌」所反映出的政權性質，是符合法西斯主義的條件。前者是爲了擴張侵略，而後者則是爲了恢復在中國大陸的政權。日本殖民政府推行同化政策和皇民化政策，至

〔註8〕 張炎憲，〈威權統治和台灣人歷史意識的形成〉，收入於《台灣命運的回顧與展望》，台北：自由時報，1996，頁56。

〔註9〕 李正偉《由意識形態、管制與規訓論台灣國民中、小學教育與校園空間》，國立台灣大學建築與城鄉研究所碩士論文，1995，頁125。

〔註10〕李筱峰，〈兩蔣威權統治時期「愛國歌曲」內容析論〉，《文史台灣學報》，創刊號，國立台北教育大學台灣文化研究所，135～178，2009，頁174～175。

〔註11〕參見李筱峰，〈兩蔣威權統治時期「愛國歌曲」內容析論〉，《文史台灣學報》，創刊號，國立台北教育大學台灣文化研究所，135～178，2009，頁174～177。

於國民黨政府強調大中國思想和民族精神教育，運用校歌教化學生，使校歌和國家的政治意識型態緊密結合。於此，學校校歌不僅傳唱而已，更經由校歌內容的分析、評價和思想意涵的呈現，灌輸學童「正確」的史觀和國家意識，使學童或人民產生對國家、民族、文化的高度認同。

在這過程中，常常政府即政權，進而可以等於「國家」，然而國家是否可以直接等同於「祖國」。這是一些仍然需要明確的概念，一些政治認同常常會影響到人們的文化認同，甚至消泯人們的歷史認同。〔註12〕透過唱校歌的集體行為，不斷的潛移默化台灣學童，灌輸「忠君愛國」的思想、順從國家，進而以國家為榮的精神。

本論文對於理解台灣政治民主化發展軌跡具有參考價值，尤其對於日治時期和國民黨時期兩個時代下的比較分析之理解上均多著墨，在學校校歌的詮釋上提供了呼應民主化意涵的詮釋觀點，這也可以發現何以日治時期和國民黨時期在某些課程的架構上，從訓練和教化的過程，會有如此相似的原因所在。其中更在於對自身以及面對歷史的省思中，能認知民主、人權與台灣主體意識。

第二節　本文侷限及未來課題

音樂是人類重要的文化產物，各個學校之校歌所呈現的美感也不同，綜觀台灣各學校校歌的內容也具有特殊台灣味道的音樂性質，這種音樂的特質附有台灣本土氣息和傳統精神。本文雖然以兩個時代下的學校校歌為探討中心，但受限於碩士論文的架構與個人研究能力，仍有許多侷限。首先是單一學校個案研究的缺乏，受限於史料，在文章討論中欠缺每一首校歌完整的校歌詞譜，和每一所學校對於校歌完整的相關史料，雖然在第二章、第三章中試圖對學校校歌進行分析，並且從中討論，也討論在藉由當時代的歷史背景和社會情形，學校校歌的內容探究分析，也試圖比較探討學校校歌在時代變遷下變化的原因，仍無法建構出單一學校從校歌的創作源起到校歌定案的制度或過程，以及校歌在學校的實施情況無法瞭解，是日後還需要加強之處。其次，本文限於討論主題，並未將一般私立學校所制定的校歌納入討論，有

〔註12〕 http://www.ethnichistory.cn/bbs/simple/index.php?t2617.html，葛兆光，〈重建關於「中國」的歷史論述──從民族國家中拯救歷史，還是在歷史中理解民族國家〉，《二十一世紀網路版》，43，2005，（查詢日期 2010/10/20）。

關私立學校校歌內容的分析，除了校歌具有學校本身所賦予的思想意涵之外，其校歌是否有受到統治者的影響，是值得再繼續抽絲剝繭，繼續延伸討論的主題。

另外，在本文研究成果上，可以發展的議題仍相當多元。

1. 外來者政權的學校校歌在唱歌教育中制度與地位的異同

有關學校校歌的文獻非常缺乏，無法進一步分析校歌在學校唱歌教育中的地位。如同本文所做出的結論，台灣近代學校校歌的發展與教育制度有相當的關聯；擁有完備的教育體制，才能使學校有健全的發展。對殖民母國而言，在台灣學校教育中加入唱歌課程，並不單純只是為培養學童的美學素養，更重要的是要藉由該課程來輔助日語學習；宣揚日本文化、塑造天皇思想。〔註13〕在探討殖民地朝鮮教育制度時，同樣以初等教育發展作為核心，在近代的教育體系中，學校校歌的發展大多由校方自行核定，卻也有統治者干預校歌內容或是審查制度存在的可能性，如今無法考證。

台灣與朝鮮都仿照日本本國的教育制度，但同時又針對殖民地統治略加變化，如果能將台灣、朝鮮以及國民黨時期之學校校歌，與整個唱歌教育制度，和校歌在唱歌教育中扮演的地位，分析其異同，從現有的資料，大致可以歸納校歌在學校活動中所扮演的角色，而因各校的教育理念而異。如能做出完整的比較與分析，對於釐清外來者政權，教育統治政策制度將更有幫助。

2. 學校校歌歌詞曲作者與創作年代方面

詞、曲作者是一切創作的源頭，瞭解其創作的想法與手法，探討其創作者之背景、創作緣起，都將是有益的參考。學校校歌作詞曲者身分，由校長創作的比例很高，但也有許多是由校長指派，或由校外人士創作之情形，相當普遍，比例也很高。作詞曲者要完成一首校歌所投注的精力和心思，並非一般人所能想像。許多校歌都是樂界的朋友譜曲，可知作曲者及音樂教師為「校歌」譜曲，是普遍的現象，校歌歌詞經常由學校的校長、校內的教師、有聲望的地方士紳執筆，或是校內教師集體創作而成。〔註14〕日治時期也有許多學校的校歌詞曲作者都具備教學經歷，也有相當的社會地位。小官正男

〔註13〕 林旻誼，《摩登時代的音樂生活：日治時期公學校唱歌教育與唱片產業之探討》，國立台北藝術大學藝術行政與管理研究所碩士論文，2008，頁13。

〔註14〕 參見賴錦松，〈國民小學校歌製作與運用研究——屏東師院輔導區內國民小學校歌探析〉，《屏東師院學報》7，299～378，1994，頁328。

和岩田泉均曾任教公學校，皆爲自己任教的學校譜寫校歌，也和當代校歌譜曲的情況相符。〔註 15〕像是有名的作詞者加藤春城和作曲者一條愼三郎，也都是日治時期撰寫學校校歌的人選，對台灣的音樂教育貢獻很大。還有在戰後國民黨時期，黃友棣與呂泉生也都寫過許多學校校歌。但卻因爲學校校歌蒐集上的不完整，無法將所有校歌之詞曲者一一呈現，並且無法確認學校校歌創作的完成年代，僅能得知學校的創辦年度，如能敘述作詞曲者的經歷，不僅更能了解學校校歌的創作背景，以及每所學校創作校歌之特殊意義，探討校歌和當代譜曲的情形是否相符。

從以上討論，學校校歌最重要的核心在於其歌詞，因時空環境的轉變，很多學校校歌已不合時宜，有些校歌歌詞國家意識太強，與時代潮流不合，應考慮歌詞是否符合學童的學習發展與心理取向、是否適應現下的氛圍、是否能更震撼學生，引起發想和共鳴，是否能確切的反應當下國家發展的眞正需求，學校校歌的歌詞內容價值最終之所在。許多學校校歌歌詞內容艱深，學生大多無法體會歌詞內容中所描述的景象與當時編定校歌之目的，日前有許多新聞報導指出，學校校歌的內容對學生而言如天書，由於歌詞實在太難，沒有幾個學生會唱，故學校爲此還安排教授「校歌歌詞」，全力推廣校歌。總而言之，學校校歌能成爲雋永的歌曲，符合現今現代感十足的學校校歌，必然能散發對台灣這片土地的情感和愛。

於撰寫論文的過程中，受到許多前輩與師長對於校歌的執著與肯定，無奈時勢所趨，時代變遷巨大，校歌往昔的風采不再。校歌有著歷史意義與時代性的價值，更緊緊連繫著當時代學生對於學校之間濃烈的情感，故認爲妥善的紀錄與保存舊校歌應有其必要性，期待經過本論文的研究，進而全面性的集合所有的校歌創作作品，提供有需要的學校人士，作爲引導與參考的資料，透過整理、研究、保存與發揚，使校歌文化能重新受到重視。

學校校歌在台灣地區的發展，起於日治時期，迄今僅逾百年。但限於今人對於此一領域的研究仍處空乏狀態，亦或是利於研究之便，僅處理單一地區性的相關研究。在本文的寫作過程中，從史料的搜集、乃至概念的理解，相關研究資料不足，是最感困難的地方。

關於學校校歌的分析，本論文乃著重於歌詞內容部份的論述，而在曲調、

〔註15〕賴美鈴，〈日治時期臺灣公學校唱歌教育──「式日」歌曲與校歌初探〉，《台灣教育史研究會通訊》48，2～15，2007，頁 13。

歌譜方面，由於筆者非音樂相關科系，故無法對此進行成熟的處理，此乃本論文之研究限制，還望後人先進得以對此進行相關的研究。如後人進行學校校歌與教育歷史的研究，與同時期的音樂史和教育史，應有密切的關係；如能有效與教育、歷史、政治、音樂等學科進行研究合作，對於解決此一部分的難題，將有極大的助益。

參考書目

一、史料與官方檔案

1. 王則文、許錫慶、黃得峰、顏義芳，《棟花盛開時的回憶：日治時期畢業紀念冊展。第四冊，社會教育篇，王則文／日治時代公立學校一覽表，許錫慶、黃得峰、顏義芳》國史館台灣文獻館，2005 年。

2. 台北市政府教育局編，《跨越三世紀：臺北百年老校追憶》，台北市：北市教育局，2009 年。

3. 林文龍，《棟花盛開時的回憶：日治時期畢業紀念冊展。第三冊，制服篇／「修學」旅行篇／時局篇／「內地進學」篇》，國史館台灣文獻館，2005 年。

4. 姚浙生、李淑鈴、王則文，《棟花盛開時的回憶：日治時期畢業紀念冊展。第一冊，總論／課程篇——姚浙生，附錄　大事記——李淑鈴／教育法令索引——王則文》國史館台灣文獻館，2005 年。

5. 教育部，《國民學校課程標準》。

6. 教育部，《教育方針與政策》，台北市：中央文物供應社，1951 年。

7. 教育部，《教育方針與政策資料》，台北市：中央文物供應社，1951 年。

8. 郭玉芬等執行編輯，《百年蓬萊：臺北市大同區蓬萊國民小學創校百週年紀念專刊》，臺北市：商訊文化出版：北市蓬萊國小發行，2010 年。

9. 陳聰明，《棟花盛開時的回憶：日治時期畢業紀念冊展。第二冊，學校建築篇／校歌校旗篇》，國史館台灣文獻館，2005 年。

10. 著者不明，《我們的母校：國立台南女子高級中學》，2006 年。

11. 臺灣教育會編，《臺灣教育沿革誌》，臺北：南天書局，1995 年。

12. 蔣介石，《民生主義育樂兩篇補述》，臺北：中央文物，1953 年。

二、專　書

1. Allan G. Johnson 著，成令方、林鶴玲、吳嘉苓譯《見樹又見林》，台北市：群學出版社，2001 年。

2. Michael Argyle 著，陸洛譯《社會階級心理學》，戴明學院出版社。

3. 末光欣也，《台湾の歴史：日本統治時代の台湾：1895～1945/46 五十年の軌跡》，臺北市：致良，2004 年。

4. 吉野秀公，《台湾教育史》，台北市：南天，1927 年。

5. 江自得主編，《殖民地經驗與台灣文學》，台北：遠流，1996 年。

6. 吳文星，《日據時期台灣社會領導階層之研究》，台北：正中書局，1992 年。

7. 吳文星，《日據時期台灣師範教育之研究》，台北市：臺灣師範大學歷史研究所，1983 年。

8. 吳密察，《台灣近代史研究》，台北：稻鄉，1991 年。

9. 吳濁流，《無花果》，台北：前衛，1988 年。

10. 呂紹理，《展示台灣：權力、空間與殖民統治的形象表述》，台北：麥田，2005 年。

11. 呂紹理，《水螺響起——日治時期臺灣社會的生活作息》，台北：遠流，1998 年。

12. 何清欽，《光復初期之台灣教育》，高雄市：復文圖書出版社，1980 年。

13. 李園會，《日據時期之台中師範學校》，台北：五南圖書出版公司，1995 年。

14. 李園會，《日據時期台灣師範教育制度》，台北：南天，1997 年。

15. 李園會，《台灣光復時期與政府遷台初期教育政策之研究》，高雄：復文圖書出版社，1984 年。

16. 李園會，《台灣師範教育史》，台北：南天，2001 年。

17. 李筱峰，《台灣民主運動四十年》，台北：自立晚報，1987 年。

18. 李筱峰，《台灣戰後初期的民意代表》，台北：自立晚報，1993 年。

19. 李筱峰、劉峯松，《台灣歷史閱覽》，台北：自立晚報，1994 年。

20. 李筱峰，《台灣史一百件大事》（上）、（下），台北：玉山社，1999 年。

21. 李筱峰，《台灣革命僧——林秋梧》，台北：望春風文化，2004 年。

22. 李筱峰，《台灣近現代史論集》，台北：玉山社，2007 年。

23. 沙依仁著、劉瑋琦編《人類行為與社會環境》，台北：五南圖書出版社，2003 年。

24. 周婉窈，《海行兮的年代——日本殖民統治末期台灣史論集》，台北：允晨文化，2002 年。

25. 周麗玉主編，教育部訓育委員會編審，《春風化雨「國民中學導師手冊」》，台北市：張老師，1993年。

26. 林玉体，《台灣教育史》，台北市：文景，2003年。

27. 林玉体，《台灣教育面貌四十年》，台北：自立晚報，1987年。

28. 林玉体，《台灣教育與國家定位》，台北：師大書苑，1998年。

29. 林果顯，《「中華文化復興運動推行委員會」之研究（1966～1975）》，國立政治大學歷史學系研究所碩士論文，台北：稻鄉，2005年。

30. 林茂生著，林詠梅譯，《日本統治下台灣的學校教育──其發展及有關文化之歷史分析與探討》，台北：新自然主義，2000年。

31. 林媽利，《我們留著不同的血液：以血型、基因的科學證據揭開台灣各族群身世之謎》，台北：前衛，2010年。

32. 施正峰，《族群與民族主義──集體認同的政治分析》，台北：前衛，1998年。

33. 派翠西亞.鶴見（E.Patricia Tsurumi）著，林正芳譯，《日治時期台灣教育史》，宜蘭市：仰山文教基金會，1999年。

34. 若林正丈、松永正義著，廖兆陽譯，《中日會診台灣──轉型期的政治》，台北：故鄉，1988年。

35. 徐南號，《臺灣教育史》，台北：師大書苑，1993年。

36. 涂照彥，《日本帝國主義下的台灣》，台北：人間出版社，1999年。

37. 張炎憲，《歷史文化與台灣》上、下，台灣風物雜誌社，1988年。

38. 張春興，《教育心理學》，台北：臺灣東華，1933年。

39. 張統星，《台灣光復後──北師音樂教育發展史（並祝北師壹百週年校慶)》，台北：樂韻，1997年。

40. 張瑞成編輯，《中國現代史史料叢編第四集》，台北：國民黨黨史會，1990年。

41. 淺見雅子、北村眞一，《校歌──心の原風景》，東京：學文社，1996年。

42. 許佩賢，《殖民地台灣的近代學校》，台北：遠流，2005年。

43. 許極燉，《台灣近代發展史》，台北：前衛，1996年。

44. 連溫卿，《台灣政治運動史》，台北：稻鄉，1988年。

45. 陳芳明，《台灣戰後史料選──二二八事件專輯》，二二八和平促進會，1991年。

46. 陳培豐，《「同化」の同床異夢：日治時期台灣的語言政策、近代化與認同》，台北：麥田，2006年。

47. 陳碧娟，《臺灣新音樂史──西式新音樂在日據時代的產生與發展》，台北：樂韻，1995年。

48. 喜安幸夫，《日本統治台灣秘史》，台北：武陵，1984 年。

49. 黃友棣，《樂海無涯》，台北市：東大，1995 年。

50. 經典雜誌編著，《台灣教育 400 年》，台北市：經典雜誌，2006 年。

51. 葉石濤，《台灣文學史綱》，文學界雜誌社，1999 年。

52. 劉捷原，《台灣文化展望》，春暉出版社，1994 年。

53. 戴國煇，《台灣結與中國結》，台北：遠流，1994 年。

54. 戴寶村著，林呈蓉譯，《簡明台灣史（中日對照）》，南投市：國史館台灣文獻館，2007 年。

55. 磯田一雄，〈植民地期東アジの近代化と教育の展開——1930 年代～1950 年代〉，独立行政法人日本学術振興会，2009 年。

56. 鐘清漢，《日本殖民地下における台湾教育史》，東京：多賀出版株式會社，1993 年。

三、期刊論文

1. 水崎富美，〈近代日本の「学校教育の内容」——校歌をめぐる「音韻」を通しての「国語」の統一〉，《東京大学大学院教育学研究科紀要》，39，87～96，1999 年。

2. 吳文星，〈始終未能與日人平等共學〉，《日本文摘》，9：4，80～100，1994 年。

3. 吳文星，〈近十年來關於日治時期台灣教育史研究之動向（1991～2000）〉，《台灣師大歷史學報》，29，221～238，2001 年。

4. 吳昱慧，〈日治時期文學中的「南方」書寫與想像〉，台灣文學與歷史、社會的對話——第六屆台灣文學研究生學術論文研討會，2009 年。

5. 吳博明、楊慧文，〈建構學校文化的一條路徑——談國小校歌創作〉，《國民教育》，38：8，1998 年。

6. 李筱峰，〈兩蔣威權統治時期「愛國歌曲」內容析論〉，《文史台灣學報》，創刊號，國立台北教育大學台灣文化研究所，135～178，2009 年。

7. 李筱峰，〈時代心聲——戰後二十年的台灣歌謠與台灣的政治和社會〉，《台灣風物》，47：3，127～160，1997 年。

8. 李榮聰，〈台灣日治後期初等教育概況——以信國政藏給李貞祥書信資料為例〉，《台灣文獻》，54：2，407～409。

9. 周大風，〈漫談校歌的創作〉，《中華音樂文化教育雜誌》57，72～73，1992 年。

10. 周蝦瑞，〈怎樣寫校歌〉，《國民教育》24：4，4～6，1982 年。

11. 姚世澤，〈台灣音樂的變革與未來發展趨勢之探究〉，《台灣教育》，628，

2～13，1994 年。

12. 洪惟仁，〈台灣的語言戰爭及戰略分析〉，《第一屆台灣本土文化學術研討會論文集》（上），台北：國立師範大學，1995 年，頁 119～158。

13. 徐玫玲，〈音樂與政治──以意識形態化的愛國歌曲爲例〉，《輔仁學誌：人文藝術之部》29，207～222，2002 年。

14. 張炎憲，〈威權統治和台灣人歷史意識的形成〉，收入於《台灣命運的回顧與展望》，台北：自由時報，1996 年。

15. 許佩賢，〈日治末期台灣的教育政策──以義務教育制度實施爲中心〉，東亞知識交流與歷史記憶國際學術研討會，韓國：東北亞歷史財團，2008 年。

16. 許佩賢，〈日治時期近代學校的創設與地方社會──以公學校經費爲中心〉，《新竹師院院報》，18，295～322，2004 年。

17. 許瀛方，〈日治時期官方觀點之愛國歌曲與國家認同〉，《台灣教育史研究通訊》22，8～13，2002 年。

18. 陳如一，〈大陸撤守前大專院校之校歌〉，《東方雜誌》，13（9），72～78，1980 年。

19. 陳如一，〈全國專科以上學校之校訓與校歌（下）〉，《東方雜誌》，12（10），66～71，1979 年。

20. 陳如一，〈全國專科以上學校之校訓與校歌（上）〉，《東方雜誌》，12（8），69～72，1979 年。

21. 陳如一，〈全國專科以上學校之校訓與校歌（中）〉，《東方雜誌》，12（9），63～69，1979 年。

22. 陳君愷，〈台灣的近代化蛻變──日治時期的時代特色及其歷史意義〉，收錄於林麗月主編《近代國家的應變與圖新》，台北：唐山，329～351，2006。

23. 陳君愷，〈師生愛與民族認同的葛藤──高木友枝、堀內次雄及其台灣學生們〉，《輔仁歷史學報》11，189～219，2000 年。

24. 陳君愷，〈戰後台灣「校園文化」的轉型〉，《台灣 1950～1960 年代的歷史省思──第八屆中華民國史專題論文集》，473～519，2007 年。

25. 陳其澎，〈"框架"台灣：日治時期殖民現代性的研究〉，《文化研究學會 2003 年年會‧「靠文化‧By Culture」學術研討會論文集》，2003 年。

26. 陳虹文，〈日本據台殖民教育政策之研究──以公學校國語教科書爲例〉，《台灣教育史研究會通訊》18，2～8，2001 年。

27. 游素鳳，〈台灣光復初期音樂發展探索〉，《復興劇藝學刊》18，95～106，1996 年。

28. 張樺，〈建立在歷史意識音符上的國家──「我的祖國」捷克〉，《當代雜

誌》，130，60，1998 年。

29. 黃兆強，〈校訓、校歌、校長〉，《文訊月刊》198，44～45，2002 年。

30. 鄭昱蘋，〈唱國歌的少年——析論台灣公學校國語教科書〈君が代少年〉中的殖民話語〉，台灣文學與歷史、社會的對話——第六屆台灣文學研究生學術論文研討會，2009 年。

31. 賴彥甫，〈校歌的文化與符號分析：規訓、抵抗與國家的治理技術〉，《2009 ～ 2010 國科會大專生專題研究成果報告》，計劃編號：98-2815-C-002-117-H，執行單位：國立台灣大學地理環境資源學系。

32. 賴美玲，〈日治時期台灣公學校「式日唱歌」與校歌〉，《台灣風物》，57：4，103～143，2007。

33. 賴美鈴，〈日治時期臺灣公學校唱歌教育——「式日」歌曲與校歌初探〉，《台灣教育史研究會通訊》48，2～15，2007 年。

34. 賴美鈴，〈淺談日治時期臺灣公學校唱歌教材之來源〉，《台灣教育史研究會通訊》18，22～28，2001 年。

35. 賴錦松，〈國民小學校歌製作與運用研究——屏東師院輔導區內國民小學校歌探析〉，《屏東師院學報》7，299～378，1994 年。

36. 戴金泉、徐世賢、廖年賦、吳疊、蔡永文、孫巧玲，〈四十年來音樂教育之回顧與展望〉，《藝術學報》57，181～192，1995 年。

37. 戴寶村，〈我國歷史教育研究的回顧與展望〉，《史學評論》，11，113～134，2001 年。

38. 魏靖峰，〈教「國歌歌詞」經驗談〉，《中國語文》86:4=514，44～46，1999。

39. 藤井康子，〈1920 年代台湾における台南高等商業學校設立運動〉，《「日本の教育史學」教育史學会紀要》，48，2005 年。

四、學位論文

1. 李正偉《由意識形態、管制與規訓論台灣國民中、小學教育與校園空間》，國立台灣大學建築與城鄉研究所碩士論文，1995 年。

2. 李明芳，《台灣文化政策的政治經濟分析》，國立中山大學政治學研究所碩士論文，2002 年。

3. 李鎧揚，《日治時期臺灣的教育財政——以初等教育費爲探討中心》，國立政治大學台灣史研究所碩士論文，2010 年。

4. 杜曉惠，《戰後初期臺灣初級中學的歷史教育（1945～1968）——以課程標準與教科書分析爲中心》，國立台灣師範大學歷史學系碩士論文，2009 年。

5. 林玉如，《校歌研究——以台北市高中（職）及國中校歌爲例》，國立台

　　北藝術大學音樂學系碩士在職專班碩士論文，2005 年。

6. 林育柔，《日本殖民統治時期對台教育的意識型態取向分析——以修身教育上之實現爲例》，慈濟大學教育研究所碩士論文，2004 年。

7. 林旻諠，《摩登時代的音樂生活：日治時期公學校唱歌教育與唱片產業之探討》，國立台北藝術大學藝術行政與管理研究所碩士論文，2008 年。

8. 姚源明，《解嚴後台灣國族認同論述的分析》，國立台灣大學政治學研究所碩士論文，1999 年。

9. 胡茹涵，《臺灣戰後初期的中學教育（1945～1952 年）》，國立清華大學歷史學系研究所碩士論文，2005 年。

10. 孫芝君，《日據時代台灣師範學校音樂教育之研究》，台灣師範大學音樂研究所碩士論文，1997 年。

11. 許佩賢，《台灣近代學校的誕生——日本時代初等教育體系的成立（1895～1911）》，國立台灣大學歷史學研究所博士論文，2001 年。

12. 許佩賢，《塑造殖民地少國民——日據時期台灣供學校教科書之分析》，國立台灣大學歷史學研究所碩士論文，1994 年。

13. 許瀛方，《台灣日治至戒嚴時期愛國歌曲之國家認同意識研究（1895～1987）》，國立台灣師範大學教育研究所碩士論文，2001 年。

14. 黃詩茜，《三〇年代臺語流行歌曲研究》，市立台北教育大學社會科教育研究所碩士論文，2006 年。

15. 葉憲峻，《二次世界戰後初期臺灣之中國化教育：以初等教育爲例》，國立台灣師範大學教育研究所碩士論文，1993 年。

16. 廖英秋，《雲林縣各級學校校歌研究》，國立台北師範學院音樂研究所碩士論文，2004 年。

17. 廖珮涵，《政治性歌曲民主化涵的詮釋（1947～2000）》，國立台北教育大學台灣文學研究所碩士論文，2007 年。

18. 蔡元隆，《日治時期嘉義市公學校的思想掌控及學校生活之研究》，國立嘉義大學國民教育研究所碩士論文，2007。

19. 鄭梅淑，《日據時期台灣公學校之研究》，私立東海大學歷史研究所碩士論文，1988 年。

20. 藤井康子，《日治時期台灣中學校之形成——教育目的‧制度‧背後支柱》，國立台灣大學歷史學研究所碩士論文，1999 年。

21. 蘇曉倩，《身體與教育　以日治時期台灣實業學校的身體規訓爲例》，暨南國際大學歷史學系碩士班碩士論文，2003 年。

22. 蘇顯星，《戰後台灣文化政策變遷歷程研究——歷史結構分析》，國立台南大學鄉土文化研究所碩士論文，2001 年。

五、網路資料

1. http://geosheep.pixnet.net/blog/post/3599610，賴彥甫，〈校歌的地理學分析：校歌作為教化意識形態的工具（日治時期篇）〉，文章發表日期 2010/01/03，（查詢日期 2010/01/11）。

2. http://geosheep.pixnet.net/blog/post/5144166，賴彥甫，〈學校音樂教育的引進：點評日治時期的音樂教育〉，文章發表日期 2010/03/06，（查詢日期 2010/03/28）。

3. http://mojim.com/cnh0710.htm，魔鏡歌詞網，（查詢日期 2009/05/06）。

4. http://www.ethnichistory.cn/bbs/simple/index.php?t2617.html，葛兆光，〈重建關於「中國」的歷史論述——從民族國家中拯救歷史，還是在歷史中理解民族國家〉，《二十一世紀網路版》，43，2005，（查詢日期 2010/10/20）。

5. http://www.geocities.jp/abm168/KOUKA/album.html，日本統治時代の台湾に於ける各種学校の校歌、寮歌、其の他の歌謡等，（查詢日期 2009/04/30）。

6. http://www.jimlee.org.tw/article.jsp?b_id=24214&menu_id=5，李筱峰，〈黨國教育遺毒深台灣難正名〉，刊載於《台灣日報》，文章發表日期 2004/10/10，（查詢日期 2010/11/20）。

7. http://www.jimlee.org.tw/article.jsp?b_id=24381&menu_id=4，李筱峰，〈蔣政權流亡入台〉，文章發表日期 2001/12/08，（查詢日期 2010/11/20）。

8. http://www.lib.ntu.edu.tw/CG/resources/U_His/academia/academia.htm，《台北帝國大學研究通訊》，創刊號，（查詢日期：2010/10/20）。

9. http://www.wretch.cc/blog/a222820456/22006657，〈「本人日記」日本時代的教育〉，文章發表日期 2007/10/18，（查詢日期：2009/09/29）。

10. http://www.wretch.cc/blog/ntugeogcamp/6722282，賴彥甫，〈校歌的地理學分析——校園的「空間規訓」與自身的抵抗〉，文章發表日期 2009/01/31，（查詢日期 2009/09/11）。

11. http://www.wufi.org.tw/republic/rep1-10/no01_10.htm，李勤岸，〈語言政策與台灣獨立〉，（查詢日期：2010/12/01）。

附錄一　初等教育

【日治時期】

台北南門尋常小學校

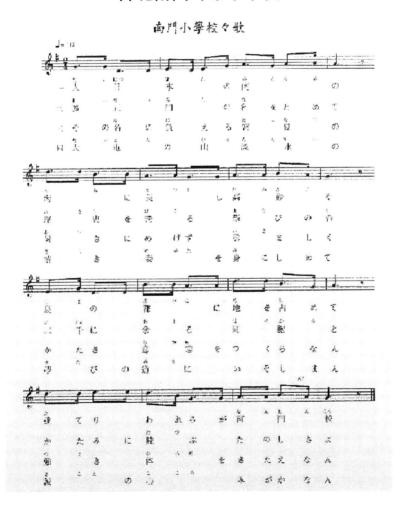

南門小學校々歌

【戰後】

台北南門國小

巍巍黌舍良師薈蔚，春風化雨期我成才
德智體群美五育並進，允文允武國之菁英
教澤海深，吾愛吾師

漫漫晨昏益友歡聚，切磋琢磨共勉今朝
敦品勵學鍛鍊體魄，互敬互愛情同手足
雲誼如山，吾愛吾校

【日治時期】

宜蘭小学校

作詞：中台直記　　作曲：一条眞三郎

名もかぐわしき　宜蘭なる
学びの庭の　みどりごよ
その香よろしき　蘭のごと
何れ劣らず　かほれかし

かなたの雲に　聳えたつ
山は次高　高き山
高くぬきでて　いやしるく
学びいそしめ　もろともに

【戰後】

宜蘭光復國小

（民國35年5月）

西堤那樣的綿遠，東海那樣地汪洋，
光復、光復，才能輝煌。
我們有新的精神，我們有新的氣象，
光復、光復，前途無量。
我們爲國家努力，我們爲民族增光，
光復、光復，萬壽無疆。

【日治時期】

基隆雙葉小学校

【戰後】

基隆仁愛國小

海天闊雲飛揚　偉哉我校位於市中央
叢樹承雨露群　群峯列屏障
黌宇鼎立　美麗堂皇
培植第二代爲國育棟樑
仁愛　仁愛　基隆之光

化雨深教澤長　偉哉我校進步日無疆
品行益淬礪　體魄重健康
天眞活潑　志氣高昂
光陰莫蹉跎自勉更自強
仁愛　仁愛　祖鞭光楊

【日治時期】

台中明治小学校

1. 竹の園生の　　　御車を　　　迎えまつりし　　よろこびを
   Take-no-ensei-no goshya-wo　mukae-matsuri-shi yorokobi-wo

   度重なれる　　　学びやそ　　我らが学ぶ　　　学びやは
   Tabikasa-nareru　manabi-yazo　wareraga-manabu　manabi-yawa

2. いざ諸共に　　　いそしみて　踏むべき道を　　踏みゆかむ
   Iza-sho-tomoni　iso-shimite　fumu-beki-michi-wo　fumi-yukamu

   体は強く　　　　気はひろく　心はかたく　　　養いつ
   Karada-wa-tsuyoku　ki-wa-hiroku　kokoro-wa-kataku　yashinai-tsu

3. 徳をばおさめ　　智をみがき　伸びうるかぎり 伸びゆかむ
   Toku-wo-baosame　chi-wo-migaki　nobiuru-kagiri　nobi-yukamu

   正しく清く　　　あきらけく やさしき姿　　　保ちつつ
   Tadashiku-kiyoku　akirakeku　yasashiki-sugata　tamochi-tsutsu

4. 君と国とに　　　まごころを　捧ぐる民と　　　なりてまし
   Kimito-kunito-ni　magokoro-wo　sasaguru-tamito　naritemashi

   すめらみことの　詔り　　　深くも胸に　　　ほりつけて
   Sumerami-koto-no　mikotonori　fukakumo-muneni　hori-tsukete

【戰後】

台中大同國小

廖居仁　作詞　蔡秋淋　作曲

眺望玉山　玲瓏屹立　天空恰是少年志氣豪雄
滋培桃李成蔭　化雨青風教施　禮樂精神豐富
　　　像陶鈞鍛良材　進出大同

黌宮崔巍壯觀　綠川之旁　扶疏庭樹菁葉龍蒼
既霑械樸振興　化育有方　四維八德砥礪矜揚
　　　像陶鈞鍛良材　進出大同

【日治時期】

台南南門小学校

千早ふる　神の宮居を　朝夕に
おろがみまつり　常盤なる
孔子（くし）の廟（たまや）を　目のあたり
うち仰ぎつつ　ものまねぶ
われらが幸を　思へひとびと

いざや友　日嗣の皇子（みこ）の　かしこくも
わが学び舎に　いでましし
栄えある歴史　かえりみて
心を　磨き　身を鍛え
君が恵みに　応えまつらん

【戰後】

台南永福國小

文化古城　弦歌聲清
永福學子沐春風
赤崁樓影　孔廟鐸聲
永福師生祝忠誠
重倫理　禮志節　身致力行
重科學　愛藝能　手腦並用
我們是民族的新血輪
我們是國家的少年兵
向著復興建國的大道
努力　前進　努力　前進

【日治時期】

台南花園尋常高等小学校

君が御稜威も　高砂や　島の南に　教え草
色香ぞ匂う　花園に　あそぶ我らの　幸深し

いざや同胞（はらから）　大君の　詔勅（みこと）の儘に
大和心の　錦をぞ　この花園に　織り成さん

【戰後】

台南公園國小

許□□　作詞　　□双鳳　作曲

大公園桃李青
歡樂聲四處洋
好兒童要自強
作社會新棟樑
學智能修品德
朝夕共磋研
爲國家、爲人群奮鬥奮鬥追理想
發揚光大　公園、公園
勇向前　勇向前

【日治時期】

花蓮港公学校

1. 流れも清き米崙の川上近く御社を朝夕なに仰ぎつ、學ぶ我等の公學校
2. み國を守るつはものの日々にいそしみ勵むなる雄々しき様に讓りじとぶ我等の公學校
3. 大空高く飜る國旗に象徴す赤心と清き正しき心とぶ我等の公學校
4. 榮行く御代の幸うけて知德を磨き體を練りき國民となりんかなざや友垣もるともに

【戰後】

花蓮明禮國小

美崙山麓　彎曲清流　校樹綠油油
巍峨黌舍　歷史悠久　榮光屬我校友
切磋琢磨　品學兼優　朝暮團聚嬉遊
高聲歡呼明禮　明禮　永世不朽

【日治時期】

台北三峽公學校

仰げば崇し鳶山の　巍巍千秋に聳え立ぢ
綠の衣色變へぬ　氣高き姿雄雄しけれ

流は清し三峽の　悠悠萬代に濁りなく
青き若葉の影ひたす　直けき心尊けれ

智德を磨き體を鍊り　身を立て國に報ぬべき
向上の意氣山高く　久遠の理想水長し

【戰後】

台北三峽國小

山蒼蒼　雲茫茫　遠望鳶山雄又壯
三峽國小是樂園　美麗又安詳
小朋友相親相愛活潑又健康
師長們諄諄教誨和藹又慈祥
努力努力　我們的意志堅強　我們的信心昂揚
專心學習　全力向上完成學業造福家鄉

【日治時期】

台北士林公學校

XXXXXXXXXXXXXXXXXXXXXXXXXXXXXXXXXXXXXX

舊　校　歌

山口透 作歌
鈴木保羅 作曲

一、我が里近き
　　劍潭山
　　島の鎮めの
　　宮所
　　尊き御影を
　　仰ぎつゝ
　　共に務めて
　　學ぶべし

二、我が里近き
　　芝山巖
　　今の敎への
　　もとどころ
　　まめしき績を
　　偲びつゝ
　　共に勵みて
　　學ぶべし

三、士林の里は
　　もの學び
　　早く開けて
　　名に負へり
　　我等も共に
　　進みつゝ
　　務め勵みて
　　學ぶべし

【戰後】

台北士林國小

楊雲萍　詞　呂泉生曲

士林風光眞美麗　屯山蒼蒼

淡河央央　我們學校在美麗的

環境　老師勤教訓　同學好用功

士林國民小學

士林國民小學

士林歷史眞悠久　文化發達

人才輩出　我們學校是歷史的搖籃

老師勤教訓　同學好用功

士林國民小學

【日治時期】

台北大安公學校

朝日たやさす　大安のつ

輝く光　仰ぎつ

ぞふ我等の　血は躍り

歡喜努力に　あふれたり

あや拳頭の　旗標

雲井に高く　かざしつ

大勅語　身にうけて

よき日本の　民たらん

【戰後】

台北大安國小

陳鴉　作詞　劉文六　作曲

福州山下　黌舍堂堂

春風化雨　桃李芬芳

手腦並用　身心健康

注重五育　日就月將

服務國家　敬恭梓桑

才華舒展　意志昂揚

但願崇明德　隨時愛景光

【日治時期】

台中大雅公學校

一、治まる御代に立ちそひて、
榮ゆく我等が學び舍は
黃金波なす樂園に
雄々しく建てる大雅校

二、綠は深しこの庭と
空にも聳えむ甍には
廣き心といや高き
妙なる希望の教訓あり

三、勉め！幸ある我が友よ
雨の朝も風の日も
學びの道にいそしみて
よき國民と生ひねべく

【戰後】

台中大雅國小

中山常雄（日）、紀忠男（中）　作詞　中山常雄　作曲

巍峨黌舍　雄歷學府　英才會聚
菁菁校樹　灼灼庭草　芳華傳天下
智仁勇爭光榮　做個好兒童
春風化雨　諄諄教誨　美哉大雅

身體力行　學習勤奮　賢良輩出
自強不息　弦歌不輟　美譽飄四方
眞善美氣質高　做個好國民
十年樹木　百年樹人　偉哉大雅

【日治時期】

桃園大溪宮前國民學校

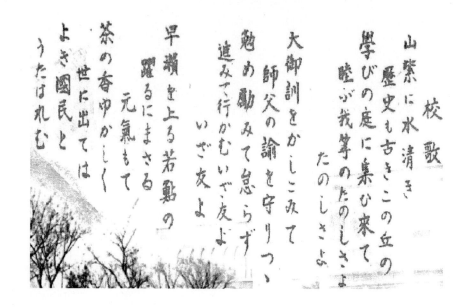

校 歌

山紫に水清き
歷史も古きこの丘の
學びの庭に集ひ來て
睦ぶ我等のたのしさよ

大御訓をかしこみて
師父の諭を守りつゝ
勉め勵みて怠らず
進みて行かむいざ友よ

早瀨を上る若鮎の
躍るにまさる
元氣もて
いざ友よ

茶の香ゆかしく
世に出ては
よき國民と
うたはれむ

【戰後】

桃園大溪國小

李永剛　詞曲

大漢溪畔國旗飄揚　黌宮壯麗輝煌
春風化雨桃李芬芳　民族幼苗茁壯
立　救國救民的大志鑰奮發圖強
五育並重四維涵養做國家棟樑
爲大溪爭榮光

鄉賢創校意永心長中華心聲深藏
艱苦奮鬥國土重光民族文化發揚
行　三民主義的大業要意志堅
手腦並用發展開創做民族英豪
爲大溪爭榮光

【日治時期】

桃園中壢公學校

作詞　中壢街長　三上敬太郎
作曲　中壢助役　劉興枋

1
鍛冶屋の鎚音　夜明けの鐘よ
街の角角　希望に滿ちて
光輝き　　鎮の石碑
力強いぞ　銃後の護り
ヤレヨイヨイ　ヨイヤッサ
トコトントントン　トンヤレナ

2
朝の靄晴れ　風爽やかに
唄え唄えよ　茶山の原で
日燒け嬉しい　乙女の頰よ
力強いぞ　銃後の護り
ヤレヨイヨイ　ヨイヤッサ
トコトントントン　トンヤレナ

3
五穀稔れば　皆で踊れ
御代を壽ぐ　中壢神社
御輿擔いで　街中巡る
力強いぞ　銃後の護り
ヤレヨイヨイヨイ　ヨイヤッサ

【戰後】

桃園中壢國小

中壢國小　中壢國小　歷史悠久　校譽隆昌
同學天眞又活潑　奮發有爲志高宏
師生一堂樂融融　努力學習品德兼修
創造科學利我民生　實現民主　促進大同

【日治時期】

台北日新公學校

（三）
いざや登らんいざ
人にゐ道をふみしめて
行手の山は高くとも
心をみがき身を鍛へ
輝きわたる學舍に
徽章にかざす日の光

（二）
さざや進まんいざやいざ
思へば血湧き肉おどる
その名を擔ふ我等こそ
我が大君のみさとしぞ
日新こそはかしこくも

（一）
いざや學ばんいざやいざ
これ我が校の立つところ
夕のまどに仰ぎみる
秀麗高き大屯を
朝の庭に伏拜み
劍潭山の御社を

【戰後】

台北日新國小

（舊校歌）

與時俱進日日新　爲國教育好國民　校史悠久堪稱道　學風優良全省聞
設備齊全講習認眞　文理皆崇三育並進
校友眾多和睦誠懇　繼往開來造就英俊
培養時代的兒童　儲育國家的主人　光明遠大要努力　日新國校日日新

（至今）

許森貴　作詞　陳德明　作曲

陽光普照萬里晴空　兒女活潑天眞
個個精神飽滿　勤學趁青春
四維八德人人遵行　德智體群美五育並重
上進　上進　日新又新
陽光普照萬里晴空　大地一片光明
立志求學向上　努力不能停
四維八德人人遵行　德智體群美五育並重
毋嬉　毋怠　日新又新

【日治時期】

台北北投公學校

加藤春城　作詞　一條愼三郎　作曲

一
大屯山の秀麗を
朝な夕なに仰ぎつゝ
北投温泉の名を負ひて
さやけき心磨かなむ

二
淡水河の溶々と
流れてやまぬ姿をば
心の糧を身にしめて
學びのわざにいそしまむ

三
高きに登り遠きをも
きはめむちのはさちだくに
競ふ心を次をして
助け勵まし進まなむ

【戰後】

台北北投國小

大屯巍巍　温泉滔滔
山川秀麗　美哉吾校
師生互敬愛　教讀勤且勞
尚體育　重禮教　莫看我們年紀小
人小志氣高　個個成英豪

大屯巍巍　温泉滔滔
桃園勝地　億哉吾校
同學如兄弟　失聲樂陶陶
尚信義　重師道　莫看我們年紀小
人小志氣高　個個成英豪

【日治時期】

台北石碇公學校

我が懷しき學び舍の 始めてこに開けしは
明治三十七年の 四月二十一日ぞ

岩根こごしさ山里の 荊棘が下も大御代の
惠の露に霑ひて 榮えめくこそ嬉しけれ

我等が庄の名に負へる 石の碇のそれよりも
重きは教へのみことのり 朝な夕なに守れかし

流れも渴きぬ谷川の 清さ已が鑑とし
學びの業をいそしみて 出でてはつく世の爲めに

【戰後】

台北石碇國小

黃隆錢 詞 許雅民 曲

悠悠碧水、常綠群峰，石碇兒童樂其中，
健康活潑、親愛融融，知行合一校訓崇，
五育並重，時代兒童，四維八德，
記心胸，勤學習，志氣雄，
三民主義，進大同，進大同。

【日治時期】

台中公學校

校歌

一、大屯原の朝ぼらけ
やしのは風に中公の
旗ひるがへし一すぢに
進むや健兒意氣高し

二、御代の惠を胸にしめ
大朝語肝にゑり
學の道を踏分けて
進むや健兒意氣高し

三、いざ我が友よ諸共に
智德をみがき体をねり
御國の花と匂ふべき
一葉豐く伸び行かん

四、大肚の流れ滔々と
盡させぬ努力範として
新高の山凌ぐまで
我學舍の名を揚げん

【戰後】

台中忠孝國小

張碧水　作詞　鄭家苗　作曲

海風飄飄　國旗高揚　吾校巍立柳川之上
景致優美茂木青蒼　東望玉山志氣益壯
同學們　我們是國家的小主人　中華民國的棟樑
努力學業發憤圖強　新中國的創造　期待著我們擔當

【日治時期】

台中南屯公學校

朝朝日のか　やけは
紺青の望はるはるく
新高の峰仰かるる
野邊に含穗の草のあり

夕日影のかげろへば
大肚の山は打ち霞み
あたり靜に暮れて行く
わが□むに平和あり

野末遙に筏子溪の
盡きぬ流れを引として
不斷の努力向上の
道一窮に進み行く

朝な夕なかいそしみに
誠のかう込ちめて
大勅語胸にしめ
御國の民と生ひ立たん

【戰後】

台中南屯國小

李木火　作詞　呂泉生　作曲

玉山蒼蒼犁江湯湯，校史悠久文化滋昌，
敦品力學四育是綱，明禮尚義四維並揚，
培英育才建國興邦，奮發勵志民族自強，
我校榮譽日月同光，我校榮譽山河共長。

【日治時期】

台北太平公學校

翠色濃を劍潭の　宮居間近に仰ぎつつ
聳え立ちたる我が校の　姿は我等の誇なり

北大屯の峰のどと　修むる道はいや高く
溪淡水の行く水に　撓まめつとめ競ふなり

嗚呼大正十二年　おが日の御子のいでましに
古き歷史はいや榮えて　譽はいよいよ輝けり

いき太平の建男兒　責任は重く道遠し
不斷の備ゆるみなく　學の業にはげまなむ

【戰後】

台北太平國小

依山傍水靈秀地、朗朗讀書聲，高聳雲霄大屯山，象徵我太平。
教學不倦眾師長，智德體並重，歷史悠久好成績，美哉我太平。
依山傍水靈秀地、朗朗讀書聲，悠悠長流淡水河，象徵我太平。
努力勤讀眾學生，日日沐春風，歷史悠久好成績，美哉我太平。
依山傍水靈秀地、朗朗讀書聲，至聖先師孔子廟，萬世受尊崇。
敦品勵行重信義，個個好兒童，歷史悠久好成績，美哉我太平。

【日治時期】

台北蓬萊公學校

加藤春城　作詞　小關正男作曲

大臺北の　西北に　島の望と　蓬萊の
清さその名を　負ひもてる　我が學び舍の　ともがきよ
いさもろともに　はげまなん

仰げは高さ　劍潭い　宮居拜み　朝夕に
國の御榮　祈りつ　うさに抱けろともに　和魂
いざもろともに　みがかなん

大御教を　かしこみて　水の器に　そふでとく
女の道に　したがひて　日日の務を　怠らず
いさもろともに　いそしまん

【戰後】

台北蓬萊國小

周雅郎　作曲

美麗寶島蓬萊我校　歷史悠久環境多美好
德育薰陶健全身心　品學兼優大家向前進
願我同學互相切磋　人才輩出社會貢獻多
願我同學精益求精　自強不息爲國爭光榮

【日治時期】

台北永樂公學校

加藤春城　作詞　一條甚三郎　作曲

朝な夕なに劍潭の　御社をがみ日の本の
國のさかえをいのりつ　心をきよめ身を鍛ふ
我等は永樂學校兒童よ

めでたき鳥とうたはるる　鳳凰のもんしるしとし
樂しく集ふ友がきと　學びの道に進みゆく
我等は永樂學校兒童よ

大台北に地を占むる　校のほまれを身にしめて
つとめはげみてわざををへ　やがてはならんよき市民
我等は永樂學校兒童よ

【戰後】

台北永樂國小

吳間芽　曲

吾校永樂　立在稻江　姿容壯麗　榮冠鳳凰
表現大家　志氣高翔　體魄堅強　生活樂康
這是我們　可愛的　永樂學堂
吾校永樂　良好學風　大家親愛　歡喜用功
表現出來　能力充盈　服務忠誠　處處光榮
這是我們　快樂的　永樂兒童

【日治時期】

台北景美國民學校

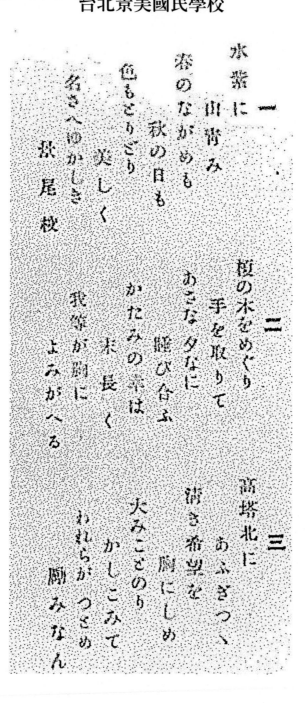

一
水藻に
山背み
春のながめも
秋の日も
色もとりどり
美しく
名さへゆかしき
松尾校

二
楓の木をめぐり
手を取りて
あさな夕なに
睦び合ふ
かたみの木は
末長く
我等が胸に
よみがへる

三
高塔北に
あふぎつゝ
清き希望を
胸にしめ
大みことのり
かしこみて
われらがつとめ
勵みみなん

【戰後】

台北景美國小

洪良一　作詞/作曲

景美溪水波盪漾　文山茶飄香

仙跡巖山色秀麗　祖師廟流芳

純樸的景美是我們的家園

繁榮的景美陪伴我們成長

課堂上書聲朗朗　景美的兒童活潑健康

老樹下歌聲悠揚　景美的校園和諧安詳

今日修業　德智體群美

明日成為　國家的棟樑

【日治時期】

台北大龍峒公學校

校歌

一、里の名に負ふ大龍峒
大川端の學びの屋
此處に生ひ立つ教へ草
年に茂りてさかえゆく

二、川の向ふの劍潭山
隣に近き保安宮
朝夕仰ぎていやつとめ
務め學ばむ諸共に

三、共に學びていやつとめ
共に進みてゆくてには
我が大龍峒里の名も
いよいよ高くあがるらむ

【戰後】

台北大龍國小

李國嫌　作詞　周照彥　作曲

歷史悠久大龍峒　文風鼎盛譽四方
圓山明麗淡水秀　聖地孔廟保安宮
大龍我校淵源長　地靈人傑塑棟樑
師長教誨盡愛心　莘莘學子樂融融

巍巍校舍綠樹鄉　誠樸校風五育全
相親相愛如手足　互勉互勵學聖賢
禮義廉恥爲校訓　堅忍奮鬥爲指南
讀書愛鄉更愛國　自強不息興家邦

【日治時期】

台南港公學校

舊都の西にひろぐと　たてる吾等の學園や
海風うけて心身の　すぐゆくこそみのしけれ

日嗣のならぶ大君を　仰くと共に感恩の
一念こらすおがまこと　國にさ　げんまかうだ

正しさまにかわき　勤勞そこに報あ□
思てすなほにとと筆の　進みやいかでとあらん

【戰後】

台南協進國小

作曲：潘坤西　作詞：張學庭、周成華

古都之西運河陽

惟我學校雄偉堂皇

海風飄拂漁歌晚唱

莘莘學子集一堂

禮義廉恥　學風優良

協力求進　共同磋商

進德修業　鍛鍊體魄

光耀家邦聲譽揚

【日治時期】

台北內湖公學校

一、劍潭山の　霧晴れて
社はるかに　仰ぎつつ
朝の露の　野路を急ぎ
光溢るる　學びの庭に
勵む吾等の　業こそ床し

二、基隆川の　河風に
胸もそよがせ　微笑みつ
仲よく遊ぶ　小鳥となりて
清く明るく　學びの庭に
歌ふ吾等の　心は樂し

三、碧山巖に　射す夕陽
內湖健兒の　頰映えて
元氣に燃のる　力を誇り
強く正しく　學びの庭に
伸びる吾等の　生命は躍る

【戰後】

台北內湖國小

吳金龍　作詞/作曲

內湖　內湖　美麗的內湖
蕙嶺中樹的是茂林修　竹山谷間流的是全水清漪
白露山　內湖陂　是我們的好屏壁　更映來碧山朝陽圓覺曉翠
陶冶我們的眞善美　培養我們的熱情緒
內湖　內湖　美麗的內湖

內湖　內湖　前進的內湖　尊科學　重勞作
隨作隨習　活教材活學生慇勤教師
大自然　大社會　是我們的工作室　要憑著手腦並用文武合一
建設我們的新國家　促進我們的好學校
內湖　內湖　前進的內湖

【日治時期】

台北木柵公學校

張乾生 口述
郭淑英 記譜

歌詞大意

從交錯的行雲罅隙，可望見聳立於高峰上華美鮮麗的仙公廟，這就是我們心靈的守護神。

5·5 5·5 6·6 5　3·3 2·1 5·　0
ゆ き こ う く も の　あ い だ よ り

6 5·5 1·6 5·3　2·2 2·2 1·　0
み ゆ る た か ね に　う つ く し

2·2 2·2 3·5 5｜6·5 1·6 5·　0
ひ ら め き た て り　セ ン コ ン ビ ヨ

6 5·3 5·3 3·5｜666 561 1·　0
こ れ ぞ わ れ ら が　こ こ ろ の ま も り

5·5 5·5 6·6 5｜3·3 2·1 5·　0
行 き 交 う 雲 の　間　 よ　 り

6 5·5 1·6 5·3｜2·2 2·2 1·　0
見 ゆ る 高 峰 に　美　 く　 し

2·2 2·2 3·5 5｜6·5 1·3 5·　0
ひ ら め き 立 て り　仙　 公　 廟

6 5·3 5·3 3·5｜666 561 1·　0
こ れ ぞ 我 等 が　心　 の　 守 り

註：
1. 這是日治時期的校歌的第一段歌詞，由於三代久遠，張乾生先生已不復記憶後面的部分。
2. 歌詞係以戰前日文撰寫，故某些字的實際發音與標註相異，例如「交」、「間」、「廟」。

【戰後】

台北木柵國小

詞：李永臣　曲：康謳

指南山蒼蒼，深坑溪蕩漾

美麗的木柵，可愛的家邦

這真是我們的樂園，這裡有我們的課堂；

春風吹開了心房，朝陽沐浴在身上，

我們在自由中成長，鍛鍊圖強、鍛鍊圖強，努力！努力！

推動時代的巨輪，要做國家的棟樑！

【日治時期】

台中石岡公學校

石崗公學校校歌

雲は起る　山の峰
水は流る　葉の蔭を
丘の上に　輝きて
あ──　立てり　我が學舍

遙かなる　蒼空に
承りよ傳へよ　この榮を
咲けよ匂へよ　丘の上に
あ──我等　日に仲びん

日の本の　よきひ
おほみこのり　畏みて
心を磨き　身を鍛へて
あ──我等　いぞしま

【戰後】

台中石岡國小

金星山下大甲溪旁　吾校秀麗氣象輝煌
快樂園地人才興旺　前賢傳佳績　後學續光揚
造福桑梓光耀家邦　莘莘學子校訓勿忘
敦品勵學　不息自強　佳譽傳寰宇　齊讚我石岡

【日治時期】

台北汐止公學校

砥上卯八郎　作詞

朝日輝く大尖山　峰は紫紺の色に映ゆ
高き望みを胸にしめ　日日に伸び行く嬉しさよ

夕潮さすや基隆河　浪も湧き立ち氣は躍る
強き力をたよりにて　共にいそしむ樂しさよ

北白川の宮樣の　いましの跡を拜しつ
大勅令かしこみて　吾等がつとめ勵まなむ

【戰後】

台北汐止國小

（目前無校歌）

【日治時期】

台北老松公學校

作詞：中美春治
作曲：岩田泉

ムカシ　マンカノ　ナモターガー　ク　シト
いまは　ずひまつ　なにおーひー　て　と

マーノオ　シヘニカ　ガーャキ　シ　ソノ
ばーのみ　どりのい　ろーふか　き　その

ホマレコ　ソ　コ　コ　ニア　レ　イ
こころこ　そ　こ　こ　にあ　れ　い

ザハエアルレ　キシ　マモ　リテト　モ　ニ　ツー
ざはえあるそ　のな　かか　げてと　モ　に　つー

トメ　ハゲ　マム　イ　ザ　トモ　ニ
とめ　はげ　まむ　い　ざ　とも　よ

【戰後】

台北老松國小

劉克明　作詞　李金土　作曲

蓮花池畔　屹立校堂

宏宏學舍　正正學風

我們求成大器　要積磨練之功

努力兮　努力兮　學求優　行求良

好像那君子之花　發出清清之遠香

老松我校　文甲傳芳

學海淵遠　書香綿長

我們繼往開來　景仰昔賢遺光

努力兮　努力兮　身愈壯　志愈強

好像那參天松柏　以為國家之棟梁

【日治時期】

台中州村上國民學校

大屯原の朝ぼらけ　椰子の葉風に村上の
旗飜一一すちに　進むや健兒意氣高一

御代の惠を胸に一め　大勅語肝に（鏤）り
學び道を踏分けて　進むや健兒意氣高一

いさ我友よ諸共に　知德を磨き体を練り
御國の花と白ふべき　二葉豐けく伸び行かん

大肚の流れ滔滔と　盡きせぬ努力範と一て
新高の山ぐまで凌　我學舍の名を揚げん

【戰後】

彰化村上國小

曾迪中　作詞　游秋雄　作曲

偉大中華　寶島台灣　八卦山下　村上國小
生活的樂園　理想的學堂　書聲歌聲　樂洋洋
同學活潑　又健壯　五育並重　把名揚
我們是民族的幼苗　我們是國家的棟樑
我們要奮鬥　我們要自強　爲我村上爭榮光

【日治時期】

新竹芎林公學校

渡部逸平　作詞　劉德明　作曲

校歌　　　　　　　　　　　　作

一、學びの窓の朝夕に
　五指の山脈仰ぎみつ
　高きを己が希望とし
　黙示に我等勵むなり。

二、流れも清き頭前の
　水のせゝらぎ歌ときき
　土に親しむ鍬の音
　永遠の栄に生きんかな。

三、歴史はかほる文林の
　我が學び舎の名にはぢず
　皇國の精神蘇らかなん
　あゝ歴代のみ民われ。

【戰後】

新竹芎林國小

渡部逸平　作詞　劉德明　作曲

| 黌舍窗前 | 芎林健兒 | 朝夕仰望 | 巍巍五峯 |
| 見賢思齊 | 立志圖強 | 莘莘學子 | 孜孜耕耘 |

| 清徹如鏡 | 頭前溪畔 | 潺潺流水 | 如聞歌聲 |
| 民純土芳 | 飛鳳山麓 | 為著永遠 | 光榮奮鬥 |

| 歷史悠久 | 馳名遠近 | 願不愧作 | 文林先進 |
| 我們在此 | 磨練體魄 | 將來為鄉 | 為國爭光 |

【日治時期】

台北樹林公學校

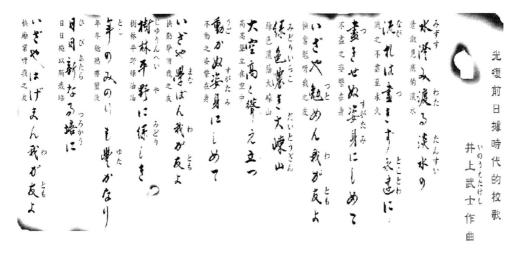

光復前日據時代的校歌
井上武士作曲

【戰後】

台北樹林國小

林國安　作詞　姚讚福　作曲

大同山路沃野裕人　我鄉親愛的國校樹林
懷仰父老樹正吾心身　環峰齊美平疇綠匀
四季豐發民風樸純　我校繁盛首在認眞
樹林發揚首在認眞　愛護　愛護國校樹林
學子的樂園　國校樹林

十三公烈靈顯爲神　我鄉親愛的國校樹林
追懷民主業勵吾新民　先烈遺光名省之珍
地靈人傑大眾和親　台灣建設首在認眞
中華文化首在認眞　愛護　愛護國校樹林
學子的樂園　國校樹林

【日治時期】

台北松山公學校

さとのなにおふ　まつやまの
まつのいやまし　しげるごと
しげりゆくなる　まなびやに
かあふわれこそ　うれしけれ

ふでたてやまの　たちならぶ
すがたながめて　いやつとめ
うらのかはせの　たえまなく
としにさ　みて　まなぶべし

みよのめぐみに　へだてなく
しげりさかゆる　せうこくみん
　そのみめぐみを　あふぎつ
いよ　つとめん　しろとしに

【戰後】

台北松山國小

相期立志向賢關　　學子莘莘滿各班
更感自然工布置　　當窗筆架是名山

松山校爲育英開　　承先啓後沿革來
奮發相期小朋友　　他年鵬舉自瀛台

【日治時期】

台北山腳公學校

山腳公學校應援団歌

原文：

5111111	22123—	3333321	16655—
新緑したたる	山腳の	四百の健兒	血はもえて—
日頃きたえし	うでまえを—	いましも ここに	ためしみん—
はしれよかけよ	まっさきに—	いさみふるへる	我が選手—

5555555	66665—	3355112	33221
應援団歌	地に湧けば	游ってる選手の	血がおどる—
よきてき來れ	いざ來れ	力の限り	たたかわん—
よきてき來れ	いざ來れ	月桂冠は	我れにあり—

中文翻譯：

5111111	22123—	3333321	16655—
新綠滴翠的	山腳的—	四百個健兒的	血燃起來了—
平常訓練的	好本能—	現在在此來試吧	精神百倍的
跑呀加油呀	跑在最前面	我們選手—	

5555555	66665—	3355112	33221
啦啦隊的歌聲	響起來了	出戰選手們的	身也跳起了—
強敵來吧!	快來吧	用盡所有力量去	迎戰—
強敵來吧!	快來吧	月桂冠是我們的—	

公元1926年（民國15年）時，在「和尚洲公學校」舉辦
新莊郡全部公學校聯合運動會時所唱的應援團歌（柑季隊歌）

第24屆校友
張健卿先生提供

【戰後】

台北泰山國小

山腳公學起先頁　歷代桃李
仁義禮智校訓揚　循規蹈矩
青翠校園歡樂多　莘莘學子品學兼優

百年樹人育英才　春風化雨
五育並進潛能發　陽光少年
承先啓後傳美德　來日有成爭榮光

【日治時期】

苗栗苑裡公學校

次高山にさし出つる　朝日の光仰ぎつ
我が大君の御諭を　心に彫りてもろともに
日日務にいそしまむ

苑裡の流ゆく水の　覺えせぬさまを鑑にて
心を修め體を練り　勉め勵みてもろともに
師父の望に答へなむ

御代の惠のよろこびは　火炎の山の火と燃えて
強く正しく清かれと　誓ひかはしてもろともに
よさ國民と生立たむ

【戰後】

苗栗苑裡國小

吳左炎　作詞　郭芝苑　作曲

巍峨庠序　立康莊　朝向靈山迎旭光
代有才人　欣輩出　莘莘學子日剛強
樂育英才　李桃盛開
光華復旦　譽滿蓬萊

校風淳樸　出賢良　化育由來澤四方
百載樹人　欣鼎盛　他年報國振家鄉
諸子多才　人文壯哉
興邦在念　志節宏開

【日治時期】

台中草屯公學校

春高原に訪れて　炎峰麓に萌え出つる
若葉と共に學舍に　集ひし健兒六百餘

眞夏の光赫赫と　照る日の下に鍛へんは
鐵染むる其の腕　堅忍不拔の其が心

秋碧山に酣け行きて　血汐に染むる紅葉と
黃金の波に照り添へて　積まんや其處に人の道

嚴冬の風穩やかに　烏溪の流れ水澄みて
心も身をも清清と　寫し出さん諸共に

【戰後】

台中草屯國小

吳敦義　作詞　張忠　作曲

火炎山高　烏溪水長
莘莘學子　濟濟一堂
八德六藝相薰陶　個個好榜樣
偉哉草屯國校　爲國爭光

民風敦厚　旣富且康
琢磨切磋　學行優良
相親相愛互勉勵　鍛練好身體
發揚吾校精神　大放光芒

【日治時期】

台北淡水東國民學校

流水もつきぬ淡水河　五十鈴の川と水澄めば
世にたぐひなきかむがらの　皇國にあれしさきはひの
かぎりも知らぬよろこびに　すめらみことをおろがまむ

淡水富士のたかぬぐも　天つ光にかやよへば
もゆるまことは櫻花　ちりてすがしくいさぎよき
大　和　心にしみなむと　ちかひまつらんもろともに

渚によする白波の　ちりてくだけてとやろけば
たぎる血しほはおほみわざ　海原とほくひろむべき
力となりてくだけむと　誓ひまつらむもろともに

【戰後】

台北淡水國小

王昶雄　詞　陳泗治　曲

觀音霞光　大屯雪影，碧水縈迴　四季好景
錦繡的環境下，從螢雪中長成。
努力吧，百鍊金剛，洋洋哉　萬里前程。
淡水，淡水，我們的母校淡水。
慈祥業師　親愛學友，同心同德　砥礪研究。
輝煌的傳統下，理想沒有盡頭。
發揚吧，民族正氣，皓皓哉　從善如流。
淡水，淡水，我們的母校淡水。
春風秋雨　歷有年光，繼往開來　不息自強。
悠久的歷史下，鳳雛濟濟一堂。
時代的，曉鐘在響，光明的燈塔在望。
淡水，淡水，我們的母校淡水。

【日治時期】

台中清水公學校

（一）
氣は鰲峰の精を拔き
智は靈泉の水と湧く
我等の望みかくことを
清く育たんもろともに

（二）
御代の惠みを胸にしめ
大勅語肝に銘り
文の林の蘊奧に
豐けく育たんもろともに

（三）
清き流れの滔々と
盡きぬ努力を範として
新高山を凌ぐまで
雄々しく育たんもろともに

（四）
智仁勇の緒をしめて
野榕の葉風に清公の
旗翻へし一すぢに
良き國民と育たなむ

【戰後】

台中清水國小

鰲峰碧翠，靈泉滄清，美哉吾校。
作育群英，人才輩出，師恩永難忘。
十年樹木，百年樹人，精益求精，
五育均衡，文化復興。

國旗飄揚，桃李芬芳，美哉吾校。
國教天堂，莘莘學子，活潑又健康。
誠字校訓，諄諄教誨，永誌毋忘，
自強不息，弘揚校光。

【日治時期】

彰化北斗東國民學校

つきぎる流れ濁水の　つきぬ流れを範として
勅語がしこみ怠らず　知德を磨き體を練る
進む健兒の意氣高し

新高山のけがれなき　姿を巳が心とし
御代の惠を胸にしめ　朝な夕なのいそしみに
勵む健兒意氣高し

不滅の光七星の　變らぬ誠一すぢに
北斗の鄉に生ひ立ちて　御國の花と咲き出でん
輝く健兒の意氣高し

【戰後】

彰化北斗國小

林伯餘　作詞　中自生　作曲
濁水流不盡，不息範吾曹
讀書環境好，古樹聳天茂
捷足步青雲，修身格物多
向前進向前進，健兒意氣高

【日治時期】

台南新營東國民學校

大御心をころとし　四つの訓を身にしめて
學ひの道にいそ　める　我等の幸そゆたかなる

日に開け新營の　里に生ひたる二っ葉の
やがて花咲きみのるへき　我等のゆくて幸あれや

【戰後】

台南新營國小

趙友培　作詞　呂泉生　作曲

唯我新營日新又新　規模宏遠

嘉南之英　當政經之樞紐

據文教之中心　願我師生努力耕耘

注重四育發展平衡

增中華之國力　作民族之干城

【日治時期】

台北雙溪東國民學校

砥上卯八郎　作詞　曹賜土　編曲

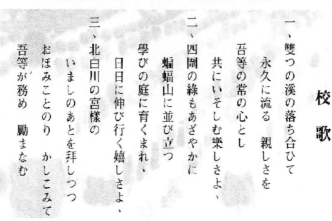

校　歌

一、雙つの溪の落ち合ひて
永久に流る　親しさを
吾等の常の心とし
共にいそしむ樂しさよ、

二、四園の緑もあざやかに
蝙蝠山に並び立つ
學びの庭に育くまれ、
日日に伸び行く嬉しさよ、

三、北白川の宮樣の
いましのあとを拜しつつ
おほみことのり　かしこみて
吾等が務め　勵まなむ

【戰後】

台北雙溪國小

李鶯輝　作詞　陳正興　編曲

雙溪會合源遠流長	不捨晝夜韻律悠揚
校史悠久歷盡滄桑	巍然屹立名震四方
日新又新奮發圖強	相其吾校永放光芒
承先啟後萬里騰驤	雙溪國校永世康莊
環境優美花木芬芳	校設林立壯麗堂皇
朝朝暮暮歡樂一堂	相親相愛心身健康
民族精神長此發揚	培育未來國家棟樑
承先啟後萬里騰驤	雙溪國小永世康莊
悠悠歲月雪案螢光	學無止境勵志無僵
春風化雨起我心腸	吾愛吾師洪恩難忘
至聖孔子大道彌彰	復興文化共勉宏揚
承先啟後萬里騰驤	雙溪國小永世康莊

【日治時期】

台北安坑公學校

日據時期校歌　　　　　　　　　李乃昌先生詞

おか校

眺め美はし安坑の
さ霧棚引く丘の上に
久遠の希望抱きしめ
太しく立づるわか學舍

啓示の光仰ぎつ
清き流むは棹させば
われは進はじ一筋に
至誠の道を辿るなり

安坑原の朝ぼらけ
園の操土ふみわけづ
はるかに仰ぐ大尖の
剛健く氣高きわか思想

土に親しむらか校の
學その教へ身にしめづ
いざや輝く新興の
丘に築がん理想校

吾校

眺望美麗安坑之丘
縱橫交錯綿延不絕
懷抱歷久彌新之冀
巍峨高聳吾校學舍

仰望啓示燦爛之光
感同浸漬涓涓清流
不致迷失自我乾向
至誠之道勇往邁進

安坑之原晨曦靈靄
漫步輕踏校園紅土
遙望無垠無涯邊際
大尖剛健高潔思想

人親土親吾校之風
浸淫杏壇教化之功
光輝璀燦新興之秀
鑿踞山丘理想之託

【戰後】

台北安坑國小

大尖山北麓　碧潭西方　我們的家鄉
安坑國民小學　人間的天堂

我們在一起讀書遊戲　跳舞歌唱
作一個活活潑潑的好兒童
堅定我們的志向

我們將來要發展實業　努力生產
作一個堂堂正正的好國民
建設我們的家邦

【日治時期】

台北大坪林公學校

【戰後】

台北大豐國小

劉全名　作詞　陳永明　作曲

巍巍文山　蒼翠五峰　碧潭名勝　水秀山明

這裡是我們的大豐　我們在此生長　我們在此啓蒙

進德修業　四育均衡　活活潑潑　堂堂正正

立定報國大志　開創萬世太平

巍巍文山　蒼翠五峰　碧潭名勝　水秀山明

這裡是我們的大豐

【日治時期】

台北和尚洲公學校

【戰後】

台北蘆洲國小

連文奎　作詞　林瑞枚　作曲

淡江水悠悠　觀音山巍巍
湧蓮香四溢　泛月耀蘆洲
清山在懷抱　碧水環我流
山光水色都秀麗　吾翔吾校真可愛
作育英才爲國籌　作育英才爲國籌

淡江水悠悠　觀音山巍巍
絃歌常不輟　文風更悠久
四維和八德　民主和自由
人才輩出堪欣慰　吾翔吾校真可愛
我們爲你祝千秋　我們爲你祝千秋

【日治時期】

台北枋橋公學校

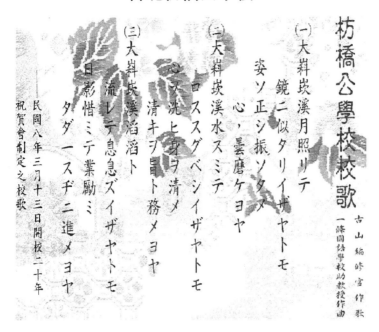

【戰後】

台北板橋國小

張我軍　作詞　陳清銀　作曲

北台名鎮　板橋國小
我的母校　教育我做人的基礎
努力攻讀吸收知識　將來要做模範國民

北台名鎮　板橋國小
我的樂園　養成我合群的生活
互相扶助涵養德行　將來要為人群服務

北台名鎮　板橋國小
我的道場　鍛鍊我如鐵的身心
健康肉體堅強意志　將來要做社會先鋒

【日治時期】

宜蘭公學校

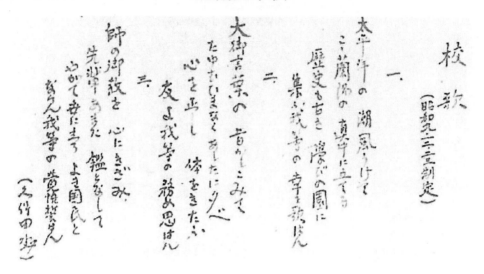

【戰後】

宜蘭中山國小

劉鳴嵩　作詞　　楊勇溥　作曲

歷史悠久學子眾多　我們的中山國校

明禮尚義守廉知恥　共立模範的高標

我們的志氣剛強壓倒澎湃的海潮

努力　努力　利國利民　中山校友人人好

環境清幽黌舍巍巍　我們的中山國校

奠定基礎開創前途　實現國父的遺教

我們的歌聲嘹喨響入遙遠的雲霄

努力　努力　數木數人　中山校譽日日高

【日治時期】

宜蘭羅東公學校

| 1 1 3 3 5·5 5 3 | 6 6 6 1 5 — | 4 4 3 3 2 2 5 | 2 2 2 2 3 2· |

①たいへいようーの　あさぼらけ　つぎだかやまの　つきのよい
②くすのーみどりも　いやふかく　せいそうつみて　いくそとせ
③とおつーみおやの　みおしえを　かしこみまつり　あさゆうに

(1)太　平　洋　上　晨　光　熹　微　　次　高　山　巒　月　色　幽　微
(2)樟　樹　蕃　茂　翠　蔽　庭　草　　雪　山　夜　空　平　幾　十　載
(3)崇　教　祖　崇　承　受　教　誨　　朝　夕　恭　奉　遵　從　教　訓

| 3 5 1 1 6 6 5 | 6 1 2 2 1 — | 6 6 1·2 | 1 2 1 6 5 — |

きもすぬわたる　りんようの　よくやに　たーてーる
すめらみかどの　みめぐ火に　おしえに　にーわーに
やまとところを　つちかいて　わざ我校　そーしーも

蘭　塑　陽　平　原　空　氣　清　　校　我　校　舍　森　立　沃　野
不　　造　光　郷　恩　澤　無　　羅　東　校　庭　日　洲　茁　壯
　　　風　雨　作　育　英　才　　勤　懇　至　誠　志　氣　浩

| 3·3 2·1 2 3 | 5 — — 0 | 6 6 5 5 3 3 5 5 | 6 1 2 2 1 — |

まなびーやー　は　きぼうーかがやく　らとうこう
はなさーきーて　や　なあかくわしきー　わがぼこう
まなびーのー　　　あああとこしえにー　さかえあれ

玹　開　韋　　効　希　望　羅　東　國　之
歌　花　哉　　歌　花　音　母　校　光
不　結　學　堂　　充　瑩　吾　母　校　永　遠　昌

【戰後】

宜蘭羅東國小

林有用　作詞　陳光甫　作曲

蘭陽之中有我羅東　　綠野肥沃物產豐隆

崇山靈秀映照和光　　民氣和平群新協同

樟樹繁茂處母校燦堂皇　歷經辛酸史教育健多功

人才輩出爲民先鋒　　效力祖國母校之光

不怕大雨不畏暴風　　爲求向上學業勤功

鍛鍊體魄保持健康　　培養知能促進大同

師生如兄弟和氣滿學堂　意氣如紅日浩蕩上青空

人才輩出爲民先鋒　　效力祖國母校之光

【日治時期】

宜蘭利澤簡公學校

利澤簡國民學校歌

民國二十九年□月作

一
太平洋の波の音
朝夕聽きて育ちりし
こゝ利澤簡の健兒等が
親く胸の望みこそ
廣きかな廣きかな

二
聖賢の教校訓に
仰ぐ心の奧深く
天が下をば潤はむと
目ざす健兒の信念ぞ
高きかな高きかな

三
撒の葉茂げる學び舍に
久遠の光り求めむと
眞理目ざして一條に
進む果敢の足なみぞ
數きかな數きかな

四
彩際涯なき海に出で
夕武裝祈ぐ庭に立ち
樂のことゝり〱と
鍛へし健兒の腕こそ
堅きかな堅きかな

五
歷史は古し闌陽の
名聲を荷ふ我が校の
故風常に正しかれ
朝露含む百合の香の
清きかな清きかな

【戰後】

宜蘭利澤國小

蘭陽平原廣利澤流長
這是可愛的故鄉
巍巍師道　新心門牆
我們濟濟在一堂
勵業於勤　功課要爭先
立志有恆　報國待吾肩
努力　努力　發揚更光大
前進　前進　快樂永無邊

【日治時期】

新竹第一公學校

(一)
吹く風清き新竹の
大成殿を中にして
礎かたくたちならぶ
わが學校ぞうるはし

(二)
ふかき高嶺の雲にくらべつ
業にいそしみ身をきたへ
共に進まむ我が友よ

(三)
緑いろこき松嶺の
神の惠にはぐくまれ

(四)
至聖の廟朝夕に
仰ぐ我等ぞ幸多き

【戰後】

新竹國小

黃嘯秋　作詞　陳添捷　作曲

習習竹風　習習竹風　窗明几淨好用功
親愛老師　純眞兒童　研習新知識　文化進大同
　恪守紀律尊校訓　鑽研精神自隆強
　我愛吾校　才俊層出不窮

習習竹風　習習竹風　門墻桃李浴朝陽
天眞活潑　舉止堂堂　發揚雄意氣　爲國共爭光
　刻苦耐勞成習慣　心身段練自康強
　我愛吾校　歷史燦爛輝煌

【日治時期】

新竹第二公學校

心も清く身も清く
勤め励まん今日の業
一度去りて帰り来ぬ
日かげ惜みて一筋に
体を鍛ひつ智を錬りつ
世に立つ徳を養はん
人の手借ろずきまりよく
仲むづきじく交わりて
朝に仰ぐ次高の
山は吾等が師ならずや
夕したしむ呉竹の
緑は永遠のわが友よ

【戰後】

新竹北門國小

（民國 35 年制定）

鄭懼型　作詞　　洪義雄　作曲

此園此地　雲淡風徐　歡仰轉鳥　喜賞遊魚
我學於此　應加自愛　信義是守　和平是處

此校此名　彼讚他稱　人才輩出　進展不停
我學於此　須加自愛　爲國服務　振揚投名

（現今校歌）

江尙文　作詞　　楊兆禎　作曲

北門北門！校史悠久，樹立了優良的校風。
老師如父母　懇切的教訓，兒童似子女，認眞的用功，
　　學校向家庭，一團和氣，互相敬愛，其樂融融，
　　先輩們立大志，做大事人才輩出，使校譽豐榮。

北門北門！傳統悠久，培育著無數的兒童。
天天習四維　文武期合一，日日修八德，手腦用均同，
　　教室如樂園，一傳和氣，恩師慈愛，學子明聰，
　　同學們立大志，做大事棟梁繼出，使國力豪雄。

【日治時期】

新竹北埔公學校

北埔國民小學應援歌

一、流星一つ地に落ちて、東雲紅く映ゆる時；
思ひば深し去年の秋、苦戰奮鬥我が選手。
郡下の猛虎 蹂躙し、凱歌の響き甦へる。
二、秋風一陣 颯爽と、五峰の靈姿霞む時；
黎明の世紀 若人の、唐紅いの 血潮如。
奮ひ立てなん男子等よ、再び舉げん勝鬨を

北埔國民小學應援歌譯詞

一、流星一顆隕落地，東方雲彩映紅時；
思憶去年秋甚深，苦戰奮鬥吾選手。
蹂躙郡下諸猛虎，凱歌之聲再響徹。
二、秋風一陣颯爽吹，五峰靈姿霞紅時；
黎明世紀我少年，鮮血潮湧挽掌鳴。
奮起男子漢精神，再次高呼勝利號。

【戰後】

新竹北埔國小

江尙文　作詞　李永剛　作曲

山嵐翠　河水蒼　山環水繞北埔鄉
先民墾殖　辛苦備嚐
樹人樹德　輩出賢良
立大志　做大事
曾使地方發展爲校譽高揚

稻穀熟　茗茶香　學童齊聚育英堂
品學均秀　身體健康
天眞活潑　規矩大方
立大志　做大事
將來社會服務位國家爭光

【日治時期】

新竹新埔公學校

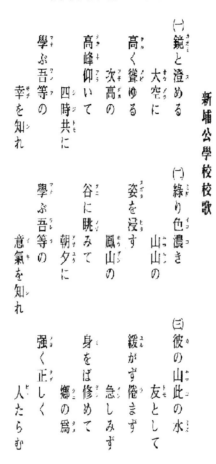

新埔公學校校歌

（一）
鏡と澄める
大空に
高く聳ゆる
次高の
高峰仰いて
四時共に
學ぶ吾等の
幸を知れ

（二）
緑り色濃き
山山の
姿を浸す
鳳山の
谷に眺みて
朝夕に
學ぶ吾等の
意氣を知れ

（三）
彼の山此の水
友として
緩がず倦まず
急しみず
身をば修めて
鄉の為
強く正しく
人たらむ

【戰後】

新竹新埔國小

新埔，新埔，我們是活潑的好兒童；
新埔，新埔，我們是社會的新血輪。
愛心、熱心、耐心，是我們奮鬥的精神；
學習、改進、力行，是我們努力的方針。
現在是新埔的好學生，
將來是中華的好國民。

【日治時期】

新竹竹東公學校

竹東公學校校歌

一、歴史は古く名も高き
竹東我等の學び舍に
強きほこりを胸に―て
朝な夕なに勵まなむ

二、嵐を宿す五指山や
雲居はるけき次高の
清き姿を仰ぎっつ
自然のまことを探らなむ

三、玉を溶かせる溪流の
响きに耳をすましつっ
心の舟に竿さ―て
正しき道に進まなむ

四、綠したたる裏山の
木の間かくれの百合のごとく
清く明るくによやかに
人生の美を究めなむ

【戰後】

新竹竹東國小

（民國 40 年 10 月 10 日制定）

賴孟欣　作詞　彭文夢神　作曲

煙波繚繞	萬綠叢中	青山碧水	暖日和風
我們學校	雄踞其中	歷史悠久	造士菁我
生活這兒	快樂無窮	禮義廉恥	校訓是從
勤儉樸實	蔚爲校風	努力努力	願吾同窗

（現今校歌）

江尚文　作詞　康謳作曲

前溪碧五峰青　物產豐隆地理靈

歷史悠久　傳統好　人才輩出　未曾停

立大志　做大事　長使校譽芳馨

香魚美玻璃瑩　春風桃李滿門庭

遵守四維　修八德　用功效法　古囊瑩

立大志　做大事　將爲社會典型

【日治時期】

新竹鹹菜硼公學校

関西公學校校歌

一、紫句ふ四方の山、
霞に浮かぶ四顧の峰、
流れも清き鳳山の、
谷にはひたす深緑り、
野瀬の緑り豊かにて、
もの足り人は睦び合ふ。

二、登れば碧潭色すごく、
夏なほ寒き千仞の、
谷間を走る激流に、
神代を忍ぶ馬武督溪、
源遠くわけ行けば、
富の林は果てもなし。

三、此處關西の生まし里、
我等は此處に生ひたてり、
懷かしの里ゆかし里、
やがて我等の力もて、
自然の惠み切り開き、
國の譽れとなさむ里。

關西公學校校歌

一、紫嵐香逸　四面山脈，
雲霞浮顯　高聳峰巒山
清澈的流水　鳳山溪，
河谷蜿蜒在山深處，
綠野水源豐沛，
物產充足　人群和睦。

二、俯視黯色碧潭，
千仞谷蔭，微帶寒意，
谷間激流奔騰，
憶起亙古來的馬武督溪，
前行遠探源頭，
森林富裕　蘊藏無窮。

三、這關西是出生的故里，
我們在此處成長，
懷念的鄉里　地靈人傑的鄉里，
將以我們的力量，
開闢大自然的恩賜，
使故鄉名揚四海（全國）。

【戰後】

新竹關西國小

詞　劉碧嵐　曲　楊兆禎

春夏秋冬歌大有　　快樂若仙鄉
東南西北山容秀　　四面好風光
茶柑稻果多名產　　到處擺花香
碧水鳳溪流不惜　　雅韻盡悠揚

孔廟巍峨傳木鐸　　文風耀八方
滿園桃李千枝旁　　四季吐芬芳
相親相愛須勤學　　努力六星霜
萬李鵬成從此始　　關西校運昌

【日治時期】

桃園公學校

桃園公學校校歌

5 5 6 5 | 3 6 5 - | 3 5 3 6 6 5.3 2 3 1 —
めいじさんじゅういちのとし　ひだけいくよに さきがけて

3 3 5 3 2 1 | 2 2.3 2 - | 6 6 1 6 5.1 2 3 —
おんしょうびょうの　いつかくに　なのりをあげしとうえんこお

6 6 5 3 1 | 2.1 2 3 2 - | 1 1.2 3 2 1 | 2 5 1 —
まなびのみちは とおくても　ともにはげめよ てをとりて

【戰後】

桃園國小

廖德音　作詞　陳炎興　作曲

大檜山頭兮　瞻仰先烈　南崁河邊兮　聊望清流
歷史悠久兮　傳統光榮　同悲樂　同甘苦兮　同學千
規規矩矩兮　態度正正當當兮
行為遠大兮　希望剛強兮意志

桃花浪漫兮　象徵智能　熱風飄楊兮　琢磨體魄
前程燦爛兮　青雲直上　和步伐齊邁進兮　同學千
規規矩矩兮　態度正正當當兮
行為遠大兮　希望剛強兮意志

【日治時期】

台中大甲公學校

一、南の國の　中つ方
　　大甲原に　地をしめて
　　日に新たなる　日の本の
　　久遠の榮を祈りつ
　　集うや健兒千四百
　　集うや健兒千四百
二、鐵砧山の　霧晴れて
　　黎明光リ
　　ひじりの君の　大みこと
　　仰ぎかしこみ　進み來し
　　歴史榮ある學舍よ
　　歴史榮ある學舍よ

【戰後】

台中大甲國小

詞　王江濤　曲　曾汝煉

砧山挺秀　卓水長清
大甲國小培育群英　人士濟濟多才多能
歷史悠久燦爛光榮
美哉吾校　努力　努力　再努力

德智體群美五育平行
基礎教育由此造成　讀書報國民族光榮
愛護邦家精誠團結
美哉吾校　努力　努力　再努力

【日治時期】

台中新社公學校

新社公学校々歌

一　つねりはるかに山々の
あやなす雲は陽に照りて
実れる沃野遠のぞむ
この高原のはて近く
さやかに立てる学び舎は
我等が母校あゝ新社

若葉のいぶきにほほえて
朝身にしむ山おろし
仰げば空に日の丸の
み旗ゆらぎて限りなき
皇國のほまれしのぶなり
我等が母校あゝ新社

三　たかく尊きすめらぎの
つよきみ民と生れきて
なぞ幸多き我等かな
いざわが友よ一すぢに
日本精神一をみがかなん
我等こが母校あゝ新社

【戰後】

台中新社國小

劉晏良　作詞/作曲

清山疊疊	綠野在望	景色明朗	黌舍巍峨
新社國小	滿庭芬芳	筆硯相親	書聲朗朗
培育學子	相愛相愛	五育並進	術德兼修
效法先賢	復興中華	發揚校譽	奮發圖強

【日治時期】

台中東勢公學校

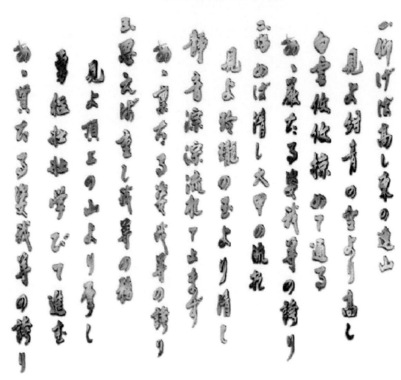

【戰後】

台中東勢國小

詞　張耀火　曲　林煉益

鷹首山聳雙溪流融　東勢國小氣象崢嶸

是文化的搖籃　是教育的先鋒

術德兼修　五育稱均衡

活活　潑潑　堂堂　正正

陶鑄好國民　作育好學生

百年樹人　代出賢能　貢獻邦國　促進大同

【日治時期】

台中豐原公學校

一
春觀音の山がすみ
秋黄金の波よする
豐けき里にそりたつ
誉れぞ高き學び舍やの
輝く歷史讚へつい
共にいそしみ勵まなん

二
教へのみのり畏みて
強く正しく明らけく
皇國の民として
君の御楯となりめやと
心と身をば鍛へつい
共にいそしみ勵まなん

【戰後】

台中豐原國小

潘啓毓　作詞/作曲

爺束蒼蒼花飄香　綠草如茵新氣象
偉哉母校我豐原　歷史悠久教澤廣
我們力行智仁勇　禮義廉恥成校風
春風化雨育英才　我母校光輝發揚

黌舍巍巍威名揚　書聲琅琅志氣昂
偉哉母校我豐原　地靈人傑興家邦
術德兼修好國民　讀書報國齊用功
繼往開來薪火傳　我母校永步康莊

【日治時期】

彰化二林公學校

(一)
すめら皇國に生れきた
感謝に燃えて一心に
學ぶ國民學校の
兒童の我等朗かに
尊い御代を言祝いて
共に進もう民の道
(二)
日の丸揭げまつしぐら
皇國の明日をイセサカに
學ぶ國民學校の
兒童の我等健かに
輝く歷史を受け繼いて
共に進もう民の道

忠訓四歌

出生在天皇統御的國土中燃起一股感謝的熱情之餘全心一致，我們是在國民學校就讀的兒童群。大家都要胸襟開朗，對尊貴皇上的治世致由衷之欣喜賀意一齊抬頭前進吧！邁向全民愛國之途，高舉國旗，勇往直前，為求國家將來之更加繁榮。我們是在國民學校就讀的兒童群，大家都要身體健壯，要繼承光輝的歷史，一齊抬頭前進吧！邁向全民愛國之途。

【戰後】

彰化二林國小

謝悅　作詞　洪鴻林　作曲

雙港溪畔濁水流長　吾校聳立氣勢堂皇
百年大計澤被他鄉　英才被出代有賢良
莘莘學子校訓毋忘　精勤砥礪自立自強
尊師重道維護綱常　發揚母校再創光芒

【日治時期】

嘉義公學校──玉川國民學校

玉川校歌

一、あをげば高き新高の
山は雲間にそびゆなり
ふしては清き八掌の
水は絶之せず流るなり
山の高きは我が望み
水の清きは我が心く

二、かつる日出たき山川に
そむかん嘉義の名をしのび
學びの道にいそしみて
知道をみがき体をねり
忠君愛國胸として

原爲水は絶之せず流るなり，刊正爲水は絶えせず流るなり。〔註1〕

原爲知道をみがき体をねり，刊正爲智德をみがき体をねり。〔註2〕

原爲誠やまとの民た水やく，刊正爲誠やまとの国民たれや。〔註3〕

【戰後】

嘉義崇文國小

楊夢周　作詞　何達仁　作曲

玉山巍巍　八掌淙淙

吳鳳道左桃李芬　校風泱泱歷史悠悠

百年樹人我崇文　德智體愈相並重

身心發展尚精神　我們要努力　我們要努力

培育中國好國民

〔註1〕　蔡元隆，《日治時期嘉義市公學校的思想掌控及學校生活之研究》，國立嘉義大學國民教育研究所碩士論文，2007，頁40。

〔註2〕　蔡元隆，《日治時期嘉義市公學校的思想掌控及學校生活之研究》，國立嘉義大學國民教育研究所碩士論文，2007，頁40。

〔註3〕　蔡元隆，《日治時期嘉義市公學校的思想掌控及學校生活之研究》，國立嘉義大學國民教育研究所碩士論文，2007，頁41。

【日治時期】

嘉義新港公學校

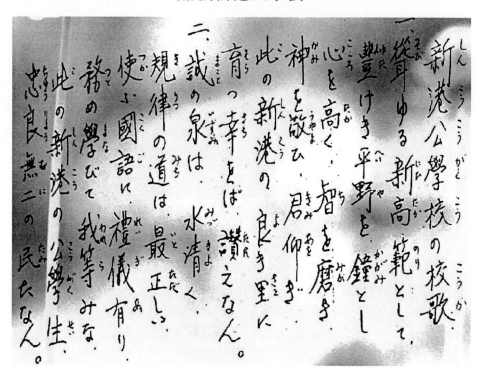

【戰後】

嘉義新港國小

鄭盛　作詞　林東哲　作曲

玉山巍巍　嘉圳泱泱　美哉鄉梓　民情淳良
新港國小歷史悠久　作育英才　校育傳揚
良師益友　互切互磋　禮義廉恥　校訓毋忘
敦品勵學　手腦並用　德智體群　四育齊長
我們做個活活潑潑的好兒童
大家成為堂堂正正的中國人

【日治時期】

嘉義朴子公學校

原詞：　　　　　　　　　（意譯：）

牛稠溪の水長く，　　　　（長流不斷的牛稠溪，）

緯度の遙かに新高の，　　（遙闊遙遠的上流就是新高山

雄々しき姿，仰き見る，　（每日仰視高聳直立的雄姿，）

我學舍はここにあり。　　（我們的學舍就在此。）

【戰後】

嘉義朴子國小

陳木村　作詞　林東哲　作曲

玉山聳立　虞溪悠悠　蔗稻滿田疇

朴子國小　校史光輝　英傑好藏修

身心平衡　手腦並用　固有文化晨夕共探求

陶冶性情　鍛練體魄　好適應大時代的新潮流

嘉南一角　北回歸線　綠野東西連

朴子國小　校史光輝　努力做前賢

良師益友　設備充實　茄苳樹下晨夕共精研

四維八德　發揚光大　好陶冶大時代的新少年

【日治時期】

嘉義民雄公學校

民雄公學校校歌　長井靜泉　作

李　教　譯　謝萬添

一、站在嘉南平原中
　　眺望玉山最高峰
　　母校前途光明亮
　　悠久校史感自豪

二、鄉名民雄我莊園
　　團結一致求繁榮
　　和平家鄉育人材
　　我們歌頌幸運兒

三、身受國家大恩惠
　　更要振奮精神來
　　修身養心好國民
　　達成目的有決心

【戰後】

嘉義民雄國小

簡秀燕　作詞　陳騏鹽　作曲

民雄位在嘉南平原裏　遙望玉山峯

這便是我們的仁里　我們的家鄉

起來吧　小朋友們

光榮校史七十年　年年歲歲出多賢

向前吧　小朋友們

志氣如武穆之高　精神如文山之烈

信仰主義建設我們的新國家

服務地方創造我們的新台灣

【日治時期】

嘉義水堀頭公學校──水上公學校

（已翻譯）

一、晨曦映照著玉山
　　　　遙望其威容，懷念君與國家之恩
　　在水上之教室學習
　　　　生長之我們是何等之幸福

二、崇拜真神之光輝
　　　　養成愛國之精神
　　琢磨智育與德育，鍛鍊身體
　　　　完成救蒼生之任務

三、有保護南台灣之戰鬥機隊
　　　　也有北回歸線標幟
　　生活在這光榮歷史故鄉之我們
　　　　盼望做一個強健熱心之人

【戰後】

嘉義水上國小

林轍　作詞　陳素英　作曲

水上　水上　猗歟吾校旗飄揚
水上　水上　白日天青新氣象
八掌溪長流　回歸線好風光
甘蔗甜　花生香　稻禾青菜花黃
黃麻豐盛農村忙　鄉泰民安喜洋洋

水上　水上　猗歟吾校旗飄揚
水上　水上　白日天青新氣象
好兒童聚一堂　同讀書齊歌唱
要努力　莫徬徨　向前進　求向上
自古英雄本無種　中華兒女當自強

【日治時期】

嘉義大林南國民學校

一、君の恵みを　新高の　高きに仰ぎ間の當り
　　三疊溪の御遺跡に　　宮のいさおし偲びつつ
　　我が大林の學舍に　　いそしむ我等いと樂し

二、神を敬ひ　　ひたすらに　　いのりにそいてよく勵み
　　禮儀を守り　まめやかに　　宮のいさおし偲びつつ
　　我が大林の學舍に　　いそしむ我等いと樂し

【戰後】

嘉義大林國小

詞　林錫輝　曲　蔡素峰

大林國小精神好　大家志氣高

工作不惰　學不倦　體魄鍛鍊好

張四維　興八德

改造舊環境　實行新生活

互切戶磋共奮鬥　揮動腦力與身手

造我光榮快樂園　顯我多年好校風

【日治時期】

雲林北港公學校

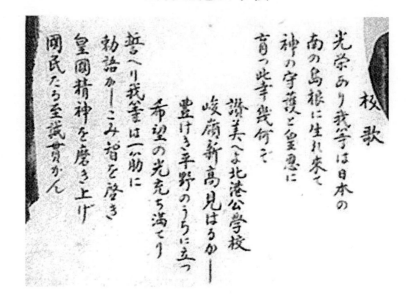

【戰後】

雲林南陽國小

顏連茂　作詞　陳家湖　作曲

南陽　南陽　大南陽　歷史悠久傳統優良
德智體群　朝氣蓬勃　親愛精誠　和諧康莊
來來快來　團結力量　奮發自危　爭取光榮

南陽　南陽　大南陽　春風化雨桃李芬芳
忠孝仁愛　信義和平　頂天立地　爲棟爲樑
來來快來　運月力量　日新又新　豐滿四方

南陽　南陽　大南陽　中華兒女莊敬自強
肩負使命　任重道遠　文化復興　士義弘振
來來快來　奉獻力量　承先啓後　造福梓桑

【日治時期】

台南第二公學校

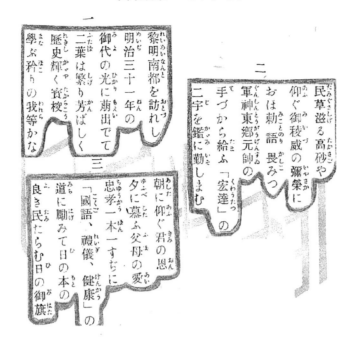

一
黎明南都を訪れし
明治三十一年の
御代の光に萌出でて
二葉は繁り芳ばしく
歷史輝く寶校
學ぶ矜りの我等かな

二
民草滋る高砂や
仰ぐ御稜威の彌榮に
おほ勅語を畏みつ
軍神東鄉元帥の
手づから給ふ「宏達」の
二字を鑑に勤しまむ

三
朝に仰ぐ君の恩
夕に慕ふ父母の愛
忠孝一本すぢに
「國語、禮儀、健康」の
道に勵みて日の本の
良き民たらむ日の御旗

【戰後】

台南立人國小

周慶淵　作曲

古都勝跡文化源流久　播揚出英才
古都勝跡文化源流久　播揚出英才
博施教育　奮發圖強　立人　立人　爲國爲民
一心一德　推己及人　努力前進　爭取光榮

【日治時期】

台南安平公學校

安平公學校々歌

（一）全島一と謳はれて
音に聞えし安平港
栄え来りし安平港

（二）三百年の昔より
ゼーランヂヤの城古し
本島文化の發祥地

國の惠みにゆあみして
朝な夕なにいそしみて

吹く潮風に身を鍛う
知識を磨き德を積む

吾等安平公學生
吾等安平公學生

【戰後】

台南石門國小

古都西去安平港　民族革命策源地
石門學校傍名城　人才作育蔚然起

明禮義　知廉恥　鄉村改革賴後啓
創造三民主義新國家
建立富強康樂新基礎
願吾儕努力前進　自強不息正無已

【日治時期】

高雄蕃薯寮公學校──旗山國民學校

高雄州旗山郡蕃薯寮(旗山)公學校校歌

一、東旗尾峯
　　西鼓山
　　南遙けき　南大武
　　山山廻る
　　其の影映す　旗山溪

二、山紫に
　　水澄みて
　　自然の默示
　　貴しや
　　此の搖籃に
　　人と前る
　　行手多望の
　　若人よ

三、花の朝も
　　月の夜も
　　流れて止まぬ
　　一條の
　　淡水の水
　　真南に
　　何より道
　　辿らなん

【戰後】

高雄旗山國小

高雄旗山國校時期

鼓山頂上樹木蒼蒼美景映在旁
楠梓仙溪潺潺流水長年護我疆
蕉園遍地累累果實收穫盈滿筐
蔗田阡陌津津甜糖爲國增富強

校樹青青園花爭豔景物眞自然
美哉校宇巍巍屹立瑰麗又堂皇
恩師盡責循循善誘教誨眞有方
同學認眞孜孜不倦校風眞純良

高山遠水朗朗書聲勤學在一堂
切磋學問鍛鍊體魄復國志氣剛
自強不息創造發明大家齊發揚
行遠自邇努力向前光明已在望

旗山國小（至今）

劉純政　作詞　萬羽三次郎　作曲

鼓山頂下　巍巍校宇　庭圓滿芬芳
切磋學問　鍛鍊體魄　歡樂同一堂
師長教誨　四維八德　春風裡茁壯
自強不息　互勉互勵　爲國爭富強

【日治時期】

高雄美濃公學校

日據時期美濃國民學校々歌

月光の峯　曇りなく

碑頭の水に　影うつす

清き自然の　ふところに

立てり吾等が　學びのや

【戰後】

高雄美濃國小

屏師專教授曾祥蘭　作詞

屏師專校長張效良　作曲

青山環繞　綠水流長　美濃好風光
鍾靈毓秀　文教昌明　民情稱善良
刻苦耐勞　努力奮鬥　祖德賴發揚
承先啓後　繼往開來　責任吾人肩上
學做人　勤讀書　更求身體壯
立大志　做大事　建設我家鄉

【日治時期】

高雄頂茄萣公學校

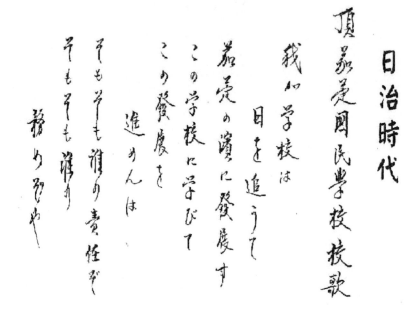

譯文：

我們學校，乘日追逐，在茄萣濱海這地區發展，在學校學習，促進發展
繁榮，究竟是誰的責任，究竟是誰的任務。　　　王風校長手書及翻譯

【戰後】

高雄茄萣國小

吳清誥　作詞

美哉美哉茄萣學堂	規模宏大風景濁秀
四季都好　前有古人	文明開幕後有來者
英和增幅　如湧泉源	美哉美哉我的學園
美哉美哉茄萣健兒	氣質清明情勤僕
發揮光大　先盛典型	軟美追歐新創文明
世界攜手　四海兄弟	幸哉幸哉我的同學

【日治時期】

屏東里港公學校

詞　小山朝丸　曲　岡田守治

遥かに霞む
流れは遠し
高砂島の
惠み豊に
ここぞ我里

大武の高嶺
下淡水溪
南の廣野
うるほす所
我等の里港

甘蔗の葉ずれの
茄苳並木の
學びの鐘は
教育敕語
直く正しく

そよぞよ明け暮れ
影濃き真晝
朗ろに響く
心に佔めて
勉め學ばん

日の大御旗
照る日の光
土と汗とに
やがて御國の
心も身をも

輝く下に
雄しく浴びて
親しむ我等
好き國民ぞ
鍛へ勵まん

【戰後】

屏東里港國小

聶昭光　作詞　連天鑑　作曲

淡溪綠漪　武山蒼茫　美麗的里港鄉
我們的學校便在這個好地方　一百年歷史燦爛輝煌
同學親愛　師長慈祥　讀書遊戲樂洋洋
鍛練身體康健　修養品學優良
努力　努力　爲吾校爭榮光
努力　努力　爲吾校爭榮光

物産豐隆　交通四暢　可愛的里港鄉
我們的學校便在這個好地方　一百年歷史燦爛輝煌
校舍整齊　操場寬敞　研究學習樂洋洋
實現國父遺教　繼承先烈志向
努力　努力　爲吾校爭榮光
努力　努力　爲吾校爭榮光

【日治時期】

澎湖馬宮公學校

馬公 第一公學校 旭國民學校 校歌　　1933-1945

一、馬公城外紺碧の　　海に臨みて我が園生　　清らに立ちぬ麗しく
　　我等孝子もろともに　君の御言を身にしめて　學びの道にいそしまん

二、亞細亞の大地事繁く　四方の波風荒るるとも　時代の御民我々は
　　忠孝仁愛旨として　　清く正しく一筋に　　輝く校風築かなん

三、黑潮高く岸をかみ　　北風強く凄ぶとも　　花は櫻木人は武士
　　唯ひたすらに身を修め　君と親とに盡すべく　向上の途辿らなん

【戰後】

澎湖馬公國小

竇明新　作詞　莊東　作曲

我們的學校是西瀛洲的樂園　巍然矗立在馬祖海濱
已記下了一百餘年歷史　作育成二萬多後起之英
禮義廉恥是我們謹嚴的校訓
勤苦發奮是我們淬礪的精神
在現代社會的每個角落理（按：裡）　我們曾有了相當的貢獻
這須要努力邁進　擔當起大時代的任務光大先聲

【日治時期】

澎湖小池角公學校

作詞：鈴木久繁（光復前第八任校長）

一、南ノ潮流レヨル
　　澎湖ニ島ハ多ケレド
　　大磯小磯砂白ク
　　景色スグレテ美シキ
　　島ハ西嶼漁翁島

二、島中ホドニ地ヲ占メテ
　　コレヤ此ノ村小池角
　　入陽キララニ映ユル時
　　小高キ丘ニ立チ並ブ
　　赤キイラカノ六ツノ棟

三、校地ハ廣クナケレドモ
　　生徒ハ多クアラネドモ
　　五ツノ校訓アヤマタズ
　　ホコリニ立テル我校ハ
　　内ニアフルル光アリ

四、小サキ吾等ノコノ腕
　　鍬ヲニギラバ力アリ
　　玉ナス汗ヲシボリツツ
　　堅キ岩ネモ碎クベシ
　　勤勞主義ハホコリナリ

五、螢ノ光窗ノ雪
　　ソノ故事ヲ胸ニシメ
　　文ノ林ニ分ケ入リテ
　　智識ノ寶求ムベシ
　　自學自習ハホコリナリ

六、見ヨ帽章ハ黄ノ二條
　　櫻ノ花モ香ルナリ
　　滄溟ヒタス高砂ノ
　　常夏鳥ニイヤ高ク
　　吾等母校ノ名ヲ舉ゲヨ

譯者：呂伯欣（光復前第三十七屆畢業校友・曾任高雄市立民生醫院院長）

一、南方的潮水滔滔而來
　　澎湖群島的最西方有個美麗的島嶼
　　多少白沙海岸環繞著它
　　它的名叫西嶼—漁翁島

二、在漁翁島　中央有個小村名叫「小池角」
　　在落日燦爛的光輝中
　　映出小丘上六棟紅瓦的房屋
　　那就是我們的校舍

三、我們的學校　校地雖小　學生亦不多
　　但只要記住那五句校訓「誠實」　「勤勉」　「禮儀」
　　「報恩」　「公德」去力行
　　我校將發出無限的光輝

四、用我們小小的雙手　緊握著鋤頭
　　擦著全身的汗水　只要你努力不息
　　再堅硬的石頭　你亦可以打碎
　　勤勞　再勤勞　你將受用無窮

五、螢火蟲　窗前雪的故事　你應牢牢記在心裏
　　你應不猶豫的衝進學林去
　　探求無盡的知識寶藏
　　不斷的求知是我們先輩的傳統

六、看！櫻花的帽徽與「黃二條」的校帽
　　它將發出幽香與光芒
　　在此環繞著綠海　終年如夏的島嶼上
　　我們應為母校的光榮而邁進

【戰後】

澎湖池東國小

顏榮華　作詞　蔡誠弦　作曲

澎湖群島羅列海中　美哉西嶼雅號

漁翁落霞勝景水天齊紅　因材施教化育池東

師生濟濟浅浅融融　陶鑄五育蔚爲校風

禮義廉恥實踐恢弘　菁莪造士爲國效忠

附錄二　中等以上教育

【日治時期】

台北帝國大学

作詞：松谷哲男　作曲：伊東謙

大御稜威　四海にあまねく　東亞いま　黎明きたる
学園に　つどえる精鋭　天皇の　詔をかしこみ
肇国の　理想を追わん　意気高し　青年学徒われら

灼熱の　光はみなぎり　山も野も　緑ぞ映ゆる
学園に　つどえる精鋭　学術の　深きを究めて
清新の　文化を建てん　意気高し　青年学徒われら

見はるかす　大陸廣らに　南には　黒潮躍る
学園に　つどえる精鋭　雄飛の日　近きに備えて
研鑽の　成果を積まん　意気高し　青年学徒われら

【戰後】

國立台灣大學

臺大的舊校歌由許壽裳教授所作，刊載於《國立臺灣大學校刊》第 1 期（1947年 10 月 1 日），並於第 6 期（1947 年 12 月 16 日）刊出蔡繼琨先生的曲譜。

> 海水洸洸，挾民族之輝光；
> 沈鄭遺烈，於今重喬皇。
> 民權保障，憲政提其綱；
> 民生安泰，氣象熾而昌。
> 阿里蒼蒼，對學府之講堂；
> 登峰造極，日知月無忘。
> 不倦不厭，教學相得彰；
> 光被大眾，充塞乎八荒。
> 學海洋洋，喜楫擊而帆揚。
> 研究有得，企業連繫將；
> 企業有利，研究益加強；
> 前進前進！康樂祝無疆。

新校歌是 1963 年 12 月 17 日第 682 次行政會議討論通過沈剛伯教授所作新詞，並請趙元任先生譜曲。五年後，1968 年 12 月 5 日之 896 次行政會議討論後新校歌正式頒布。

《臺大校歌》

沈剛伯　作詞　　趙元任　作曲

臺大的環境鬱鬱蔥蔥，臺大的氣象勃勃蓬蓬；
遠望那玉山突出雲表，正象徵我們目標的高崇。
近看蜿蜒的淡水，它不捨晝夜地流動，
正顯示我們百折不撓的作風；這百折不撓的作風，
定使我們一切事業都成功。

【日治時期】

台北第一師範学校

作詞：安東　正次　作曲：一条　眞一郎

天津日高照る現御神（あきつみかみ）　仰げばかしこし　御代の光
高砂の島も　普天の下　教化はあまねし　率土の浜

檳榔の朝かげ　道を説くは　皇運扶翼の　高き使命
蕃山のゆふべ　教を布く　任こそ重けれ　邦家の為

聖勅かがやく　神の御国　匂うは桜の　はなのかざし
大屯やまの　岩が根なす　心身明なれ　吾等の友

智徳を学びの　窓の練れば　み空に理想の光うごき
淡水の河の　たきつ瀬なす　操持清かれ　吾等が友

たふれて已まむの　かたき誓い　南風薫ずる　芝山巌の
殉国の御霊　しろしめさむ　心のかがみは　雲らぬ月

【戦後】

台北市立教育大學

詞：任培道　　曲：楊永光　　編曲：蕭慶瑜

玉山蒼蒼兮　淡水湯湯
惟山川之靈秀兮　實玉韞而珠藏
化育日弘兮　弦歌悠揚
繫締造之艱難兮　炳復旦之光昌
究中西之學術兮　克明德之輝煌
咨爾吾儕建民邦　國風何泱泱
惟任重能致遠兮　矢至誠其毋忘

【日治時期】

台北第二師範学校

作詞：高野辰之　作曲：岡野貞一

方蘭丘上（ほうらんきゅうじょう）　礎（いしずえ）固く

威容の厳たる　我等の学校　我等健児は　和合に笑みて

亞熱の風に　その身を鍛え　榕樹（アコー）の陰に　その智を磨く

遠大は望み　剛強は意志

七星山頭（しちせいざんとう）　高きを仰ぎ

淡水河辺（たんすいがわべ）清きを眺め　我等飛鳥（ひちょう）は

使命に笑みて

霖雨の二季は　翼を収め　快晴二季は　雲居を翔くる

遠大は望み　剛強は意志

名も高砂の　南の島は

四季花咲き　常夏常盤　我等耕道　未来に笑みて

正しく深く　この土をすきて　香ぐわし木の実　作らむ数多

遠大は望み　剛強は意志

【戰後】

國立台北教育大學

（師專、師院時期的校歌）

作詞：韓寶鑑　　作曲：康謳

芝山鍾靈秀，東海智波揚，

師資樹典範，國脈賴輝煌，賴輝煌！

作育兒童，改造社會，

任重道遠莫或忘！任重道遠莫或忘！

堂構輝煌烈，絃歌揚國光，

國校教與學，努力求改良，求改良！

師資第一，師範爲先，

修己善群是所倡！修己善群是所倡！

（師範學校時期的校歌）

美麗的島東南勝地海疆名域

從統治者的手裡解放黑暗變光明

建設新台灣教育第一化民成俗功最宏北師！

北師！推著時代的巨輪前進　任務何光榮

訓練目標禮義廉恥知仁勇誠

把握服務犧牲創造能知即能行

復興我民族責無旁貸在我同堂諸弟兄努力！

努力！抱著北師精神前進　萬里是前程

【日治時期】

新竹師範学校

作詞：不明　作曲：山田文雄

新高山の　雲の色
芝山巖（しざんがん）の　緑濃し
青空高く　横たわる
常夏（とこなつ）の国　台湾に
希望（のぞみ）遥（はる）けき
我らが学び舎

【戰後】

國立新竹教育大學

詞：胡慶育　曲：劉德義

美哉新竹　早因風疾號風城
應知勁草長青
飽歷這番磨練　才敢鑄賢英
喜青年個個頭角崢嶸
修齊治平匹夫則本非輕
但使朝乾夕惕　何事無成
神州在望　要同心同德
掃榛荊　一步步走向光明

【日治時期】

台南師範学校

作詩：小山朝丸　作曲：岡田守治

（荘重に且つ力を込めて）

世界にまたなき　歴史を持てる

皇国に生まれし　甲斐こそあれと

桶盤浅頭（とうばんせんとう）　勅語畏み

知徳を練磨す　健児ぞ我等

四海に溢るる　み恵み浴みて

啓南の使命　我こそ負へと

育英報国　理想も高く

努めて息まざる　健児ぞ我等

努めよ努めよ　世にも尊きその使命

励めよ励めよ　世にも雄雄しきその理想

【戰後】

國立台南師院

（戰後初期）

程時煌　作詞　張致良　作曲

台南是民族革命策源地　赤崁樓中留下了多少光榮史

南師　南師　須記取

師範教育為教育之母　師範教育為學校之師

立大志　做大事

信仰主義建設我們的新國家　服務地方創造兒童的新世紀

（師院時期～2004）

羅人杰　作詞　蔡誠絃　作曲

玉山蒼蒼　東海泱泱

為我南師在台之場

延平開府　志復舊邦

炎黃世冑　來自四方

尊德性重學問　愛民族幼苗

培國家棟樑　自強不息

春風化雨樂無央　樂無央

【日治時期】

屏東師範学校

作者不明　採譜：嵩原久勝

輝き昇る旭日に　大武の峯の彌崇く
聳ゆる見ても競わずや　皇御国の御民我
高き希望に新しき　使命あまねく果さなむ

夜昼息まず注ぎ行く　下淡水の水清く
不断の歩み示さずや　誓ふ心は芝山巌
永久に聖なる道の爲　身をも魂をも捧げなむ

久遠の誇り日の御旗　仰ぎ手て日毎文に武に
自ら鍛え勵まずや　力尊く瑞竹に
生命めでたき大御代の　恵み天地に満たさなむ

【戰後】

屏東教育大學

武山蒼蒼，淡水泱泱
鍾靈毓秀，化被八荒
八德兼備，四維是張
手腦並用，六藝維揚
做中學，做中教，百鍊成鋼
學不厭，教不倦，以近以康
武山蒼蒼，淡水泱泱，
屏師之風，山高水長

【日治時期】

台中第一中学校（南の柱）

光は下（くだ）りぬ　生命（いのち）の光
み鏡　み剣　み璽（たま）の光
輝（かが）よひ下りぬ　我等が島に
若（わか）やぐ命を　足る日に享けて
歌ふや　われら　南の男（を）の子

み空（そら）に声あり　久遠（くおん）のひびき
「南を守れ」と　照る日の御宣（みのり）
尊き使命に　今こそ眼ざめ
大和田五百重（おほわだいほえ）の　潮のごとく
きほふや　われら　南の男の子

われらの学び舎　南の柱
常世（とこよ）にゆるがぬ　南の柱
眞夏を彩（いろど）る　椰子の葉かざし
あふるる力に　大地をふみて
進むや　われら　南の男の子

【戰後】

台中第一高級中學

福建女秀才張蘇錚　作詞

捫笛無聲　題碑有恨　一條弦　音偷續

嘯海天　風怒起　濤捲殘陽　春回幽谷

喚英姿　爾許看青天白日旗矗

嘻鬢門　洩洩融融　桃李芬　抽新綠

起逐摶風　鵬鶘擷彼　精華任取　藏珠還櫝

六轡從容在手　同範馳驅　路循三育

向三民坦道好成個擎天檠木

記前賢創學心深　第一休教它屬

（現行校歌）

《育才爲樂兮大道是彰》（李國棟撰詞）

雲霞燦爛　絃歌鏗鏘

濟濟多士聚首一堂

勵爾學　敦爾品

景前賢而思齊

合群力集群智

光吾校而輝煌

鵬程萬里兮乘風飛揚

育才爲樂兮大道是彰

實現三民主義　發揮民族精神

青天白日無疆

【日治時期】

台中第一高等女学校

作詞：葛原しげる　作曲：梁田　貞

咲くや　栴檀（せんだん）　むらさきの

色も　床しき　この花は

優しかれとて　ほほえむや

日に新たなる　日の本の

少女子（おとめご）我ら　の幸（さち）よ　栄誉（はえ）よ

高く雄雄しき　新高は

若き我らの　姿とて

すこやかなれと　そびゆるや

日に新たなる　日の本の

少女子（おとめご）我ら　の幸（さち）よ栄誉（はえ）よ

岸の　柳の　かげうつし

ゆたに　自ら　流れゆく

啓示（さとし）も深き　緑川

日に新たなる　日の本の

少女子（おとめご）我ら　の幸（さち）よ栄誉（はえ）よ

心　涼しき　濃緑（こみどり）の

かげに　いこえば　風清く

ひきしまれとぞ　ささやくよ

日に新たなる　日の本の

少女子（おとめご）我ら　の幸（さち）よ栄誉（はえ）よ

【戰後】

台中第一女子高級中學

卓嶂南疆　濱攬鯤洋　台中首府　吾校發祥

卓嶂南疆　濱攬鯤洋　台中首府　吾校發祥

猗歟盛哉　桃李芬芳　德智體群　四育作方　為女德之臧

吁嗟　吾校與日月並光　山河同長

卓嶂南疆　濱攬鯤洋　台中首府　吾校其昌

卓嶂南疆　濱攬鯤洋　台中首府　吾校其昌

山河光復　絃歌一堂　禮義廉恥　四維既張　為女權之綱

吁嗟　吾校與日月並光　山河同長

【日治時期】

台中第二中学校

（黒潮の歌）　作者不明

黒潮南に　さすところ　椰子の葉茂る　南海に
萌ゆる胸底　奥深く　見よや乾坤　つんざきて
緑の色も　おごそかに　振るう健児の　意気高し

紫こむる　新高に　旭光燦然　輝きて
鵬翼図南の　意気高く　健児の血潮は　高鳴りぬ
鍛えし鉄の　この腕　磨く剣に　光あり

千秋夢を　包みつつ　太平の波　轟きて
我等健児の　雄叫びは　天来自由の　調べなり
鋼（はがね）のごとく　もる肉は　勝利の力　あふれたり

水源地頭　たそがれて　八千の峰　洋洋と
秋空高く　暮れゆけど　勝利の夢は　なおさめず
歌え若き　日の歌を　振れ喜びの　応援旗

【戰後】

臺中第二高級中學

怒潮澎湃，群山衛拱，優秀的青年磨礪在臺中，
炎黃世冑，無分西東，努力學習相陶融，二中二中民族英萃，
新興文化急先鋒，披荊斬棘，
沐雨櫛風矢志規復繼成功莫謂今日皆年少，
年少志氣壯如虹，且看他年再興史，留將幾許寫二中

【日治時期】

台北工業學校

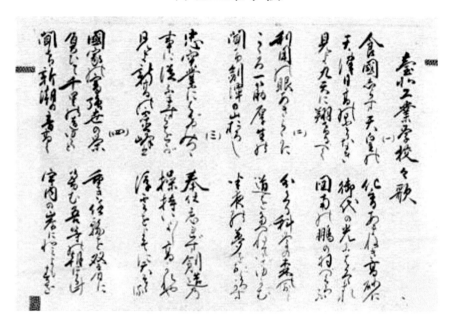

【戰後】

國立台北科技大學

工業建國	吾校任重	莘莘學子	工程前鋒
學欲其專	技求其精	手腦並用	技巧且靈
迎頭趕上	利用厚生	開物成務	責在吾躬
國家康樂	民族肇興	親愛精誠	爭取光榮

【日治時期】

台北第一高等女學校

清水儀六　作詞　張福興　作曲

すめら御国の　南（みんなみ）の　ここ蓬莱が　うまし島
島の民草　栄えゆく　基つちかう　おみなごの
光栄ある教　布かんとて　とくひらかれし　学び舎は
これぞ我等が　母校なる

あした夕べに　剣潭（けんたん）の　かしこき宮居　仰ぎつつ
月影清き　淡水や　旭に匂う　大屯の
姿をしのび　たゆみなく　心をみがき　身をねりつ
集うや九百の　姉妹（あねいもと）

めぐみ豊けき　常夏の　島に繁れる　草は木は
常磐のみどり　蔭深く　永劫の生命の　しるしなる
我等がそのの　撫子も　正しく強く　しとやかに
変わらん操　養えや

【戰後】

台北第一女子高級中學

戰後初——台灣省立台北第一女中校歌（1946 年～1953 年）

胡琬如　作詞　高約拿　作曲

愛我台北第一女子中學

我們目標要定得高　我們工作要作得好

我們同學們協力同心　努力前進

爲了克盡青年的責任　勢必達到將來的目標

學問深造女權促進　實行國父遺教

我們當前的工作　功課優良　身體康強　公德特別修養這目標

毋負台北第一女子中學同學

我台北第一女子中學

（1953 年～）

江學珠　作詞　蕭而化　作曲

唯我女校　寶島名高　莘莘學子　志氣凌霄

公誠勤毅　校訓孔昭　齊家治國　一肩雙挑

修養健全人格　具備科學頭腦　力行三民主義　實踐國父遺教

爲國家盡至忠　爲民族盡大孝　繼往開來　爲我女界增光耀

【日治時期】

台北第二高等女学校

作詞：星合愛人　作曲：小出　信

稲の穂波に　風そよぎ　こがね玉ちる　蓬莱の
島の都に　かがやける　わが学び舎ぞ　うつくしき

若葉青葉の　色かへぬ　木木のみどりは　わが操
をとめ心の　きよらかに　そめて織りなせ　あや錦

學と徳とを　つみあげて　聳ゆる峰の　大屯は
なせば成るとの　いましめを　つよくもさとす　姿かな

流れてやまぬ　淡水の　はてなき海に　そそぐごと
ときに先立つ　学園の　理想の海に　こぎ出でむ

【戰後】

為現今台北立法院所在地。

【日治時期】

台北第三高等女学校

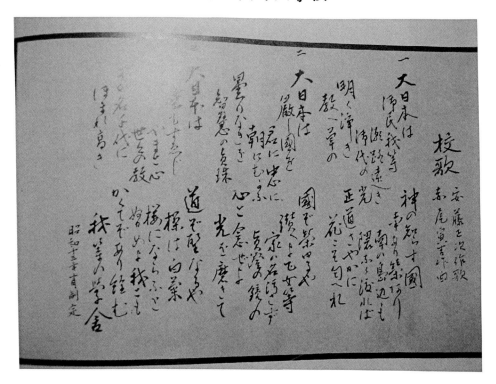

【戰後】

台北中山女子高級中學

我們是中華的好青年
新時代的任務在擔當
建設自由的中國和大同的世界
養成科學的頭腦和仁愛的心腸
窮搜乎學術之淵藪　偕行乎道義之康莊
我們的第二家庭　就是這台北中山女中
幾年師生的生活　永遠不會遺忘
我們歡呼　我們高唱　要團結努力
把中山女中　發出閃閃的豪光

【日治時期】

台北高等学校

作詞：三沢　糾　作曲：阿保　寛

獅子頭山に　雲みだれ　七星が嶺（ね）に霧まよふ
朝な夕なに　天（あめ）かける　理想（おもい）を胸に　秘めつつも
駒の足掻（あがき）のたゆみなく　業（わざ）にいそしむ学びの舍（や）

限りも知らに　奥ふかき　文の林に　分け入りて
花摘む袂（たもと）薫ずれば　若き学徒の　誇らひに
碧空（へきぞら）遠く嘯きて　わがベガサスに　鞭あてむ

練武の場（にわ）に　下り立ちて　たぎる熱汗　しぼるとき
鉄の腕（かいな）に　骨なりて　男の子のこころ　昂（おこ）るなり
つるぎ収めて　かえるとき　北斗の星の　かげ清し

ああ純眞の　意気を負ふ　青春の日は　くれやすく
一たび去って　かへらぬを　など君起ちて　舞はざるや
いざ手をとりて　歌はなむ　生の歓喜を　高らかに

【戰後】

台灣師範大學

由首任校長李季谷先生作詞，音樂系首任主任蕭而化先生作曲
於民國 37 年 3 月核定公布。

最育國之本　師範尤尊榮　勤吾學　進吾德　健吾躬
院分系別　途轍雖異匯一宗　學成其大用
師資責任重　吾儕相親相勉　終不負初衷
台灣山川氣象雄　重歸祖國樂融融
教育會其通　世界進大同　教育會其通　世界進大同

【日治時期】

台北第一中学校

　　浩蕩万里　大瀛（だいえい）の　　碧瀾たかく　打つところ
濃緑（こみどり）匂う　常夏の　　我が高砂は　大八洲（おおやしま）
日本（やまと）の国の　南（みんなみ）の　重き鎮めと　立てるかな

　　照らむ限りなき　大君の　　恵の光　身にうけて
　　扶桑に搏（う）たん　大鵬の　図南のつばさ

　　進取の意気に　生くるなる　健児の群れを　君見ずや
　　天そそりたつ　新高の　　高き理想を　打ち仰ぎ
　　大空みたす　わたつみの　　深き智徳を　堪えては
　　向上息まず　たゆまざる　　無限の力　我にあり

　　ああ　校風の　振るう時　そこに我等の　自覚あり
　　自覚の光　世に布けば　国に不断の　栄えあらん
われ日東の　大男児　　使命尊き　前途（ゆくて）かな

【戰後】

台北建國中學

孫校長時代

草山高　淡水清　芝巖麗　碧潭明

鐘靈毓秀誕新民

寶島光復　除舊佈新　看我們全是新中國的主人

明禮義　知廉恥　負責任　守紀律

鍛鍊身心　砥礪學行　建國大業　天職匪輕

同學們　同學們　同學們　齊心邁步　任務快完成

現在

東海東玉山下：培新苗吐綠牙，

春風吹放自由花。

為樑為棟同支大廈，看！我們重建燦爛的新中華。

體格強，志氣大；勞不辭，苦不怕，

樂群敬業，忘己利他；知恥力行，愛校如家。

同學們！同學們！同學們！努力奮鬥同建大中華。

【日治時期】

台北第二中学校

（一）

鵬程万里（ほうていばんり）果（は）てもなき、
地（ち）は南海（なんかい）の一弧島（いちことう）、
遍（あまね）く君（きみ）の御光（みひかり）に、
開（ひら）け行（ゆ）く成（な）り文（ふみ）の道（みち）。

（二）

仰（あお）げば高（たか）き大屯（だいとん）の、
雲紫（くもむらさき）にあけ染（そ）めて、
気（き）も澄（す）み渡（わた）る城東（じょうとう）に、
清爽（せいそう）を誇（ほこ）る北二中（ほくにちゅう）。

（三）

時（とき）大正（たいしょう）の年積（としつ）みて、
十一年（じゅういちねん）の春（はる）なかば、
光（ひかり）も清（きよ）き祖師廟（そしびょう）に、
生（う）まれ出（だ）し昔（むかし）偲（しの）び見（み）よ。

（四）

世（よ）は桃源（とうげん）の春深（はるふか）く、
人（ひと）は惰眠（だみん）に更（ふけ）る時（とき）、
去華就実（きょかしゅうじつ）を標榜（ひょうぼう）す、
健児（けんじ）我等（われら）の意気（いき）見（み）ずや。

（五）

色（いろ）カーキーの服地（ふくじ）こそ、
敢為（かんい）の刃（やいば）かざすため、
中（ちゅう）を象（かたど）る徽章（きしょう）こそ、

和協（わきょう）の玉（たま）を磨（まが）くため。

（六）

校旗（こうき）の光燦（ひかりさん）として、
健児（けんじ）に示（しめ）す智仁勇（ちじんゆう）、
月玲瓏（つきれいろう）の心（こころ）もて、
見上（みあ）ぐる峰（みね）ぞいや高（たか）き。

（七）

理想（りそう）の峰（みね）は高（たか）くとも、
麓（ふもと）の路（みち）は多（おお）くとも、
挙（のぼ）りて絶（た）えず堂々（どうどう）と、
分（わ）け登（のぼ）らんやいざやいざ。

【戦後】

台北成功高級中學

萬古開山未有奇，登台望海憶當時；
偉哉斯人，壯哉此志，
為民族奠定了復興基礎，為台灣創造了光榮歷史，
青年各努力，萬事在人為，
術德兼修，文武合一，
現代文化要迎頭趕上，建國大業要從頭做起。
青年各努力，萬事在人為，青年各努力，萬事在人為

【日治時期】

台北第三中学校

1.扶揺に羽搏（はう）つ　鵬（おほとり）の
　　　影　黒潮の　波の秀（は）に
　　みそぎて常に　緑濃（みどりこ）き
　　　島がね　まもる　をのこらの
　　　をのこ鍛へむ　学びの舎

2.それ奉公の　躍進譜（やくしんふ）
　　　　調べも高く　かなでつつ
　　　かがやく興亞　聖業の
　　黎明春（れいめいはる）を　健やかに
　　　かしまだちたる　学びの舎

3.拇指の嶺（みね）　あかあかと
　希望（のぞみ）の色に　映（は）ゆる時
　　大空ゆすり　昇（のぼ）る陽（ひ）の
　　　姿に似たる　若人（わかうど）の
　　　　向上の意気　君見ずや

4.打て百錬（ひゃくれん）の　くろがねに
　　咲けば萬朶の　櫻花（さくらばな）
　　　　正大の気の　寄るところ
　　　知るや刻苦（こくく）の　試練にも
　　　　歓喜の泉　湧きくるを

【戰後】

台北台灣師範大學附屬高級中學

蕭輝楷　作詞　　史惟亮　作曲

附中　附中　我們的搖籃　漫天烽火　創建在台灣
玉山給我們靈秀雄奇　東海使我們闊大開展
我們來自四方　融匯了各地的優點
我們親愛精誠　師生結成了一片
砥礪學行　鍛鍊體魄　我們是新中國的中堅
看我們附中培育的英才　肩負起時代的重擔
附中青年決不怕艱難　復興中華相期在明天
把附中精神照耀祖國的錦繡

【日治時期】

台東中学校

作詩：矢野峯人　作曲：勝山文吾

白雲峯に　去来する
都巒の麓　黒潮の
どよめく聲に　ゆすられて
生い立ちたる　健男児

文化をここに　培いて
御国の光　指し添えむ
希望に燃えて　集い寄り
誠の道を　たどりゆく

険しき行手　何かせむ
闘ふ者に　幸あれと
海の果より　勵ますは
日の新たなる　朝日影

嗚呼蓬莱の　南（みんなみ）の
此の一角を　守るべき
使命を擔ふ　若人の
学園永久に　栄えあれ

【戰後】

台東高級中學

鯉山挺翠，東海揚濛，巍哉我校立其中。
莘莘學子，濟濟多士聚一堂。
共把科學精研，體魄勤練，四維八德，砥礪發煌。
喜今朝，桃李競秀。願他年，松柏爭蒼。
勇猛精進，日就月將，自強不息，蔚爲國光。

【日治時期】

台南第二中學校

高砂の島鎮めの御神　齋きまつれろ御社仰ぎ
全臺首學の聖の廟　遺せろ教今なほ踐みて
心思正しく勵まん我れ等

甘蔗野遙けくがへりみすれぱ　生番も山脈夢より淡し
竹園ゲ丘の綠の茂み　學びの鐘の高鳴ろところ
身をば鍛へて勵まん我れ等

朝新高雲間にそぴへ　夕黑潮流れ遠し
榮ある彼岸に到ろは何時ぞ　若き誇の力抱きて
希望豐けく勵まん我れ等

【戰後】

台南第一高級中學

大海蒼蒼　高山昂昂　榕橋交拱　翠映我黌宮
海濱華冑　鄒魯文風　德智體群　分多士陶溶
勤讀書　守秩序　思齊往哲　光文沈公
愛吾國　愛吾民　臺南一中　無負鄭成功

【日治時期】

台南第一高等女學校

作詞：栗津滝蔵　作曲：若林孫次

高砂の島　うましぐに　緑ヶ丘は　よつのとき
花咲き匂い　風も香れり　嬉したのし　我等が學び舎
つとめ進まん　まなびの道を

紫はゆる　雲の上　島の守りと　たかしらす
宮居を仰ぎ　朝な夕なに　大みことのり　胸にしめつつ
つとめ進まん　みたみの道を

緑ヶ丘の　色変えぬ　操を己が　生命とし
優しき心　強き力　望のかげに　たゆむ時なく
つとめ進まん　婦女の道を

【戰後】

台南第一女子高級中學

詞：劉天予　曲：張效良（1947～1996）

祖國勝利　惡魔運終　台灣光復眞光榮
劫後台南猶勝土　巍然省立女一中
滌舊染　立新功　師勤教誨　生樂陶陶
培養新知能　構成新陣容　報國好身手　莫讓男兒獨稱雄
培養新知能　構成新陣容　報國好身手　莫讓男兒獨稱雄

詞：何志浩　曲：張效良（1996～現在）

赤崁登臨　安平懷古　台南文化開先路
春風時雨　百花競吐　時代青年抱遠圖
作育中華兒女　鞏固民族基礎
公誠勤　眞善美　道德高　知識富
生活日求新　學業日進步
人文看蔚起　好景在前途
敬業樂群　團結互助　我舞我歌　齊聲歡呼

【日治時期】

台南第二高等女学校

作詞：古山栄三郎　作曲：石垣六三郎

1

豊栄丘に　咲く花は　色とりどりに　品あれど
大和錦を　織りなして　一つ心に　匂うなり

2

豊栄丘に　生うる竹　姿優しく　素直なる
中に雄雄しき　節のあり　たわむも折れぬ　健気さよ

3

いざや我が友　咲く花の　心に習い　くれ竹の
節を慕いて　諸共に　学びの道に　いそしまむ

【戰後】

與台南第一高等女學校合併爲「台南女中」

【日治時期】

高雄中学校

たいえいの水　めぐらすところ
黒潮におう　ことぶきの
山は常緑（ときわ）の　精をうけ
水は清てつの　粋を汲む
その名も　高雄鳳雛（ほうすう）の
健児集（つど）えり　我等が母校
高中　高中　譽あり
昂たり高中

【戰後】

高雄高級中學

臺灣良港　首屬高雄
巍峨黌舍　是我雄中
英才齊集　迎受春風
禮義廉恥　是所遵從
山河光復　先烈之功
建設祖國　我須效忠
服膺民主　矢志大同
願我同學　爲民前鋒
自強不息　前途無窮

【日治時期】

高雄第一高等女学校

作詞：亀山相次　作曲：岩崎千歳

栄行（さかゆ）くや　大日本（おおやまと）　南（みんなみ）の
はたての島に　大御代の
御民（みたみ）とわれら　すこやけき
命を享けて　少女（おとめ）さびする
ああ　このよろこび

伸び行くや　大高雄　濃緑（こみどり）の
学びの園に　次の代を
担（にな）ふとわれら　もろともに
命を寄せて　少女（おとめ）さびする
ああ　このよろこび

【戰後】

高雄女子高級中學

巍巍壽山　浩浩海洋　漪嶼吾校　瀛島西南
莘莘學子　桃李芬芳　進德修業　自立自強
教育平等　女權伸張　興家建國　民族之光

【日治時期】

基隆中学校

作詞：大欣鉄馬　　作曲：青木　久

長風万里　　うそぶけば
大瀛（たいえい）の濤（なみ）　　岸を打ち
久遠（くおん）の調　　かなで来る
ここ高砂の　　み防人（さきもり）

世の黎明に　　魁（さきが）けて
奉公の鐘　　高らかに
堵南の陵（おか）に　　うち鳴らす
若人の意気　　君見ずや

暁映えて　　昇る陽に
若き希望（のぞみ）を　　寿きて
友愛の情　　かたらへば
青葉にそよぐ　　風涼し

天高うして　　鳥翔り
海闊うして　　魚躍る
満身汗に　　潤えど
向上の途に　　歓喜あり

【戰後】

基隆高級中學

詞：張孌文　　曲：謝毓川

大風決決　　滄海茫茫　　美哉基中　　春之朝陽
山環水抱　　鬱鬱蒼蒼　　莘莘學子　　濟濟一堂
化育群英　　桃李成行　　堵陵暖江　　翠崗鷹揚
勉旃毋怠　　不息自強　　民族干城　　國家棟樑

【日治時期】

基隆高等女学校

作歌：葛原　繭

朝風　清き　旭ヶ丘に
今日も　ゑましく
射（さ）しそふ　日かげ
やさしく　あれと　乙女子　我に
希望も　ゆたけく　かがやき　昇る

夕汐よする　社寮が島の
海に　群れ立つ
こごしき　巌
仇浪　さわぎ　狂はむ　夜半も
雄雄しく　強くと　さとすか　永劫に

四時の　眺め　つきせず　たえず
日毎　栄えゆく
昭和の　園生
常盤の　色の　濃緑　深き
松こそ　正し　節操の　しるし

【戰後】

基隆女子高級中學

莊嚴行板　楊德時作

猗歟吾校　天然風景好
青山環抱　碧海滔滔
祖國文化　融會貫通早
弦歌不輟　聲徹雲霄
我們要確定目標　我們要堅守信條
崇樸實　戒矜驕　敦品勵學志氣高
自覺　自尊　自強　時光莫輕拋
基礎固牢　那怕他　風狂雨暴　師生和諧　樂陶陶
興中國　責在吾曹

【日治時期】

新竹中学校

作詞：大木俊九郎（州立新竹中学初代校長）

作曲：信時潔（東京音楽学校教授）

鏡と澄さむ　明（さや）けき知恵を　萬世不朽の　眞理を追いつ
常盤の緑　したたる竹の　変らぬ色を　心に染めて

眞玉と琢（みが）かむ　気高き徳を　最高至善の　理想を指しつ
蒼天（みそら）に伸び行く　眞竹の幹の　直き姿を　心に留めて

剣と鍛はむ　雄々しき体　百折不撓の　精気を練りつ
大地に生立つ　根竹の節の　強き力を　心に籠めて

聴け聞け校旗に　輝き亘る　三ひらの笹の　ささやく響き
明治の詔勅　深くも彫れる　健児の胸に　高鳴る誠

【戦後】

新竹高級中學

（民國 36 年 3 月制定）

吳鴻安作詞　陳添桂作曲

壯哉我校　雪山東山寺　西海潮揚　塹城留生氣
聖宇聳中央　莊嚴璀璨
校舍輝煌　莘莘學子溢門牆
勇於進取情流光　身心矯健意志強
尊師重學守規章　明禮義廉恥
修齊治平英才育養　爲吾校之榮光

（現今校歌）

詞：辛志平　曲：蘇森墉

美哉吾校　矗立塹上　巍巍黌舍　漭漭廣場　莘莘學子　來自四方
鍛鍊體魄　氣宇軒昂　砥礪德智　蔚爲國光　五育並進　毋怠毋荒

【日治時期】

新竹高等女学校

詞：安藤正次　曲：田村虎蔵

浅みどり　晴れたる空に　山の秀（ほ）しるく
ほのめくや　理想の光　大御代の　御民と生くる
新竹の　われらが友は　心高らけれ

わだつみの　廣きにつづく　南寮の　濱辺に立てば
寄せ来るや　文化の潮　大御代の　御民と生くる
新竹の　われらが友は　心ゆるぶな

廣前を　おろがみ終へて　松嶺に　仰げば月の
高照るや　智徳の鏡　大御代の　御民と生くる
新竹の　われらが友は　心つとめよ

なびくとは　見ゆれど竹は　新竹の　野を吹く風に
根強しや　操持の力　大御代の　御民と生くる
新竹の　われらが友は　心強かれ

【戰後】

新竹女子高級中學

（民國 36 年 11 月制定）

熊澤民　作詞　張彩湘　作曲

海洋蕩蕩　玉山巍巍　竹風吹復吹　民情純樸

義風激越　菁英咸所歸　畢業同學　滿布全台　日月相映輝

願同學之努力兮　奮鬥前進莫俳獻身社會

造福人群　建設祖國　個個成爲　女性魁

興中華　興中華　振國威

（現今校歌）

傅雲鶴　作詞　李中和　作曲

玉山巍峨　碧海浩蕩　唯我竹女　作育賢良

雪立程門　經傳絳帳　敦品勵行　大道光芒

八德賴以宏　四維賴以張

玉山巍峨　碧海浩蕩　造我英才　器（按：氣）宇軒昂

齊家治國　大任天降　繼往開來　鬚眉不讓

奮揚我國足　萬世永無疆

【日治時期】

嘉義中学校

詞：三屋　静　曲：一条　愼三郎

新高昇る　朝日かげ　わが学び舎を　照らす時
黎明鎖す　雲晴れて　嘉南の平野　目もはるか
ああ　青春の朝戸でに　望ゆたけき　懐かな

剛健の意気　胸に燃え　不息の力　身にぞ湧く
健児七百　朝夕に　心身鉄と　鍛えつつ
協心一致の　校風は　旭ヶ丘に　薫るかな

勅かしこみて　大八州　南の鎮め　守るべき
使命ぞ重き　旭陵の　名こそ惜しけれ　いざともに
修文尚武　たゆみなく　前途の雄飛　期せんかな

【戰後】

嘉義高級中學

詞：黃守一　曲：陳崑福

巍巍黌舍　濟濟俊髦
宏開作育　樂薰陶　發皇身心　鍛鍊情操　男兒志氣豪
朝乾更夕惕　自強不息　勗吾曹
建設新台灣　建設新中國
三民主義須牢抱
爲民族努力　爲國家爭光
自強不息　勗吾曹

【日治時期】

嘉義高等女学校

詞：葛原　茲　曲：信時　潔

御空の王者と　そそりたつ
新高山も　白雲に
雪に清らの　けはいして
あしたゆうべに　しめさずや
強くやさしく　仰がるる
女子（おみなご）たれよ　希望（のぞみ）も高く

嘉南の沃野を　潤して
八掌渓の　水清く
日夜旅ゆき　休むなく
道も正しく　教えずや
絶えず励まば　いそしまば
不断に咲きて　花こそかおれ

翳（かざ）すはほこりの　ます鏡
光はつねに　明らけく
恩にむくゆる　忘るなと
乙女（おとめ）われらに　さとさずや
皇（すめら）御国の　南（みんなみ）の
栄えある使命　果さんために

【戰後】

嘉義女子高級中學

仁盛吳鳳廟縹渺玉山頭
長橋鐵索兮八掌溪流
爲茲邦之靈秀兮宜弦歌之優游
願我青年兮抗志雲浮
學以致用兮術德兼脩
任重道遠兮我心憂
習禮樂兮治九州
再造我華夏兮保我自由

【日治時期】

台南高等工業學校

詞：西田正一　曲：一條眞三郎

はるけき緑野　後甲の地　いしずえ固き　まなびやに
つどう健児は　三百名　四つの綱領　身にしめて
おしえかしこみ　技をねり　知徳をみがき　身をきたふ

熱帯圏下　フローラの　生命の火は　もえもえて
眞紅の花と　咲き出づる　われらが高工　若人の
魂のの火は　もえもえて　高き理想　花と咲く

吾等が見つむる　フラスコに　結晶するは　國の富
吾等がうちふる　ハンマーに　文明の利器　あれ出づる
われらが入るる　スイッチに　明るくせんず　新日本

【戰後】

國立成功大學

詞：戴曾錫先生　曲：蕭而化先生

延平拓土興邦地・百年孕育・教化宏揚；
學府臨滄波浩瀚，雍容絃誦，桃李芬芳；
遍東南神明遺胄，重洋負笈，來集斯堂。
瞻望河山三萬里，腥羶未滌，仇恥毋忘；
莫辜負英年歲月，履先民遺跡，文物重光

【日治時期】

蘭陽高等女学校

詞：野口雨情　曲：岩崎松五郎

朝日の光　さしそひて　匂い気高き　蘭の花
誇るしるしを　胸にして　かしこき勅語（みのり）守らなん
ここ日の本の　みんなみに　建てる我等の　聖き学び舎

流れ豊けき　宜蘭川　誠の道を　一筋に
広野を照らす　月影ぞ　さやけく生きん　鏡なる
ここ日の本の　みんなみに　建てる我等の　聖き学び舎

黒潮おどる　海の色　染まぬ貞操（みさお）の　心にて
彼の次高の　山脈（やまなみ）は　強きのぞみの　姿なり
ここ日の本の　みんなみに　建てる我等の　聖き学び舎

【戰後】

蘭陽女子高級中學

太平山下　蘭園清香　崇高的理想　修身的道場
八德振　四維孔彰　負起時代　琢玉磨光
蘭陽女子　自勵自強
太平洋畔　學園幽香　遠大的希望　求知的教場
眞善美　校訓昭彰　創造世紀　窗雪螢光
蘭陽女子　自勵自強
蘭陽　蘭陽　母校　地久　祖國　天長

【日治時期】

彰化高等女學校

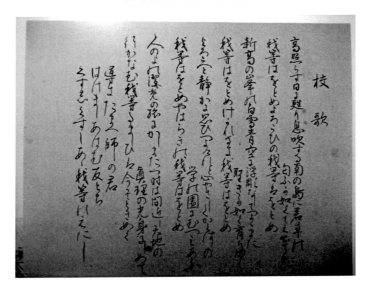

【戰後】

彰化女子高級中學

（戰後初期）

謝旭　作曲　李季谷　作詞

姐妹們，攜起手來，相愛又相親，我們同是中國的主人。

這中學的時代更是培養我們自己的良辰，

要勤勞樸素，誠實謹慎，自覺自重又自尊；

要化我氣質　彰我德行，有思想　有學問　領導社會人群，

這樣是大中華的好國民，是大中華的生力軍，

姐妹們!攜起手來，相愛又相親，我們同是中國的主人。

（現今）

巍巍八卦山　峨峨彰女中　　巍巍八卦山　峨峨彰女中

弦歌聲應　化雨春風　　尊師重道　前賢是崇

德智體群美　五育樂融融　　一切爲民族　萃勵此心同

團結自愛　團結自愛　全始全終

【日治時期】

宜蘭農林學校

天そゝる次高の　靈峰遙かに秀つるほとり
宜蘭の川瀨永へに　源泉滾滾盡せぬところ
沃野を占めて聳ゆるいおか
これぞ樂しき我が學の舍

限りなき力もて　拓きゆく地腕は奮ふ
自然の寶庫胸は躍る　撓まず倦まず御國の爲に
努め勵まん詔勅のまに　これぞ尊き我が學の舍

【戰後】

國立宜蘭大學

民國 68 年迄今：仍由萬斌先生作詞，楊勇溥先生作曲，但詞、曲均另改寫。

高山蒼蒼，大海湯湯，巍巍宜大矗立在蘭陽平原之上，
環境優美，氣勢雄壯，這裡有農田工廠，牧地林場，
利用厚生，智圓行方，厚植國家力量，
春風作暖，桃李芬芳，人才輩出，農工棟樑。

我們要乘時奮發，莫負大好時光；
我們要其一心志，勵行莊敬自強；
我們要攜手並進，邁向大道康莊。

【日治時期】

中壢實修農業學校

天地四時の　惠なる
化育の力　助けつ
我が大君の　御光を
拜みきつる　我等こそ
農民道の　戰士なれ
いざ諸共に　誓はなむ

晨きたく　星もと
夕は白き　月かげに
切磋琢磨の　功績みて
土にいそしむ　我等こそ
農民道の　戰士なれ
いざ諸共に　勵きなむ

あ〜次高の　靈峰に
不斷の光　仰きつ〜
報德謝恩　守りにて
正を養ふ　我等こそ
農民道の　戰士なれ
いざ諸共に　進きなむ

【戰後】

中壢國中

風城之北	武陵之陽	校名中壢	文化重疆
公路鐵路	縱貫兩旁	莘莘學子	來往周行
進德爲首	啓智升堂	鍛鍊體魄	群力益彰
提高國教	使命堂皇	推行國策	允符憲章

【日治時期】

新竹州立桃園農業職業學校

加藤春成　作曲　一條眞一郎　作詞

張文貫　書　呂理福　譯

桃園神社　矗立在眼前；

瞻仰祠奉　莊敬在心中；

一望廣闊的校園爲基地；

巍巍聳立著的校舍是；

鍛鍊我儕青年堅強體魄的；

大道場　莊嚴雄姿也；

當群山映射著旭日的光輝時；

與同學結隊出發　英姿凜凜；

在農業報國的堅定誓言中；

用力揮打的鋤頭刃端上；

迸出熱鐵般的懾人氣概；

大地也爲之響動與轟鳴；

當夕陽靜悄悄的西沉時；

遙望海的那一邊　志在四方；

在質實剛健校訓的薰陶下；

鍛鍊成的身手躍躍欲試；

矢志勇往邁向南進之大道；

不信征途上有何阻礙

【戰後】

國立桃園高級農工職業學校

作詞：王念烈　作曲：張登照

太平洋畔　寶島長春　桃園農工　毓秀鍾靈；

錦繡田疇　播五穀　巍峨廠舍　育群英；

朝乾夕惕　齊奮發　切磋琢磨　在專精；

四育並進　日新又新　勞動創造　服務人群

【日治時期】

新竹州立新竹工業學校

日治時代　竹工校歌

山下先生作詞
福山　進作曲

一、新興の土地新竹に　　集える若人報國の
　　かあつちり組まぬ科學陣　我等決戰學徒工業

二、水績き草むす盡忠の　　道一筋とまりぬ
　　手を取り征かむ科學陣　我等決戰學徒工業

三、大空の果と果て迄も　　伸ばさぬ翼胸を張り
　　鍛える若人科學陣　我等決戰學徒工業

【戰後】

國立新竹高級工業職業學校

作詞：楊深洋　作曲：李永剛

竹塹形勝　南寮波洪

唯我工校　創基曦東

精勵學術　手腦並用

奮勉精神　生產勞動

願吾同儕螢雪琢攻　裕我民主　與我百工

願吾同儕螢雪琢攻　凌步歐美　共駕長風

【日治時期】

虎尾農業專修學校

嘉南平聖に先人の
偉業の跡を偲びつ
興亞意気に燃えよろや
我か学舎にそりたつ

靈峰新高仰ぎ見つ
黎明□き聖に立つて
歡喜に躍る君人が
信條変く身は輕

新虎尾溪浣みなく
日進の学いそ―みつ
私衷協同農村の
中堅たらんいざ共に

【戰後】

雲林虎尾農業職業學校

東望大玉山　西濱婆娑洋　山海壯黌舍　虎溪源流長
這裡是理想的　樂園這裡是　實驗的農場　農業有基礎
工業才發揚　足兵先足食　民富國乃強　明禮尚義
孝悌力田　我們要成國家的　新力量　我們　要做國家的新棟樑

【日治時期】

嘉義農林學校

新高山の西　沃野千里　要路四通の眞中占めて
嘉義よ歴史に輝く處　嘉義が瑞穂の旗立て立つ地

八掌溪の北　天惠充てり　小田に黃金は再び稔り
野にせも山にも幸堆高し　これ吾が嘉農を迎へて待つ地

浮べる雲の富かへり見ずて　汗に生くるが我等の願
一木植うるも一粒蒔くも　誠の息吹をこむるが誓

見よ五年の業學び終へて　胸に燃え理想をひぞめ
鋤と鎌とを寶庫の鍵と　微笑み地に立つ我等の姿

【戰後】

國立嘉義大學

（1965～2000）作詞　劉朗山　作曲　張效良
我有嘉禾，嘉義斯傳。民生在勤，耕有其田。
樹穀一年，樹木十年，樹人百年。
惟穀與人，皆農事賴。以農立國，富強之基。
以學興農，民有導師。嘉農嘉農，實利賴之。

（2000～現今）作詞　余玉照　作曲　鄭啓宏
嘉大　　嘉大
嘉義之寶　　國家之光　器識崇弘師玉山
爲學效法太平洋　重科技　　愛人文
全人教育眞正理想
美化人生　　造福人群　世界之潮流　　社會之期望
嘉大　　嘉大
嘉義之寶　　國家之光　群策群力　　提昇形象
創新發展　　名聲遠揚　追求卓越　　迎向國際
創新發展　　名聲遠揚

【日治時期】

台中商業學校

前殖產局長　百濟文輔閣下作歌

天皇の御稜威を受けて　開け行く島の賑ひ
諸入は陸みに陸み　學び舍に愛の花咲く

大屯の高きを凌き　志萬里にかける
大鵬よ翼を休め　我行かむ途を語れや

日の本の南の守り　伸び行かむ限りもあらず
若き血は望みに燃えて　ほとは海の彼方に

天地の惠み浴ぬく　野も山も稔りに稔る
國富をいよよ拓かむ　勇者は誰ぞ我等男子よ

諸國の平和の戰　優勝の譽れやいつこ
教へ草御旗をかさし　執るペンを戈と□とへむ

【戰後】

國立台中技術學院

玉山聳立雲天外，
好似青年氣概
埋頭研究專心學習，
孜孜不倦，
要國家富強，
要商戰稱雄。
我們雙肩責任多麼　重努力前進‧
台中學院光輝和玉山一樣高崇。

【日治時期】

高雄商業學校

州立高雄商業学校校歌

河合　□　作詩
石野　博　作曲

あかつきの黎明の空紅に昇る旭日を讃へつつ
希望溢るる雄叫びは大武の嶺に谺せん
ああ鳴呼わが活力、わが生命、学の校院に
はえゆるかな

とこしへにひまは寿の瑞峰陽に映えて陽炎揺ぎ烈日の
光燦豊けき学舎に榮く功葉耀かん
鳴呼わが勤労、わが精励、学の校舎に
榮ゆるかな

八重の潮路に羽博きて蒼空翔る鵬よ
灼熱の島拓きつつ仰ぐは南十字星
すめら塗圀の榮光を、永久に普く
照らさばや

【戰後】

高雄高級商業職業學校

壯哉雄商　美哉雄商　學堂高聳　校庭寬敞
位臨於商港大高雄　大冶一堂中華英兒
黃帝苗裔埋首雪案螢窗　立志切磋琢磨造
就將來商戰英雄　為我國家塞我經濟漏觴
挽披外匯狂瀾　進一步護工商
乘長風出五洋　與歐美健兒馳騁於五洲商場
為民族雄　為邦家光　壯哉雄商　美哉雄商